拉美研究丛书
Latin American Studies Series

中国社会科学院
拉丁美洲研究所
INSTITUTO DE AMERICA LATINA
ACADEMIA DE CHINA DE CIENCIAS SOCIALES

农民、土地与政治稳定：
墨西哥现代村社制度研究

Peasant, Land and Political Stability: A Research on Mexican Modern Ejido System

高 波◎著

中国社会科学出版社

图书在版编目（CIP）数据

农民、土地与政治稳定：墨西哥现代村社制度研究／高波著．
—北京：中国社会科学出版社，2016.11
ISBN 978 - 7 - 5161 - 8091 - 4

Ⅰ．①农…　Ⅱ．①高…　Ⅲ．①农村社区—社区建设—
研究—墨西哥　Ⅳ．①D773.183

中国版本图书馆 CIP 数据核字（2016）第 084255 号

出 版 人　赵剑英
责任编辑　张　林
特约编辑　席建海
责任校对　韩海超
责任印制　戴　宽

出　　　版　中国社会科学出版社
社　　　址　北京鼓楼西大街甲 158 号
邮　　　编　100720
网　　　址　http://www.csspw.cn
发 行 部　010 - 84083685
门 市 部　010 - 84029450
经　　　销　新华书店及其他书店

印刷装订　三河市君旺印务有限公司
版　　　次　2016 年 11 月第 1 版
印　　　次　2016 年 11 月第 1 次印刷

开　　　本　710×1000　1/16
印　　　张　15
插　　　页　2
字　　　数　213 千字
定　　　价　53.00 元

《拉美研究丛书》总序

　　拉美和加勒比国家是发展中世界的重要组成部分。拉美地区自然资源丰富，市场广阔，发展潜力巨大，是一个充满生机和有广泛发展前景的地区。

　　拉美是发展中世界较早实现经济起飞的地区。1950—1980年，拉美地区经历了持续30年的增长周期，年均增长率高达5.3%，国内生产总值增长了4倍，一些主要国家如墨西哥、巴西等出现经济增长"奇迹"。多数拉美国家在这一时期相继进入中等收入行列，不少国家提出了向发达国家跃进的目标。进入21世纪后，拉美国家克服了20世纪80年代的经济危机和90年代的经济起伏，迎来经济增长的新一轮"黄金时期"。目前拉美地区人均国内生产总值达到1万美元，一些国家已经或有望在近期跨入高收入国家行列。在实现经济增长的同时，拉美国家的发展政策趋于稳定，国际话语权扩大，国际影响力提升。拉美国家注重多元化外交，努力营造于己有利的国际环境和国际秩序，最大限度谋求在世界和全球性事务中的主动权和话语权，已经成为多极世界中的重要一极。无论在未来全球经济增长，还是在世界政治和经济秩序调整，以及全球治理进程中，拉美国家将发挥越来越重要的作用。

　　近年来，中国从战略高度重视拉美，是因为拉美对中国来说越来越不可或缺。

首先，拉美国家是延长中国战略机遇期和共筑和谐世界的重要伙伴。中国与拉美国家同属发展中世界，双方有类似的历史遭遇，面临着发展经济、维护政治稳定、促进社会进步的共同历史任务。中拉双方在重大国际问题上相互理解、相互支持、相互配合。中国与该地区主要国家建立了形式多样的战略伙伴关系，中拉间各种对话机制和政治磋商机制日益完善，与主要区域组织的合作取得突破。中拉双方战略共识增多，在全球性问题及与发达国家关系问题上的共同战略利益扩大，在多边机构和国际组织中有了更多合作需求，战略合作的基础更加牢固。无论是延长中国战略机遇期还是共筑和谐世界，拉美都成为中国不可或缺的重要伙伴。

其次，中国在拉美地区有着越来越重要的经济利益。随着中国经济快速增长，对外部资源能源的需求越来越大。拉美自然资源丰富，对弥补中国国内资源能源短缺具有无可替代的作用和意义。拉美国家不仅已经成为中国所需能矿资源和农业产品的重要来源地，而且成为中国重要的海外市场和企业"走出去"战略的重要目的地，双方在产能、基础设施、科技、新能源、农业、金融领域等的合作越来越密切，拉美国家与我国重大对外经济利益有了越来越密切的关联性。

最后，拉美地区国家已经成为中国对外经贸合作的重要对象。中拉经济有极大互补性，相互合作需求巨大，双方经贸水平不断提升。继2000年首次超过百亿美元大关后，中拉贸易额连上新台阶，2013年超过2600亿美元。受国际金融危机和全球经济增长放缓影响，中拉贸易在2013年以后增速减缓，但贸易量仍呈现增长势头。与此同时，中国不断加大对拉美地区投资，扩展新的投资领域。目前拉美已成中国对外投资的重要目的地，截至2014年底，中国对拉美地区直接投资存量达到989亿美元。在中拉经贸合作取得新突破的新起点上，习近平主席在2015年1月提出，中拉要共同努力，实现10年内中拉贸易规模达到5000亿美元、中国在拉美直接投资存量达到2500

亿美元的目标。

特别值得指出的是，拉美国家现代化进程起步较早、城市化水平较高，提供了许多可供其他国家借鉴的经验教训，特别是在推进经济增长、化解社会矛盾、缓解社会冲突、维护社会稳定方面，对我国的发展具有重要借鉴意义。

拉美的崛起和中拉关系的全面提升，对我们的拉美研究工作提出了新要求和许多新课题，要求我们对拉美地区进行更多和更深入的了解。然而，从略知拉美到深入了解拉美是一项长期的任务和艰苦的工作，既需要国家决策层面的高度重视，也需要相关部门适当的人力、物力和财力投入和支持，更需要决策界、学术界、企业界和社会公众的持续努力并形成合力。在推进此项工作和任务过程中，不仅要培养大批掌握拉美国家语言、通晓相关知识的"拉美通"型人才，也要培养专业研究领域资深的学者，适时推出有深度、有广度和有针对性的研究成果。中国社会科学院拉丁美洲研究所的《拉美研究丛书》即是这一努力的发端。

近年来，中国社会科学院拉丁美洲研究所注重对拉美重大理论和现实问题的研究，完成了一批高质量，具有重要影响力的科研成果，为党和国家决策，为政府有关部门、企事业和公众对拉美知识的需求作出了重要贡献。我相信《拉美研究丛书》在增进我国各界对拉美的了解，促进中拉合作方面会发挥不可替代的作用。希望该丛书能够得到各界有识之士的教正和支持。

李 捷

2015 年 9 月

自　序

拉美发展模式研究是当前国内学术界的新热点，"拉美病""拉美化""拉美陷阱"等新概念层出不穷，且论者多拿拉美的事例来佐证他们对中国发展模式的看法，试图以拉美经验来指导中国的发展。但细究起来，断章取义、隔靴搔痒者众，能够切中要害者寥寥无几。为什么会出现这种矛盾的现象呢？一方面，"拉美热"事出有因。中国的改革开放创造了举世瞩目的经济奇迹，但也面临日益严峻的挑战。深入研究发展问题乃国运之所系，不得不然。前三十年可以"摸着石头过河"，但今后必须认真总结，才有可能避免发展势头的逆转，拉美的经验教训恰恰可以为中国提供宝贵的借鉴。另一方面，关山阻隔和历史原因都限制了国人对拉美的认知，中国的拉美研究仍然处于起步阶段，对拉美发展模式还缺乏系统、深入的认知。因此，国人论及拉美时多采取"拿来主义"，概念、理论和观点多来自美国和欧洲，独立见解不多。欧美观点多从自身关切出发，而且带有西方中心论色彩，不一定可以直接为我们所用。因此，对于拉美发展研究中的一些重大基本问题，中国学者仍需下大力气进行独立探索。人云亦云，鹦鹉学舌，会让我们错误认识拉美的发展经历，误导自己的发展。

拉美历史堪称发展问题研究的"宝库"。特别是独立两百年来，拉美国家成为各种发展理念、模式的"试验场"。在政治领域，无论是君主制、代议制民主、军政府、个人独裁以及横空出世的"参与式民主"，还是一党制、两党制和多党制，都曾在拉美拥有一席之地。在经济领域，从自由放任到国家干预、计划经济再到新自由主义，还有形形色色的"第三条道路",拉美尝试过各种各样的发展模式。但令人遗憾的是,这么多发展模式无一成功。时至今日,拉美国家仍未进入"富国俱乐部"(智利是唯一例外),经济依然缺乏自主增长能力。拉美民主的根基也不牢固,政治危机不断。我们与拉美同属发展中国家,研究拉美的发展经历对中国具有非常现实的借鉴意义。

政治稳定是发展模式研究中的重要问题。拉美国家素以政治动荡著称,革命、军事政变、政治暴力、大规模抗议与骚乱屡见不鲜,20世纪初的墨西哥也不例外。在中国辛亥革命前夕,墨西哥爆发了1910年革命,战争及其余波持续了20年。革命后建立的政府开启了一项重大变革:土地改革,并在20世纪30年代确立了现代村社制度。令人感兴趣的是,这种制度与中国在改革开放中建立的统分结合、双层所有的农村联产承包责任制具有相同的本质。土地改革之后,墨西哥变成了拉美的"异类":在其他国家动荡不宁的时候,墨西哥却实现了长期的政治稳定,革命精英建立的革命制度党连续执政71年,创造了拉美政治的奇迹。但长期政治稳定并没有带来良性政治发展,到20世纪末期,墨西哥重新出现动荡的迹象,有组织犯罪团伙和贩毒集团的泛滥反映了政治体系的严重衰败。从农民问题入手来解释墨西哥曾经拥有的奇迹和这个奇迹的悲剧结局,是本书的中心议题。

本书以1910年革命开篇。在这一部分,我强调了当时墨西哥农民异乎寻常的组织和动员能力。墨西哥具有悠久的印第安传统,公社集体组织形式在当时仍有遗存,为农民提供了现成的组织架构。而且农民们历经多次内战和抗击外侮的武装斗争,抗争意识和能力都处于历史上罕见的高水平。面对迪亚斯政府对土地的大规模剥夺,农民揭竿而起,发动了"20世纪第一场农民战争"。与巴西的情况做个比较,可以更清楚地看到墨西哥的特点。在当时的巴西,农村人口以黑人奴隶为主。奴隶们身处陌生的新大陆,分散在种植园里,受到奴隶主的严密控制。因此,他们的主要反抗形式是分散暴动和逃亡。可以说,巴西黑奴尽管人数众多,但不具备发动大规模农民战争的条件。但与同时代的俄国革命、中国革命相比，墨西哥 1910 年革命又是个"半截子革命"。农民自发的武装斗争没有与某种革命意识形态相结合。虽然用怒火与鲜血推动了墨西哥的剧变，他们最终却成为精英集团构建新体系的"垫脚石"。在接下来的八章里，本书先论述了革命后的土地改革以及现代村社制度的艰难确立。由于新政府开始进行土地改革，渴求土地的革命农民被精英集团"收编"，帮助精英集团消灭了地方军阀势力、驯服了军队，为政治稳定打下了根基。但是，精英集团给农民的回报并不多。土改中分给农民的土地比较贫瘠，而且数量不足。而且政府全力支持私有大农场的发展，村社经济遭到漠视并最终归于失败：农民处于贫困状态，仅能维持糊口经济，大批无地、失地农民流入城市，去寻找新机会。但"新卡西克体制"（Neo-caciquism）在现代村社体系中成长起来，对农民进行了强有力的政治控制。"卡西克"（cacique）意为"首领"，新卡西克体制是 1910 年革命后墨西哥农村形成的一种基层政治运作模式，也是本书提出的新概念。新卡西克们成为精英集团与村社农民之间的政治中介，主要发挥压制农民反抗、组织农民政治参与和投票等功能。在这种体制下，原本极具反抗精神的墨西哥农民被"政治阉割"，保证了墨西哥政治、经济体系的长期稳定和延续。但这种不公正的稳定也付出了高昂的代价。农民群体被压制，在政治上失声，从而丧失了参与发展、分享发展的权利。更严重的是，村社经济和农村的衰败导致墨西哥的工业化、城市化道路都走上歧途，不能实现良性发展。由于发展鸿沟日益加深，发展的排斥性日益明显，政治发展也成为泡影。因此，到 20 世纪末期，墨西哥又回归"正常拉美国家"的行列，饱受动荡与危机的困扰。墨西哥的这段历程与中国改革开放以来的发展经历有某些"神似"之处，耐人寻味，值得关注。

　　说到本书的特色，我想强调的是，这是一部用心之作。本书的主体部分来自我的博士毕业论文。我读博士是 1997—2000 年间，当时互联网还没起步，中国与拉美的直接往来也很少，论文写作遇到的第一个障碍就是相关文献资料的匮乏。文献的重要性在于：学术研究要发前人所未发，不知道前人之所言，就不知道从哪里起步。能够克服这个困难，主要得益于两个因素。其一，在导师林被甸先生的安排下，我在读硕士研究生期间学习了西班牙语，能够利用国内的西文资料。如果仅使用英文和中文文献，这项研究恐怕很难完成。其二，我在国家图书馆（当时叫北京图书馆）和北大图书馆花费了大量时间，搜寻相关文献。那时候还没有电脑检索系统，只能站在书目柜前逐张翻阅卡片，非常繁琐劳累。所幸两大图书馆都有丰富的馆藏和科学的书目检索系统，能够提供所需的大多数文献。其中，北大图书馆尤为值得称道。作为一家高校图书馆，北大图书馆馆藏数量之大、涉及领域之广都令人吃惊。众多领域的经典之作都在收藏之列，不少外文书籍甚至出版于六七十年前，至为难得。前人栽树、后人乘凉，这句话用在图书馆建设上真是非常贴切。国内找不到的重要资料，导师和我就到处托人在国外寻找，也有可喜的收获。在资料搜集上下足了功夫，才能深入了解历史真相，写作时也就有了底气，也才有希望在前人驻足之处再向前迈出一步。

当然，光有文献资料还不够，学术研究最重要的是推陈出新、创造新知识。在当时的条件下，研究万里之外的陌生国度，优势不在于发掘历史的原貌和细节，而在于以新的视角解读已有的历史资料，实现历史与理论的高度结合。对一名年轻学子而言，满足这个要求更加困难。这里摘录我毕业论文后记中的片段，从中可略见当时的艰辛："论文的完成标志着一种生活方式的结束：也曾头顶烈日、冒雪冲寒，只为搜求一点点有用的资料；也曾闭门枯坐，苦读一本已经泛黄的外文书籍，忘却了时间的流逝；也曾在沮丧的环绕之下，一字一顿地敲打着键盘，还要应对时时袭来的困惑与焦躁。但是，静夜之中，万籁俱寂，苦思之下偶有所得，则又有抑制不住的心中狂喜，化作继续前行的动力。这一幕幕场景，就是我在论文写作期间生活的写照。"可以说，我抱着高度严肃认真的态度进行这项研究，不仅认真钻研史料，而且广泛借鉴经济学、政治学的相关理论，深入探究了这段历史进程背后的动力因素。论文完成后得到普遍肯定，被答辩委员会七位委员一致评为"优秀"，后来还获评为学校的优秀毕业论文。在沉淀十几年之后，该选题的价值不但没被时间冲淡，现实意义反而与日俱增。结合这些年来的思考和实践经验，我对论文进行了些许增补和理论上的拔高，付梓出版，以就教于方家。

虽然只是一本小书，但从选题到写作再到出版，整个过程凝聚了很多人的心血。首先要感谢我的导师、北京大学历史学系林被甸教授。在论文选题阶段，林老师就给了我具体指导。众所周知，选题是治学的基本功。学者选题就好比投资人选择投资方向，其重要性和难度不言而喻。林老师学养深厚，引导我进入拉美农民问题研究领域，并指出了墨西哥农民问题的学术价值，帮助我确定了研究方向。在论文写作阶段，林老师给予我悉心指导和周至关怀，对论文的最后完成起到了关键作用。在治学方面，林老师还是一位铁面无私的严师，他的严格要求和督促对提高论文质量很有帮助。在成书之际，林老师又给我提出了细致、中肯的修改建议。对恩师的感谢难以用语言表达！中国社科院学部委员苏振兴先生、拉丁美洲研究所研究员曾昭耀先生、张森根先生、徐世澄先生，中国社科院世界史所研究员郝名玮先生，北京大学历史学系教授梁志明先生、林承节先生、董正华先生、王红生先生的精辟见解使我受益良多，他们在各自领域内的研究成果对我的启发非常大。有些学术之外的帮助也弥足珍贵。记得当年论文写作过程中"压力山大"，精神高度紧张。董正华老师每次在二院（当年历史系所在地）遇到我，都会和我聊会儿天，讲讲他当年求学的"苦难"经历，帮我减压，至今记忆犹新。还要感谢浙江大学法学院教授夏立安先生、北京大学历史学系教授董经胜先生和社科院《拉丁美洲研究》编辑部主任刘维广先生，他们曾在诸多方面给予我宝贵支持与帮助。责编张林女士能力出众，她在编辑过程中显示出的学术功力和眼光一度让我非常吃惊。最后要感谢的"压轴"人物是社科院拉美所所长、研究员吴白乙先生。吴先生学养深厚、独具慧眼，对本书的出版起到了关键的推动作用，非常令人感动。需要感谢的人还有很多，虽不能在此一一列举，但我会时刻铭记心中，并争取以更多、更好的研究成果来回报他们。

高　波

2016 年初夏于木樨地

目　录

导　论

　　墨西哥创造过一个政治奇迹：从 20 世纪 40 年代起，这个国家没发生过军事政变，没发生过非正常的政府更迭，没出现过大规模的反政府暴力活动和持续的骚乱。如果做一个横向的国际比较，人们可以更好地理解这个奇迹的意义。根据塞缪尔·亨廷顿的统计，在第二次世界大战后的 20 年里，拉丁美洲 20 个国家中有 17 个国家发生过成功的军事政变，只有墨西哥、智利和乌拉圭保持了宪法秩序。亨廷顿没有提到的是，仅仅到 1973 年，智利的阿连德政府就被皮诺切特将军发动的血腥政变所推翻。同年，乌拉圭军队也发动政变，废除参众两院，掌握了实际权力，只保留了文人总统作为傀儡。因此，可以说墨西哥是第二次世界大战后唯一没有发生过军事政变的拉美国家。如果把视野放宽到同一时期的亚洲和非洲，可以发现北非和中东的 6 个国家（阿尔及利亚、埃及、叙利亚、苏丹、伊拉克、土耳其）、西非和中非的 6 个国家（加纳、尼日利亚、达荷美、上沃尔特、中非共和国、刚果）和 7 个亚洲国家（巴基斯坦、泰国、老挝、越南、缅甸、印度尼西亚、韩国）也都发生过军事政变。在第二次世界大战后的 20 年里，古巴、玻利维亚、秘鲁、委内瑞拉、哥伦比亚、危地马拉、多米尼加共和国等还受到革命暴力、叛乱、游击战争的破坏。再看一组这个时期的截面数据：1958 年，全世界约 28 个地区在进行持久的游击战，发生了 4 次军事暴动和 2 次常规战争。到 1965 年，游击战已经增加到 42 个，军事政变为 10 次，常规战争也增加到 5 次。[①] 这样看来，在战后混乱的第三世界里，墨西哥的确是一个特例。为什么墨西哥能够保持长期的政治稳定？对这个问题的主流看法来自罗伯特·斯科特、文森特·帕吉特等学者，他们把重点放在墨西哥 1910 年革命后建立的一党制上。他们认为，由 1910 年革命的领导者创建的职团主义政党把农民、劳工、中产阶级、军队等主要社会政治集团都纳入一个强大的执政党内，有效平息了政治纷争。此外，革命者还制伏了军队，改变了传统的政治文化。这些因素的叠加保持了政治的稳定。[②] 亨廷顿也支持这种观点。但是，这种观点有其不足之处，即没有解释为什么墨西哥能够建立如此强大的政党而其他国家却难以做到。罗杰·巴特拉、斯塔文·桑德森等其他学者开始关注到农民在其中发挥的关键作用，并进而对农村政治微观控制机制进行了探讨，得出了令人印象深刻的结论。[③] 但是，这些研究中存在的共同问题是：政治研究与经济研究结合不够，对政治与经济因素的互动缺乏深刻认识，学科分割造成研究难以深入；宏观研究与微观研究的结合不够，宏观研究缺乏微观层面机制研究的支持，微观研究则缺乏宏观视野，没有从政治、经济多重视角对长时段内的政治稳定问题做出全面探讨。因此，本研究从现代村社制度入手，对墨西哥从 19 世纪末到 20 世纪末的现代化进程做一综合考察，以解释墨西哥现代政治中的稳定之谜。

① 参见 [美] 塞缪尔·亨廷顿《变化社会中的政治秩序》，王冠华等译，上海人民出版社 2015 年版，第 3—4 页。

② Robert E. Scott, *Mexican Government in Transition*, University of Illinois Press, 1959; Vincent Padgett, *The Mexican Political system*, Houghton Mifflin, Co., 1976; Barry Ames, *Bases of Support for Mexico's Dominant Party*, University of California, 1970; 参见曾昭耀《政治稳定与现代化》，东方出版社 1996 年版。

③ Roger Bartra, *Agrarian Structure and Political Power in Mexico*, The Johns Hopkins University Press, 1993; Steven E. Sanderson, *Agrarian Populism and the Mexican State*, University of California Press, 1981; Susan Kaufman Purcell, "Mexico: Clientelism, Corporatism and Political Stability", in S. N. Eisenstadt, *Political Clientelism, Patronage and Development*, SAGE Publications Ltd, 1981; Luis Roniger, "Caciquismo and Coronelismo: Contextual Dimensions of Patron Brokerage in Mexico and Brazil", in *Latin American Research Review*, Vol. 14, 1988.

第一节　理论综述

关于现代化进程中的政治稳定存在截然相反的两派理论。一派是以西摩·马丁·李普塞特为代表的"好事一块儿来"理论，也可以称为"现代化带来政治稳定"理论，属于乐观主义的论调。与之相反的是以塞缪尔·亨廷顿、吉列尔莫·奥唐奈为代表的"现代化引发不稳定"理论，此外还有经济学家劳尔·普雷维什的外围资本主义危机理论，他们都表达了对现代化不那么乐观甚至悲观的看法。

李普塞特的乐观主义自有其根据。他认为，"经济发展、不断增长的收入、更大的经济保障和普遍的高等教育，通过允许处于社会下层的人对政治进行长时间观察，以及提出一些比较复杂的渐进主义政治观点，可以决定阶级斗争的形式"①。关于经济发展影响政治稳定和民主的机制，李普塞特提出了收入和消费品分配、社会结构、社会上层的态度、利益均衡、民间组织等五个渠道。关于收入和消费品分配，李普塞特认为，在经济发展水平较低的阶段，收入分配更不平等，容易引起下层民众的不满，尤其是在收入差距比较大的时候。随着国民收入的增加，消费品的分配也变得比较平均。国家越富，总人口中拥有汽车、电话、浴缸、制冷设备等的比例就越大。在比较贫穷的国家，消费品的分享必然比不上比较富裕的国家。李普塞特的这个想法可能源于经济学里的"滴流理论"，即随着经济增长，越来越多的社会福利会从社会上层扩展到社会下层。李普塞特还重视社会结构

①　[美]西摩·马丁·李普塞特：《政治人：政治的社会基础》，张绍宗译，上海人民出版社 1997 年版，第 34 页。

的变化；财富的增加还会改变社会分层结构的形态，从有庞大下层阶级的金字塔形向中产阶级日益强大的菱形转变，中产阶级的政治作用日益加强。通过支持温和的民主政党以及遏制极端主义团体，强大的中产阶级可以缓解冲突。李普塞特还认为，经济发展还可以对上层阶级的政治价值观和行为方式产生有利影响。国家越穷，社会下层的生活绝对水准就越低，因而上层往往把下层阶级视为粗俗、天生低贱的群体，甚至将其视为人类社会范围之外的低级种姓。因此，上层阶级往往把下层阶级分享政治权力的要求视为荒谬和不道德的行为，这种政治上的傲慢足以强化下层阶级的极端主义反应。此外，国家的总收入水平也影响到公民对民主规范的接受能力。倘若国家有足够的财富，那么财富的重新分配便不会造成很大的变化，任何一方执政都不会面临太大的阻力。但如果总收入水平很低，失去政治地位的集团往往会受到严重损失，产生零和效应，使平稳的权力转移变得不太可能。最后，国民财富的水平还影响到民间组织的发展。独立的民间组织具有多种重要功能：阻止国家或任何单一权力中心垄断全部政治资源；可以成为新意见的来源；可以成为向大部分公民进行宣传特别是宣传反对意见的渠道；可以训练公民的政治技巧，有助于提高他们关心和参与政治的水平。一个人越富裕、所受教育越好，就越有可能加入民间组织。所以民间组织的数量是随着国家收入水平变化的。概而言之，李普塞特认为现代化或曰经济发展与政治稳定之间存在平行发展、齐头并进的关系。这个观点遭到亨廷顿等学者的反对。

亨廷顿关于现代化与政治稳定的著名观点是：现代性产生稳定，但现代化却会产生不稳定。也即是说，在经济发展水平很高的国家，政治上一定是较为稳定和安宁的。发达国家的情况有力地佐证了这一点。但在传统社会努力获取现代性的过程中却容易出现政治不稳定。也可以说，在现代化与政治稳定之间存在一种倒 U 型关系：在开始现代化进程之前，政治基本是稳定的；一旦开启现代化进程，不稳定的程度便开始上升；现代化进程结束后，政治便回归稳定状态。他还论述了现代化引发不稳定的几种机制。一是社会动员引发不稳定。城市化、识字率和教育水平的提高，传播媒介的广泛应用等都提高了人们的追求与期望。如果这些追求和期望得不到满足，受到挫折的个人和群体就会有动力去参与政治。社会挫折感促使人们向政府提出种种要求，在缺少适应力强的政治制度的情况下，这些要求既缺乏表达渠道，又难以得到满足。因此，参与的扩大就意味着不稳定。亨廷顿用三个公式表示这种关系：社会动员/经济发展＝社会挫折感；社会挫折感/流动机会＝政治参与；政治参与/政治制度化＝政治不稳定。二是经济发展引起不稳定。迅速的经济增长会破坏原有的社会、政治平衡，包括：瓦解传统的社会群体（家族、阶级、种姓），使落魄者的数量增加；产生一些不能完全同化于现存秩序的暴发户，他们要求与新的经济地位相适应的政治权力；城市化会带来离异情绪和政治极端主义；贫富差距扩大，收入分配和土地占有更加不平等，社会不满水平上升；实现持续经济增长要求对消费进行限制，以增加投资，引发公众不满；加剧地区间、种族间对投资分配及消费问题上的冲突；社会群体的组织水平和政治参与水平提高，但政府却不能满足其要求等。

吉列尔莫·奥唐奈的理论方向与亨廷顿相同，但在他的理论中，引发政治不稳定的机制却与亨廷顿大相径庭。以阿根廷和巴西的经验为基础，奥唐奈提出了著名的"官僚威权主义"理论。[①] 奥唐奈把南美国家的工业化进程分为两个阶段，即横向工业化阶段和集约式工业化阶段。之所以把阿根廷和巴西作为研究对象，是因为在南美国家中只有它们达到了第二个阶段。如果扩大到整个拉美，墨西哥也进入了第二阶段。奥唐奈认为，在这两个阶段中，不仅经济结构发生了变化，政治结构也随之出现深刻变化。受 20 世纪 30 年代大萧条的影响，阿根廷和巴西的工业化速度大大加快，城市劳工阶层也迅速扩

---

① 参见［美］吉列尔莫·奥唐奈《现代化和官僚威权主义：南美政治研究》，王欢等译，北京大学出版社 2008 年版。

大，为民众主义政治联盟的出现提供了社会基础。工业化不仅被认为是减轻经济和政治依附的手段，还被当作缓解国际经济危机的途径。这个阶段也被称为进口替代工业化的初级阶段，政府设立贸易壁垒保护国内市场。在这种模式下，参与民众主义政治联盟的各个集团都从中受益：制造业的扩张为劳工提供了更多就业机会和更高工资，面向国内市场的农业部门也从经济扩张中受益，国家职能的扩展为中产阶级职员和技术人员提供了更多就业岗位，军方则对该模式所体现的民族主义和工业制造能力的提高表示赞赏。政府领导人（阿根廷的庇隆政府和巴西的瓦加斯政府）鼓励工人组织工会，以获取有组织的政治支持。这导致两国的城市民众达到了很高的组织水平。奥唐奈认为这个模式有两个经济上的弱点：一是有太多的小厂商，他们的企业没有规模收益，导致生产成本过高；二是严重依赖进口中间产品和资本货，外汇缺口持续扩大。到20世纪60年代，横向扩张的工业化阶段已经耗尽。在向第二阶段迈进时，集约型工业化所要求的投资规模、技术水平超出了多数本土企业的能力，跨国公司开始大举进入这两个国家，设厂生产。这些跨国公司不像以前初级产品出口导向阶段的飞地型外国企业，它们在阿根廷和巴西创造了一个广泛的合作网络，与当地人拥有的生产和营销企业建立了密切关系，并向当地雇员支付超出平均水平的工资。外资企业与本土企业家、工人的这些联系反映了深刻的社会经济转变，即企业家和工人内部都产生了一个新的、支持跨国公司的集团，并对政治产生了深刻影响。同一时期，这些国家开始经历恶性通货膨胀。通货膨胀导致工人实际收入减少，工人以提高抗议水平作为回应，试图恢复以前的生活水平。但企业界认为工人的要求已经过分了。如果不严格控制这些过高要求，资本积累和经济增长就难以持续。古巴革命的爆发也让社会上层感到惊恐，担心民众阶层的抗议活动会升级为颠覆性的革命行动。在民众要求高涨的同时，政府能力却因为税收减少而下降，难以满足民众的要求。有产阶层则要求压制民众的需求。各方要求尖锐对立，软弱的政府无法满足任何一方的要求，趋于瘫痪，政治陷入僵局。奥唐奈创造性地提出，在工业化的第二阶段，巴西、阿根廷出现了技术官僚膨胀的现象。更高的现代化程度造成大型专业化层级机构的增多，公共及私人机构的管理复杂化，需要更多在生产、计划和控制技术上经过长期训练的专业人士，如大型企业的经理人员、军队高级将领、政府负责金融和经济事务的高级官员等。他们人数虽然不多，但占据了社会的战略性位置。这批人有共同的教育背景：经理人员就读于美国模式的商学院，军官们在欧美国家接受培训并进入按欧美模式建立的军校，技术专家们也都从海外取得学位。虽然专业各异，但角色模式（role-models）一致。也即是说，在发达国家这类技术官僚的职业表现方式、拥有的社会地位和薪酬、评判标准也移植到了发展中国家的技术官僚身上。后者在与发达国家的同侪做比较时会发现，由于国家发展阶段不同，他们无法取得类似于发达国家技术官僚的成功，这使他们产生严重的挫败感。这种挫败感又被转化为改造本国社会背景的驱动力。技术官僚们相信，通过对社会背景的重新塑造，他们既可以满足自身的成就感，也可以改善社会的整体状况。通过在商学院和军事学院举行的经常性聚会、数种专门杂志的发行，军队、大型工商业组织、政府经济决策及计划部门的上层人士形成了制度化的交流网络，这进一步强化了他们的集体意识和行动决心。面对 20 世纪 60 年代初出现的政治僵局和混乱局面，技术官僚集团给出的解决方案包括：应该使用专业技术（奥唐奈指的应该是新古典经济理论）来解决这些问题，政治和讨价还价有损技术上的合理性；效率至上，而且效率的结果应该可以衡量（这意味着经济增长率至上）；应该排除那些干扰决策的"杂音"（指镇压不合作的工会组织）。他们对无力解决混乱局面的民主制度并无好感，更偏好使用暴力排斥捣乱者，建立威权主义的政治体制来实现其社会目标。如此这般，技术官僚集团就结成了一个"政变联盟"。1964 年和 1966 年，在经济停滞、通货膨胀恶性发展、抗议活动日益升温的情况下，巴西和阿根廷分别爆发了军事政变，推翻了瓦加斯政府和庇隆政府，军政府进行了长期统治，异见分子遭到血腥镇压。劳工等民众阶层的消费需求被强制压缩，经济重新恢复增长，虽然未能长期持续。

可以看出，奥唐奈的官僚威权主义理论与亨廷顿的理论还是有明显区别的。亨廷顿侧重于社会下层在经济发展进程中的损失，或曰不能分享发展成果，在现存政治体系中无法得到缓解，由此引起的社会不满和冲突打乱了政治秩序。为了突出这种冲突的特征，可以称之为"下层的暴动"。奥唐奈的理论不仅关注社会下层的需求，他更关注的是社会上层中的一个特定集团：技术官僚群体。他认为，正是这个群体对自身理想的追求破坏了既有的政治体系。为方便与亨廷顿的理论进行对比，此处将其称为"上层的暴动"。可能是出于学科的局限，奥唐奈对经济危机成因的解释并不清楚，特别是在关键的经济问题上（包括横向工业化枯竭的原因、集约型工业化过程中出现恶性通货膨胀的原因）他都语焉不详。不能清楚地说明这种危机的必然性或曰较大的可能性，就难以证明"现代化引发政治不稳定"的观点，也就削弱了其理论的解释能力。奥唐奈理论的局限性在一定程度上被一位经济学家克服了，他就是发展经济学的大家——劳尔·普雷维什。

20世纪70年代，阿根廷经济学家普雷维什提出了系统的外围资本主义理论。[①] 他认为，发达国家处于世界经济体系的中心，而拉美国家则处于外围。外围资本主义的两个基本特征是依附性和排斥性。依附性体现在它对中心国家技术创新的依赖；排斥性体现在社会中下层难以参与经济剩余的分享。经济增长的活力（来自技术创新）源于中心并波及外围，外围国家希望模仿中心国家的模式来实现发展。它们不但没能取得成功，反而不断陷入恶性通货膨胀和政治危机之中，根本原因就在于拉美国家不平等的权力结构、生产结构、技术结构、

---

① 参见［阿根廷］劳尔·普雷维什《外围资本主义：危机与改造》，苏振兴、袁兴昌译，商务印书馆1990年版。

就业结构和分配结构。上层统治集团占有资本和土地，控制金融资源和媒体，他们用政治捐助和其他恩惠收买政党领袖和其他具有政治影响的人，包括军界将领，因而在政治领域也极具影响力。他们积累资本并投资，推动工业化和经济增长。积累来自对剩余的占有。投资中蕴含的技术进步提高了生产率，增加了产出，产生了经济剩余。剩余原本应由资本家和劳动者共同分享，但由于大量失业劳动力的存在，形成倒退性竞争，工人工资并不提高，因而上层集团可以过度占有剩余，并进行所谓的特权消费（奢侈品消费和海外消费），浪费了本应用于投资的资本。此外，中心国家的过度榨取（通过国际贸易和跨国公司等机制）和国家机构的膨胀性扩张也占用了部分经济剩余。这三种因素的叠加就造成积累和投资不足，经济体系不能充分吸收过剩劳动力，造成大量失业和半失业。随着民主化进程的深入，社会中下层逐步获得更大的工会权力和政治影响力，权力结构发生不利于上层的变化。中下层利用新得到的权力要求分享更多剩余，上层集团不甘心剩余减少，便以提高产品价格来应对，而中下层则再次要求提高报酬。价格与工资的交替上升便造成螺旋形恶性通货膨胀。这种通胀可以达到极其惊人的程度，而且正统货币政策根本无法应对（央行减少货币供给将导致经济萧条、失业增加和社会混乱），最终导致经济秩序的崩溃。上层集团以恢复经济秩序为由联合军队将领发动政变，用暴力手段压制社会中下层分享剩余的要求，再次独占经济剩余。这就是外围资本主义无法摆脱的周期性结构危机。

可以看出，普雷维什对阿根廷 1966 年政变的解释与奥唐奈的观点并不一致。奥唐奈认为，是技术官僚集团对其特殊理念和利益的追求导致了这次政变。但普雷维什则把政变归因于大资本集团与民众阶层对经济剩余的争夺。

总的来说，无论是李普塞特的乐观主义理论还是亨廷顿、奥唐奈、普雷维什的悲观主义论调，都不完全符合墨西哥的实际。在波菲里奥时期（1874—1910 年）为期 30 年的快速经济增长之后，墨西哥爆发了 1910 年革命。经济增长没有伴随政治稳定，这是李普塞特的理论所无法解释的。亨廷顿的理论可以解释 1910 年革命的发生，但不能说清楚 1940 年后的政治稳定从何而来。在 1940 年之后，墨西哥仍处于现代化进程之中，而且有些集团在这个过程中利益受损。按照亨廷顿的理论，这个阶段的墨西哥应该出现政治动荡，但它却偏偏保持了稳定。奥唐奈的理论同样不适用于墨西哥。在 20 世纪 70 年代之后，墨西哥也出现了"技术官僚化"倾向，但却没有出现技术官僚的政变。同理，普雷维什关于"民主化进程会在外围较发达的国家中引发经济、政治危机"的理论也没有在墨西哥应验。就这样，墨西哥的革命与稳定成了各种理论的"坟墓"。在理论不能解释现实的时候，就有必要去修正理论或者去寻找新的理论。

第二节　现代村社制度的概念阐释

第三世界国家发展模式的重大转折，往往伴随着风起云涌的农民战争或农民运动，1910 年的墨西哥革命即是如此。在革命前的迪亚斯时期，墨西哥的早期工业化刚刚发轫，经济还是以农业为主，庄园是占主导地位的土地所有形式和经营制度。传统的村社制度在法律上已经被废除，在现实中也处在残存状态。1910 年革命爆发后，农民拿起了武器，他们要收回被庄园主夺去的土地。在战火中诞生的 1917 年《宪法》及其后的一系列农业法规建立起了一种新的村社制度，这是不是重建了传统的村社制度呢？如果不是，那它们之间又有何差异？

新的村社制度与传统的制度之间有很多相似之处，但又存在本质的区别。传统村社的渊源可以追溯到古代印第安社会，特别是阿兹特克时代的氏族公社组织（calpulli）。阿兹特克人分为不同的部落，每个部落由一些氏族组成。在地理分布上，一个氏族或几个聚居的氏族构成一个村落，该村落全部的土地都分给各个氏族所有。这些归氏族共同拥有的土地分为三类：一类是分给各家庭耕种的份地（tlatlm-illi），可以继承；另一类是全体氏族成员可以自由使用的林地和草地；第三类是为特殊公共用途而留出的土地，由氏族成员共同耕作，收获物用来维持村庄首领的开支、招待来访的部落官员、向部落首领纳贡、提供宗教活动的费用等。值得指出的是，这三类土地都归氏族共同所有，各家庭对其份地并不享有所有权。相关规定为：如果一块份地连续两年没有耕作，它将被氏族收回；不能将份地永久转让给氏族以外的成员，但在某些情况下可以出租；如果某个家庭被逐出或搬迁到氏族以外，其份地将被收回。① 在氏族内部掌握土地分配和管理的是世袭的首领（mayor pariente）。

　　进入殖民地时期不久，西班牙王室便承认了印第安氏族公社对土地的所有权，并按西班牙人的法律习惯将其分为市镇用地（fundo legal）和公社公有地（ejido）两种。市镇用地指建造住宅、公共建筑的土地，公社公有地包括公社成员的份地和共用的林地及草地。"ejido"一词出自西班牙语，原指中世纪西班牙卡斯提尔的市镇在靠近城门的郊区保留的一片公用土地，可以用作收留走失牲畜的畜栏、公共打谷场，也可以用作垃圾堆和屠宰场。"在这片广场上，农民可以存放谷物、蜂箱等，未被占用的地方可用作娱乐场所。在这片土地上不得建筑房屋，也不得耕种。"② 但是，这个词在新西班牙有了新的含义，意指印第安公社的公有土地，另外它也指拥有这种土地的印第安村落，中文译为"村社"。在殖民地时期，庄园、朗楚（以牧场为主）制度也逐渐发展起来，它们起源于西班牙王室的授予、购买、监护主对印

---

① Eyler N. Simpson, *The Ejido, Mexico's Way Out*, The University of North Carolina Press, 1937, p. 4.
② ［美］乔治·麦克布赖德：《墨西哥的土地制度》，杨志信译，商务印书馆1965年版，第47页。

第安人土地的侵占①等，并在以后的发展历程中对公社土地所有制造成了巨大的破坏。由于公社中血缘关系的逐步淡化和西班牙监护主、官员的干涉，其内部的权力结构也发生了变化。原来世袭的村社领袖往往被一些新人所代替。到殖民地中后期，公社内的宗教领袖接管了政治权力，成为政教合一的村社领导。在有些公社内，则由社员选出的长老（viejo）掌管公共事务。公社内部的土地所有制也不那么整齐划一了，有时也混杂一些私有小地产，也出现了一些以私有小地产为主的村庄。

在与公社制度漫长的较量中，大庄园占了上风，把大量的土地、人口纳入自己的掌握之中。庄园主把最好的土地留下来自己经营，由债役雇农进行耕作，其他土地则出租给周围公社的农民甚至任其荒芜。从殖民统治下独立之后，墨西哥自由派鼓吹必须打破僵化的公社制度，以便将其土地和劳动力解放出来，投入市场，自由流通。1856年制定的《莱尔多法》废除了公社土地所有制，要求将公社土地转为私人所有，这等于去掉了公社制度的保护伞，为庄园的扩张打开了方便之门。由于当时国家力量弱小和战争的阻碍，这个进程放慢了。到波菲里奥时期，这两个障碍都被消除了，而且铁路的延伸和出口农业的发展也为庄园的扩张提供了巨大的动力。经过 30 年的吞噬，到1910 年公社制度已经濒临绝境了。据统计，当时已有 80％的公社处于庄园地产上。② 庄园所有的土地占到土地总额的 95％以上，这引起农民的强烈反抗。

在革命的硝烟中诞生的 1917 年《宪法》规定：国家要承担起给无地农民分配土地的义务；允许村庄作为一个集体拥有土地。但它还

---

① 监护制度（encomienda）是西班牙王室对美洲印第安人的一种统治制度，在新西班牙施行于 1524—1720 年。监护主负责保护和教化某一区域内的印第安人，并可以向他们征收贡品、征发劳役，对印第安人的土地并没有所有权。但监护主往往利用权力和影响侵占其土地，由此形成巨大的庄园地产。授地制度：王室给参与征服的士兵授予土地，分步兵份地和骑兵份地两种，有些份地发展成为庄园。

② Jorge Luis Ibarra Mendivil, *Propiedad Agraria y Sistema Político En México*, El Colegio de Sonora, 1989, p. 98.

没有把建立集体土地所有制作为土改的主要形式。经过一系列的斗争之后，直到 1934 年颁布的《农业法》才确定了土改的方向，即建立一种新的村社制度（ejido）。具体来说，这是一种集经济、政治、社会功能于一体的新型农村组织制度。根据规定，凡缺少土地的、20 人以上的农村居民点都可以向政府申请土地，成立村社。法律规定：墨西哥所有土地都属于国家，由国家将土地所有权授予村社，其中耕地的所有权转授给社员，可以使用、继承，但不许分割、转让、出租、抵押、出卖等；在某些情况下，村社有权暂时或永久性地收回这些份地；牧场和林地不进行分割，由社员自由使用，也可以出租给村社以外的人或机构；村社最高权威机构是社员大会，由全体社员组成；日常领导机构主要是村社委员会和监督理事会，由社员大会选举产生。但村社并非完全自治的机构，重大的生产经营活动要由国家农业主管机构批准，村社领导人有义务执行其政策和命令，否则就要被罢免。根据 1936 年的总统命令，所有村社社员都要以村社为单位加入官方党的农民部。除了这种个体制村社以外，在卡德纳斯总统（1934—1940 年）当政期间还创建了一批集体制村社。在这种村社中所有土地都由村社统一经营，社员的工作由村社领导人统一安排，以工资和分红的形式进行按劳分配，但这种集体合作制的村社数目很少，成立不久后大部分就解体了。

著名的村社研究专家辛普森强调村社有两种含义：其一指革命后村庄在土改中得到的土地；其二则指在土改中受益的村庄。[①] 琼斯除了认可这两点以外，还指出"村社同时也是国家进行政治控制的机器和农民的代表机构"[②]。1996 年版的《墨西哥西班牙语惯用法词典》中的"ejido"词条讲到它还是一种土地占有制度。[③]《墨西哥百科全

[①]　Eyler N. Simpson，*The Ejido*，*Mexico's Way Out*，The University of North Carolina Press，1937，p. viii.

[②]　Gareth A. Jones，*Dismantling the Ejido*：*A Lesson in Controlled Pluralism*，The Johns Hopkins University Press，1966，p. 188.

[③]　El Colegio de México，*Diccionario del Español Usual en México*，El Colegio de México，p. 375.

书》则认为，"ejido"是墨西哥农村一种特殊的经济、政治、社会组织形式，并在经济、政治两方面都受到国家的支配。[①]综合以上诸种定义的要点，我们可以说，村社指土改中受益的村庄，它包含了一定的土地所有制度和经营制度，同时又是一种政治组织，其成员之间因而具有特殊的社会关系。虽然个体制村社（也是新型村社制度的主体）的经营制度具有小农色彩，但在其他各方面村社制度都有别于传统或现代小农制。拿传统的公社制度与新的村社制度相比，我们可以发现其相似之处，首先，村社是凌驾于社员个人之上的实体，对社员有一定的限制作用；其次，在这两种制度中，耕地一般都分给社员家庭经营，其他类型的土地则归社员共同所有、自由使用。但是，它们之间具有本质性的区别。在土地所有制方面，传统公社制度的原型是阿兹特克时代的氏族公社土地所有制，土地的最高所有权属于氏族全体。而1917年《宪法》和1934年《农业法》建立的新村社制度则不同：土地的最高所有权属于国家，由国家授予村社；份地的所有权虽然授予了社员个人，但受到很大限制；新型村社同时又是一个信贷合作社，集体向官方的村社银行申请贷款，然后再做内部分配，除此之外没有其他制度性的合作制度。在政治组织方面，传统村社内部是按照习惯法由世袭的氏族首领或社员选出的宗教领袖、长老管理公共事务，新的村社制度则由国家立法做出了明确规定，村社为基层民主自治组织，社员大会是其最高权力机构，由大会选出的村社委员会为其执行机构，并且村社要接受国家有关部门的指导。而且按照惯例，村社全体成员要集体加入执政党革命制度党，所以村社又是官方党的基层组织。[②]与传统村社相比，新型村社已经被结合到国家整体的发展轨道当中来，发挥着维持、整合等功能，成为革命后建立的新制度体系中的一个重要组成部分。因此，本书将这种新型的村社制度称为现

---

① Kirsten Appendini, "*Ejido*" *in Encyclopedia of Mexico*, edited by Michael S. Werner，1996，p. 450.

② 文中的执政党、官方党都指的是墨西哥革命制度党，含义相同。

代村社制度。

现代化指的是传统农业社会向现代工业社会变迁的过程。农业是传统社会中最重要的经济部门，绝大多数人口都从事农业生产、生活在农村，因此农业、农村的发展对包括工业化、政治变迁、政治稳定以及社会结构的变化在内的现代化进程起着至关重要的作用，甚至影响着这个进程的方向。因此，如何变革传统的农业制度是第三世界国家必须解决的一个重大问题。一种理想的农业制度应该既能促进、容纳经济技术的进步，又能兼顾公平分配，以满足社会、政治发展的需求，甚至还能有助于人的自主性的发挥，即人的精神解放。村社制度能不能满足这些要求呢？应该说，关于村社制度与现代化进程的关系至今没有一种普遍适用的理论。原因在于，当现代化的浪潮袭来时，很多国家的村社/公社制度已经不复存在了。俄国学者科瓦列夫斯基曾在 19 世纪晚期对世界各地的公社土地制度做过研究，并综合了其他学者的研究。他提出：土地私有制的出现是比较晚近的现象，在此之前则是对不动产的各种集体占有形式，包括氏族公社所有制以及其后的农村公社所有制和家庭公社所有制。^① 在封建化、殖民主义等历史因素的影响下，很多地方的公社制度纷纷解体。在英、法等西欧国家，它被封建采邑制所代替。在中国等一些亚洲国家，租佃地主制很早就取代了它的地位。所以到 19 世纪晚期，公社制度虽然在拉美、非洲、印度等地还保留下来，但在其他一些土地制度的侵蚀下也遭到很大削弱。但是在俄国则不然，从 15 世纪以来村社制度反而在不断得到加强，经典作家对村社的论述也大多是针对俄国的情况所做出的。

俄国的村社起源于比较自由的维尔夫公社。在农奴制兴起时，村社非但没有削弱，反而得到了加强。这种现象源于俄国特定的历史结构：贵族在其领地内通常只有很少的自营地，村社组织形式在领地内

---

① 参见［俄］马·科瓦列夫斯基《公社土地占有制，其解体的原因、进程和结果》，李毅夫等译，社会科学文献出版社 1993 年版，第 2 页。

被保留下来，社员同时就是农奴，二者合而为一，但又都是独立的实体；土地并不归贵族所有，而是由村社公有，定期重分；贵族只有征收赋税和征发工役的权利，但农民被束缚在领地之内，不准自由迁徙；村社实行民主管理，贵族有时也会横加干涉；等等。1861年农奴制改革后，村社仍然保留了下来，但在改革浪潮的推动下，知识界对村社的前途和命运展开了激烈的争论。马克思对村社问题的论述不多，他曾在给查苏里奇的信中说："在这种西方的运动中，问题是一种私有制形式变为另一种私有制形式。相反地，在俄国农民中，则是要把他们的公有制变为私有制。由此可见，在《资本论》中所做的分析，既不包括赞成俄国农村公社有生命力的证据，也不包括反对农村公社有生命力的证据。但是，从我根据自己找到的原始材料进行的专门研究中，我深信这种农村公社是俄国社会新生的支点。可是，要使它能发挥这种作用，首先必须肃清从各方面向它袭来的破坏性影响，然后保证它具备自由发展所必需的正常条件。"① 可见马克思对俄国的村社持一种比较积极的态度，并没有完全否定。从发展的角度看，当时俄国国内的观点分为两大流派，一派以民粹派为主，对村社的发展寄予很高的期望；另一派则综合了社会民主党和自由派的看法，认为村社是俄国发展的障碍。在民粹派看来，村社具有排斥西方个人主义的特征，这正是未来社会主义的萌芽。因此，民粹主义者主张实行社会主义革命，"强化农民对村社的人身依附，主张发扬米尔（村社）的连环保精神以及个人服从米尔的精神，甚至主张使个人的我、个人的意志在米尔集体的概念面前逐渐模糊和消失。为此，就要发展劳动组合，实行村社共耕制，把主要是公有私耕的传统村社变为集体劳动的村社"②。但是，在社会民主党人和自由主义者看来，村社的土地公有和定期重分制度阻碍了生产要素的自由流动，连环保、共耕地等制

---

① 《马克思恩格斯全集》（第35卷），人民出版社1971年版，第160页。

② 金雁、卞悟：《农村公社、改革与革命：村社传统与俄国现代化之路》，中央编译出版社1996年版，第247页。

度又使得村社中的贫农拖累富农，因而挫伤了劳动积极性，降低了生产效率，等等。因此，列宁主张取消村社制度，先实现农业的资本主义化，然后再向社会主义前进。他归纳出了资产阶级农业演进的两种方式，即普鲁士道路和美国道路。"在前一种情况下，农奴制地主经济缓慢地转化为资产阶级的容克经济，同时分化出为数很少的大农，使农民遭受几十年最痛苦的剥夺和盘剥。在后一种情况下，地主经济已不再存在，或者已被没收和粉碎封建领地的革命所捣毁了。农民在这种情况下占优势，成为农业中独一无二的代表，逐渐演变成为资本主义的农场主。"① 列宁认为，俄国应当走美国式道路，把村社的土地分给个体农民，以提高生产效率，发展生产力。由此可见，经典作家对村社问题的认识并不一致，而且他们的观点都是在对俄国村社的研究中发展起来的。墨西哥的现代村社制度与之相比有很大的差异，因此需要我们进行实证研究来确定它对墨西哥现代化进程的影响。

关于现代村社和村社农民对墨西哥的现代化所起的作用，迄今为止还没有一个全面的研究。美国学者辛普森（Eyler N. Simpson）的著作《村社，墨西哥的出路》（*The Ejido，Mexico's Way Out*）是墨西哥村社研究的经典之作，探讨的领域包括村社的历史渊源、革命后到 20 世纪 30 年代初关于村社立法的演变、其间土地改革的进展状况和村社所面临的政治、经济、社会问题等，并提出村社应该向集体合作制的方向演变，才能克服其局限性，成为未来美好社会的基石。但此书的时间范围截止到 1934 年，当时现代村社制度刚刚定型，还没有广泛建立，因而未能回答我们提出的问题。如果从经济层面研究墨西哥现代村社制度，一个不能忽略的重要问题是其所有权特征，即社员对土地的所有权受到国家和村社的限制，不能自由流通，因而阻碍了成员间的分化。和现代小农制一样，它也是一种非资本主义的农业现代化模式。另外，由于在墨西哥同时还存在着资本主义大农场制，

---

① 《列宁全集》（第 16 卷），人民出版社 1988 年版，第 205 页。

这使得现代村社制度处在一种二元农业的状态之中，也使得当代墨西哥的农业发展成为二元农业的典型。因此，要从二元格局中的非资本主义农业发展这个角度来研究有关现代村社制度的经济问题。围绕"村社经济落后的原因"这个问题，众多研究者的观点分为截然不同的两派。一派以埃克斯泰因（Eckstein）、古林（Nguyen）、马丁内斯·桑迪瓦尔（Martinez Saldivar）等学者为代表，他们认为村社农民比私人农场主更有效率，但恶劣的外部环境导致了村社经营的失败。另一派以亚特斯（Yates）、H. R. 马丁内斯（H. R. Martinez）等学者为代表，认为是村社制度中的一些规定，诸如禁止土地转让、抵押等，阻碍了农业的进步。需要在以往研究的基础上对此问题做出探讨，看到底是村社制度本身还是其外部环境妨碍了村社经济的发展。

对村社政治及村社农民的政治影响的研究应该说还很不系统。对墨西哥政治的研究一般都承认村社农民在革命后的政治制度化和政治稳定中所起的关键作用，但是，对于村社农民如何发挥这种作用则还没有做出明确的回答。也就是说，要想揭开墨西哥的"稳定之谜"还需要更加深入的探讨。所幸近年来国际学术界对这个问题日益关注，一些有关墨西哥农村微观政治结构的个案、地区性研究陆续面世，主要有保罗·弗里德里克的《一个卡西克的合法性》（Paul Friedrich, *The Legitimacy of A Cacique*）、罗杰·巴尔特拉的《乡村墨西哥的卡西克主义和政治权力》（Roger Bartra, *Caciquismo y Poder Politico en el México Rural*）、约瑟夫的《脆弱的革命：卡西克政治和尤卡坦的革命过程》（Joseph, *The fragile revolution：cacique politics and revolutionary process in Yucatan*）等。[①] 这些研究为本书探讨村社内部权力结构的形成及其功能、村社农民如何作用于政治系统的稳

---

① Paul Friedrich, "The Legitimacy of A Cacique", in Marc J. Swartz, ed., *Local Level Politics*, Chicago, 1968；Roger Bartra, *Caciquismo y Poder Político en el México Rural*, Siglo Veintiuno, 1982；Gilbert Joseph, "The fragile revolution：cacique politics and revolutionary Process in Yucatan", in *Latin American Research Review*, Vol. 20, 1994.

定等问题提供了基础。

　　中国目前处于深刻的社会转型之中，以往 30 余年的改革开放取得了骄人的成就，但也面临一系列严峻的问题，其中最根本的问题是内需不足。由于内需不足，便派生出过度依赖国际市场、不利的贸易条件、收入分配恶化、严重的环境污染、产业结构低端锁定、大范围的民工潮等一连串的问题，根源就在于没能解决好"三农"问题。研究墨西哥的现代村社制度，特别是土地问题、农村基层治理问题和政治稳定之间的关系，对我们解决自己的问题将会提供有益的借鉴。

第一章

1910 年革命:农民的大规模动员

第一节　关于农民革命的理论

不了解 1910 年革命,就不能了解现代村社制度的根源,也不能了解墨西哥长期的政治稳定。关于现代化进程中农民革命的理论主要来自巴林顿·摩尔和约尔·米格代尔。美国著名社会学家巴林顿·摩尔概括了政治现代化的三条道路,即资产阶级革命道路(以英国的清教徒革命、法国大革命和美国内战为代表,资本主义和议会民主携手并进的道路)、法西斯主义道路(以德国和日本自上而下的革命为代表,经过某种反动的政治形式发展而来的专制独裁道路)和农民革命道路(以俄国革命和中国革命为代表,以农民参与为主的共产主义道路)。在摩尔看来,农民革命与共产主义的建立具有内在的密切关系,也常常是政治动荡的根源。那些成功建立了民主制度的国家都基本不存在农民问题。作为工业革命一部分的圈地运动消灭了农民,从而在英国政治中消除了农民问题和农民革命的可能性。美国历史上从未有过欧洲和亚洲那么庞大的农民阶级，因此也得以幸免于"农民灾难"。法国未能完全避免农民问题，因此在 19 世纪和 20 世纪经历了民主制度的不稳定。摩尔认为，地主在传统农村中发挥着"稳定器"的作用。"地主在农村中直接或间接地发挥重要作用。在封建体制下他们是封建领主，在官僚主义的中国他们是依附于帝国官僚机构的土地所有者，在印度某些地区他们是介乎官僚与领主之间的柴明达尔地主。世俗地主的一般任务是抵御外敌入侵，提供安全保障，并行使司法权，为农村居民排解纠纷。与世俗地主并列的是僧侣，他们的职责是为现行社会制度提供合法性论证。个别农民以传统的经济和社会手段难以应付的某些不幸和灾难，他们可以提供一种解释方式。作为履行这些职能的回报，地主和僧侣以劳役、农产品乃至金钱等形式从农民身上榨取剩余劳动。……值得注意的是，哪里的地主与农村社会联系越紧密，哪里导致农民起义或革命的可能性就越小。在中国和俄国，地主和农村的联系十分脆弱，而农民革命便成为这两个国家特有的现象。在日本，地主与农村社会的联系是高度有效的，农民革命便得以控制。"[1] 现代化进程中的某些进展可能会破坏地主与农民之间的传统关系，如中央集权政府的建立和扩张会渗透到农村并取代地主的传统地位，而且政府往往会增加对农民的税收，从而加重农民的经济负担。如果这种负担在短时期内快速增长并影响到范围广大的农民群体，一向保守的农民也会动员起来，采取暴力行动。摩尔如是总结："农民革命的最主要原因，在于农村中缺少工商业资产阶级领导的商品经济革命，以及在给农民加上新的压迫和锁链时，未能使农民的社会组织也同时延续下来。"[2]

美国政治学者约尔·米格代尔是塞缪尔·亨廷顿的得意门生，以

---

① ［美］巴林顿·摩尔：《民主和专制的社会起源》，拓夫等译，华夏出版社 1987 年版，第 380 页。

② 同上书，第 387 页。

研究农民政治学见长。他认为，农民是否参与有组织的革命运动取决于三个因素。第一，一定得有农民因经济危机而不断扩大的市场参与。这里的经济危机指的是农民家庭所经历的巨大的经济压力，米格代尔指出了压力的四大主要来源：其一为人口增长。"帝国主义国家将公众健康和工业化这两大系统的西方技术引入世界各个地区，紧随着西方工业化产生的大规模改善公众健康的措施也被广泛地运用到殖民地"，导致了婴儿死亡率的迅速下降和人口数量的快速上升，给农民家庭造成了经济压力。其二为庇护人的退缩。米格代尔认为，地主是农民传统的庇护人。随着帝国主义的渗透，农村以外的世界对地主的吸引力增强，地主往往离开农村去城市居住，他们按照家长制模式给予农民的好处如节日礼物、婚丧嫁娶的赠予等减少，这使农民失去了一项重要的收入补充。其三为中心需求的扩大。这里指政府税收的增加和税收形式的改变。如果农民的产出水平已经达到可能性边界，税收的任何增加都会把农民逼入绝境。政府也会征收现金而非实物，这迫使农民进一步卷入市场，以换取现金，但有时他们会因此受到更多盘剥。其四为市场变化对收入的冲击。对大多数农民来说，农产品是他们最大的收入来源，但手工业和某些服务也是他们重要的补充收入来源。外国和本国工业品和专业型服务的扩张会严重破坏手工业者和服务提供者的收入来源，兼职者也会受到很大影响。第二，在农民扩大参与的市场中充满了由腐败、垄断以及结构不完善引起的危险和损失。米格代尔列举的缺陷包括基础设施的供应不足，如道路、桥梁等。金融机构的高利率和繁杂手续使农民无法得到贷款以进行生产性投资。政府官员的腐败和商人的垄断也使农民失去了他们应该获得的收入。凡是在政府不能创造秩序井然、切实可行的制度的地区，凡是在势力强大的地主不能使农民在市场参与中获得益处的地区，农民更有可能欢迎其他制度的出现。因此，农民在政治上组织起来并不是出于远大目标，而主要是由于日常的社会关系发生了变化以及这些变化带来了新问题，农民渴望尽快找到解决这些问题的方法。第三，有能力的革命领导人和有动员能力的革命组织的出现。米格代尔认为，革命运动兴起的原动力来自农民阶级之外。与其他社会阶级相比，农民的组织能力是很低的。另外，农民掌握的资源也通常比较少，例如建立组织所需的教育和专门知识。结果，在革命组织中农民就居于组织的下层，而学生、知识分子和心怀不满的中产阶级成员则构成组织的上层。革命运动必须向农民个人提供物质利益，以换取农民对革命的支持和参与。在提供物质刺激，克服腐败、垄断和社会结构的不完善方面，革命组织要比其他类型的政治组织表现出更大的吸引力。米格代尔断言：在不存在这三个条件的地方，即农民不断扩大的市场参与、不完善的制度和革命的领导能力，农民哪怕再贫困都不会去造反。[1]

塞缪尔·亨廷顿对农民革命也有鲜明的观点。关于农民革命的动力，他强调土地问题的重要性。在他看来，土地所有制的变化往往对农民不利。"在传统社会中，土地往往被整个村落或一个大家庭共同所有和耕种。现代化，特别是西方土地所有制观念的冲击破坏了这种制度。……在拉丁美洲，公社土地所有制在印加文明、玛雅文明和阿兹特克文明中是极为流行的。然而，这种公社土地所有制在西方文明的冲击下被大庄园制取代了。由此，印第安农民或沦为雇工，或被迫靠小块土地勉强度日。从公社土地所有制向个人土地所有制的转变通常被看作一种重大进步。因此，1856 年（墨西哥）华雷斯政府通过的法律要求法人团体（如教会）和公共团体（如印第安公社）出售自己的土地。这项法律的目的是要建立土地私有制。不过，其结果只是加快了农民沦为雇工的速度。"除了土地问题之外，现存的政治制度中往往没有为农民的利益表达设定渠道，甚至禁止农民结社和表达。"农业工会和农民运动在 20 世纪仍受到限制，其结果是加强了农民的

---

① 参见［美］约尔·米格代尔《农民、政治与革命——第三世界政治与社会变革的压力》，李玉琪、袁宁译，中央编译出版社 1996 年版。

革命倾向。"①

可以看出，不同的农民革命理论侧重点不同，有时强调的因素甚至截然相反。在摩尔看来，如果资本主义商品经济蓬勃发展，资产阶级大农场主会剥夺农民土地，从而在社会关系上"消灭农民"，那就不会有农民问题和农民革命。如果不存在这种条件，地主—农民传统关系的松弛就会是引发革命的主要原因。米格代尔同样强调地主—农民关系变化的影响，但他认为农民卷入商品经济也是革命的诱因。亨廷顿与他们不同，他强调土地问题的重要性，认为土地剥夺会引发革命。对墨西哥1910年革命的具体考察将有助于我们加深对这些理论的认识。

第二节　农民与 1910 年革命

墨西哥 1910 年革命号称 20 世纪第一场革命，其爆发时间早于同时代的中国辛亥革命和沙皇俄国的十月革命。与其他革命相比，它有自身鲜明的特点，并形塑了墨西哥独特的现代化道路。1910 年革命的成分复杂，既有农民，又有新兴资产阶级、中产阶级和知识分子，还有形形色色的投机分子、地方军阀。因此，革命的目标是多重的，甚至是相互矛盾的。平均地权、民族主义和政治民主是这场革命的主要诉求，但个人野心也掺杂其中，扰乱了原本清晰的图景。

1910 年革命源起于对波菲里奥·迪亚斯长期独裁统治的反抗。迪亚斯原本是墨西哥军队的一名将军，在抗击法国入侵的战争中积累了

---

① ［美］塞缪尔·亨廷顿：《变化社会中的政治秩序》，王冠华等译，上海人民出版社2015 年版，第 293 页。

战功和声望。他野心勃勃，竞选总统失败后便发起叛乱，驱逐了时任总统莱尔多，自己取而代之。在执政初期，他还打着"反对连选连任"的幌子，后来则不加掩饰地长期执政，演变成独裁政权，执政长达 30 余年。他颇有政治手腕，怀柔与镇压并用，建立了一套相互牵制和平衡的复杂机制，使任何一个集团或地方军阀派系都无法得到太大的权力，保持了自己的优势地位。在经济政策方面，他把外资视为经济增长的根本动力，以极其优惠的条件向美国、欧洲的投资者提供了土地和特许权，吸引他们前来投资修建铁路、开采矿产、经营出口农业。

1884—1900 年，墨西哥经济增长非常迅速。在外资的驱动下，国民生产总值年均增长 8%。这个耀眼的业绩堪称空前绝后，即便后来的进口替代工业化时期也难以望其项背。面向出口的经济部门增长最快，采矿业领跑整个经济。在开始大规模的铁路建设之前，墨西哥的采矿业一直局限于贵重金属开采，主要是白银和黄金。在迪亚斯执政初期，墨西哥几乎没有铁路。到 1910 年，铁路长度已达到 19280 公里。运输费用的降低，使得墨西哥丰富的铜矿、锌矿、铝矿资源第一次具有了经济价值。1891—1892 年的铜产量为 6483 吨，1900—1911年增至 28208 吨，1910—1911 年已经达到 52116 吨。1891—1892 年铝产量为 38860 吨，1900—1901 年升至 79011 吨，1910—1911 年增加到 120525 吨。白银生产也得到促进，从 1877—1878 年的 607 吨增加到 1900—1901 年的 1816 吨，1910—1911 年更达到 2305 吨，在大约 30 年里增加了 4 倍。农业经济作物出口也飞速增长。龙舌兰纤维产量增长最快，从 1877 年的 11383 吨增加到 1900 年的 78787 吨，1910 年已经达到 128849 吨，增长了 10 倍有余。橡胶、银胶菊、咖啡、胭脂红的产量和出口量也都大大增加了。面向墨西哥国内市场的轻工业在 19 世纪末开始兴起。19 世纪 80 年代，作为墨西哥货币基础的白银价值开始下跌，抬高了进口纺织品的价格，从事纺织品进口贸易的法国商人转而在墨西哥国内生产纺织品，在奥里萨巴和普埃布拉地区都建立了大型纺织厂，由此推动了纺织业的快速发展。生产纸张、玻璃、皮鞋、饮料和食品的工厂也纷纷建立起来。[①]

但波菲里奥时代的经济增长带有明显的非均衡特征。首先，外国资本控制了除农业以外所有重要的经济部门。银行业、采矿业、工业和铁路运输业都掌握在美国或欧洲投资者手中，美国人大概拥有这些资产中的 70%，利润也集中在他们手中。迪亚斯政府几乎没有采取任何措施扶持国内工业的发展，既没有关税保护，也没有补贴。美国人在墨西哥还拥有大量土地，总计约 5000 万公顷。其次，地区差异日益明显。北部地区经历了最为迅速的经济发展，不仅出口多种矿产品，而且出口农产品、牲畜和木材，这里也积聚了墨西哥最重要的工业，如蒙特雷市的钢铁工业。中部大部分地区仍然是种植玉米和小麦的农业区，经济停滞，只有普埃布拉和贝拉克鲁斯州的工业中心发展较快。东南部发展起了飞地经济，绝大多数州只种植一两种经济作物，如龙舌兰，完全面向国际市场。在波菲里奥时期，墨西哥形成了一种依附型经济，本国生产农矿初级产品，对美国、欧洲的投资、市场、技术都极度依赖。最后，更重要的是，财富和收入分配出现两极分化。在这 35 年里，墨西哥经济产出大量增加，但财富大都落入了外国人手中。本国一个与迪亚斯政府关系密切的小集团也获得暴利，但大部分墨西哥人特别是农民成了输家。农民非但不能从增长中获益，反而丢掉了生存的根本——土地。墨西哥在 19 世纪 80—90 年代发生了一场空前的土地大掠夺。由于土地升值，庄园主、投机商、土地测量公司（根据 1883 年立法成立的私人机构，可以获得所确认的公共土地的三分之一作为报酬）都在疯狂兼并土地。"在全国所有地区，乡村居民都向地方、州、国家的官员请愿，诉说他们受到侵犯，即将被扫地出门。有些人的反抗是向土地测量员投掷石头，而另一些

---

① 参见［英］莱斯利·贝瑟尔主编《剑桥拉丁美洲史》（第五卷），胡毓鼎等译，社会科学文献出版社 1992 年版，第 2930 页。

人的反抗更为暴力。"① 公社失去了 80 万公顷土地，土地测量公司得到的土地达到惊人的 2700 万公顷，约占国土面积的 14%。庄园土地也快速膨胀，在当时的 8245 个庄园中，有 300 个 1 万公顷级的庄园，116 个 2.5 万公顷级的庄园，51 个 3 万公顷级的庄园以及 11 个 10 万公顷级的庄园。有些庄园主拥有不止一处庄园，如路易斯·特拉萨斯就拥有 15 处庄园，占地总面积达 200 万公顷。② 无论从政治还是经济的角度来看，迪亚斯模式都是不可持续的。1908 年，北部的主要农业区玉米和棉花歉收，有些地方发生饥饿暴动。受经济周期因素的影响，世界市场白银价格急剧下跌，木材行业萧条，矿工、伐木工人和农场雇工大量失业。美国对古巴蔗糖的优惠政策打击了墨西哥南部的甘蔗种植园和制糖厂，莫雷洛斯等州的农民先是被种植园主夺去了土地，接着又丢掉了工作岗位，被逼到了走投无路的境地。在经济危机的打击下，持续 30 余年的迪亚斯模式走到了尽头。

墨西哥农民的动员由来已久。从殖民地时代起，墨西哥便不时爆发农民暴动。在中部地区，农民暴动通常是为了夺回被庄园侵占的土地、反对横征暴敛等，往往具有地域局限性，比较分散。在南部则有试图推翻殖民制度、恢复印第安时期社会秩序的大规模暴动，遭到残酷镇压。北部人烟稀少，也是殖民征服的边缘地带。在漫长的 300 年里，西班牙殖民者始终也未能完全征服当地的印第安部落。独立之后，这些反抗运动并没有消失，在有些地区反而更加激化。除了有组织的社会运动之外，墨西哥乡村还充斥着盗匪活动，其成分包括逃亡的庄园工人、不满的农民和被遣散的士兵等。独立战争还造成中央政府权威缺失，政治趋于地方化和军事化。地方军阀林立，被称为"考迪罗"（caudillo）。这些地方武装的主体是农民，有些考迪罗还领导

---

① 〔美〕迈克尔·迈耶、威廉·毕兹利主编：《墨西哥史》，复旦人译，东方出版中心 2012 年版，第 497 页。

② Eric R. Wolf, *Peasant Wars of the Twentieth Century*, Harper & Row Publishers, New York, Evanston, San Francisco, London, 1969.

了农民反抗庄园主的斗争，帮助农民夺回被侵占的土地。19世纪60年代的反法战争期间，华雷斯总统在正规军连连败退的情况下发布了全国总动员令，号召民众组织起来抗击法国军队。虽然民间武装反抗法国入侵并没奏效，但这次动员的范围却十分广泛。到波菲里奥时期，中央政府军事力量加强，农村暴动和盗匪活动减少，农民动员水平有所下降。但总体来看，墨西哥农民具有武装斗争的传统和经验，动员水平较高，为1910年革命中农民的崛起提供了坚实的组织基础。

农民起义军的两大策源地分别为中南部的莫雷洛斯州和北部的奇瓦瓦州。莫雷洛斯州位于首都墨西哥城以南不远的地方，以丘陵地带为主，气候炎热多雨，灌溉条件较好，农业发达。这里聚居着讲纳瓦特语的印第安人，保留了较多的印第安传统。河谷地带则集中了从事商业化经营的大甘蔗种植园，劳动力以进口的黑人奴隶为主。19世纪中后期以来，种植园主开始侵占印第安村社的土地，印第安劳动力也是他们觊觎的对象。印第安人则依托传统组织与其对抗，公社长老会议是反抗运动的领导者。从独立战争、连绵不断的叛乱和平叛战争、反抗盗匪活动以及抗法战争中，当地农民积累了丰富的武装斗争经验。1909年，圣米格尔·阿内内奎尔克村社选举了专门的保卫土地委员会，小牧场主埃米利亚诺·萨帕塔被选为保卫土地委员会首领。萨帕塔出身富农家庭，其祖父、父亲和几位堂叔都曾参加过迪亚斯领导的抗法战争，萨帕塔本人是一位卓越的游击战战术家，精于骑射，有"牛仔中的牛仔"之誉。他没受过太多教育，但能阅读报纸。保卫土地委员会成立后不久，周边的阿亚拉山谷和诺约特佩克两个农民社区也加入进来，由萨帕塔统一领导。1910年，邻近的种植园侵占了村社土地，萨帕塔开始领导农民夺回土地，并重新分配给村民。但这些农民的斗争目的仅限于保卫自己的土地，没有更高的意识形态目标，也不愿意远离家乡作战，这与北部奇瓦瓦州的情况截然不同。

奇瓦瓦州与美国接壤，干旱荒凉，地广人稀，经济支柱为采矿业、畜牧业和制造业。奇瓦瓦州的土地占有极端分化，17 名大地主拥有该州 40％的土地，最大的地产高达 500 万公顷，但 95.5％的家庭没有任何土地。这里的大地产基本上都用作牧场，牧场主每年都向美国出口大批牲畜，获得高额收入，但为他们工作的牧场工人却一无所有。因此，这里盗匪活动非常普遍，牧场工人通常也都参与进来。他们从牧场偷盗牲畜，通过走私者或匪帮卖到美国，换取钱财和武器。北部传奇式的起义领袖潘乔·比利亚是这个人群的典型。比利亚原本是庄园债役雇农，为了给家庭成员复仇，他杀死庄园主后逃亡并加入匪帮，逐渐成为侠盗罗宾汉式的人物。他曾被政府军抓获，在监狱服刑期间结识了平均地权派知识分子吉尔加多·马加纳。从马加纳那里他学会了读写，也受到土地改革思想的熏陶。奇瓦瓦草原上的牛仔和盗匪团伙是比利亚队伍的主要力量，这支部队以骑兵为主，机动性强，战斗力强悍。与莫雷洛斯州农民武装的保守风格相反，他们比较适应大范围的运动战。

墨西哥的劳工阶层是波菲里奥时期工业化的产物。到这个时期末，墨西哥共有产业工人约 60 万。其中，采矿业是当时最大的行业，雇用了 10 万名工人。其次是纺织业，约有 8.2 万名工人。铁路建设和运营也吸引了几万劳工。墨西哥劳工主要来自无地农民、逃亡的庄园债役雇农和手工业者。他们中的绝大多数人缺乏专业技能，工厂里的专业技术岗位多为外国人所占据。劳工人数虽然不多，但大多集中在大型矿山和工厂中。他们受到无政府工团主义思想影响，开始了初步的组织和罢工活动，但往往遭到迪亚斯政府的残酷镇压。在 1907 年的里奥布兰科纺织厂大罢工中，200 名工人被军队、警察和骑警队杀害，400 名工人被捕。因此，劳工阶层对迪亚斯政府也心怀不满。

20 世纪初，墨西哥中产阶级约 100 万人，占总人口的 7.8％。其中 78 万为城市中产阶级，22 万为农村中产阶级。按照经济自主程度，这些中产阶级成员又可以分为两类：一类为经济自主型，包括手工业者、中小商人、自由职业者等；另一类为经济依附型，包括政府中下层官员、企业经理人员、庄园管理人员、专业技术人员等。这个阶层并没有统一的意识形态倾向，政治自由主义算是他们中间比较流行的思潮。20世纪初，在中产阶级比较集中的北部和墨西哥湾沿海地区出现一些自由俱乐部组织。他们也倾向于反对不人道的庄园债役雇农制度和南部热带种植园的准奴隶制。随着迪亚斯政府独裁专制倾向的加剧，他们对专制政府的不满日益增强。

农民、劳工、中产阶级和自由派知识分子都反对迪亚斯政府的统治。1910年大选成为革命的导火索。1910年6月，在逮捕、流放了主要竞争对手之后，已经年届八旬的迪亚斯宣布自己再度当选总统。但他继续执政的愿望被马德罗所打破。弗朗西斯科·马德罗是一位开明的大庄园主，出身于墨西哥北部科阿韦拉州的名门望族。他是自由主义者，认为墨西哥的基本问题是政治专制和独裁，只有采用议会民主、自由选举制度，才能把墨西哥改造成一个现代化的民主国家。他宣布参加总统竞选，对迪亚斯继续连任的计划构成威胁，遭到迪亚斯的逮捕。同年10月，取保候审的马德罗从圣路易斯波托西市逃脱，到达美国德克萨斯州圣安东尼奥市，发表了他的政治纲领"圣路易斯波托西计划"，宣布出任临时总统并呼吁墨西哥人民于1910年11月20日举行起义。除成立民主政府外，马德罗还在计划中提及了农民的诉求，要把农村社区被不公正侵占的土地交还给合法的主人。出乎马德罗意料的是，他期望中的科阿韦拉州起义并没有出现，反而在奇瓦瓦州得到潘乔·比利亚的响应，中南部莫雷洛斯州的农民领袖埃米利亚诺·萨帕塔也率领农民揭竿而起。其他小规模的农民起义也如星火燎原，起义者可能有两三万人，他们的主要目的是夺取土地。不到半年，墨西哥大部分农村地区已经被起义者所控制。1911年2月，马德罗返回墨西哥，担任奇瓦瓦州革命军的领袖。同年3月，美国总统塔夫脱下令陈兵美墨边境，并命令美国军舰开进墨西哥港口，表明了他反对迪亚斯继续执政的态度。

应该说，美国政府的立场非常重要。从 19 世纪 60 年代起，美国进入了工业化高速发展的时期。到 19 世纪 90 年代中期，美国已经跻身于世界工业强国的行列。到 1910 年，美国已经是世界第一工业大国，工业产值超出排名第二位的德国两倍多，英国已经滑落至第三名，而它的邻居墨西哥还是一个整体上非常落后的农业国。墨西哥革命爆发时，美国人口接近 1 亿，墨西哥只有约 1500 万。北方强邻对墨西哥政治的影响几乎是决定性的。墨西哥政府国库空虚，除了来自欧洲的贷款外，它只能寻求美国贷款，而美国政府能够控制贷款的流向。战争所需要的军火和物资装备也主要来自美国。如果美国政府对某派政治军事力量实行军火禁运，也就基本上宣布了这一派的死刑。当然，也不应过分夸大美国的作用。美国人可以对墨西哥政治行使"否决权"，但不能随心所欲地培植起一派强大的政治力量。在 1842—1846 年的美墨战争中，美国夺走了墨西哥一半以上的领土，反美民族主义是当时墨西哥政治的基调之一，和美国人走得太近就等于政治自杀。

1911 年 5 月，内外重压下的迪亚斯政府与马德罗签订华雷斯条约：迪亚斯退位，重新举行大选，解散革命军队。多数革命队伍都解除了武装，等待新政府实现革命目标。同年 10 月，马德罗以压倒多数当选总统，革命第一阶段结束。

马德罗执政后在政治上非常不敏感，对农民的愿望没有给予足够的重视。虽然他的政府声称极为关注土地改革和分解大地产的需要，但走出的第一步却是加强土地私有化。马德罗宣布，政府将对土地问题进行研究，会分配一部分公有土地，并愿意借钱给那些希望购买土地的农民。但他提到的土地都是贫瘠干旱的不毛之地，而且农民也没有可以抵押的东西来借钱买地。对于那些被大地主侵占的土地，马德罗认为应该通过法律途径予以解决。但萨帕塔等农民领袖指出，根据迪亚斯时期的法律，这些土地侵占并无违法之处。因此，马德罗土地政策的最初受益者不是农民，而是一些美国商人和大的木材商行。在农民看来，马德罗无意推行土地改革，他只是想进一步推动土地私有化，为那些商人和地主服务。他的欺骗行径令农民感到愤慨。仅仅在他就职一个月之后，萨帕塔率领莫雷洛斯州农民起义军再度揭竿而起。他们公布了著名的《阿亚拉计划》，谴责了马德罗的背叛和不称职，发誓要夺回被庄园侵占的土地。奇瓦瓦州的比利亚也再次起义。他的队伍更加壮大，很多士兵是被大农场主和美国投资者剥夺了土地的小农。除了农民的反对，劳工阶层也被马德罗反对罢工的政策所激怒。美国政府也对马德罗不满，因为他下令对美国在墨西哥的石油公司征税。失去农民和劳动的支持，马德罗的政治基础已经动摇。在镇压农民起义和政变中崛起的韦尔塔将军乘机发动政变，逮捕并杀害了马德罗及其亲密助手，成立了自己为首的临时政府。

作为一个投机政客，韦尔塔同样没有社会变革计划，因此也没有能力平息蓬勃发展的农民起义。同时，一些不同的政治力量也加入了反对他的行列。1913 年，科阿韦拉州州长贝努斯蒂亚诺·卡兰萨宣布成立"护宪军"，起兵反对韦尔塔政府。韦尔塔的军队起初取得一些进展，重挫了卡兰萨的护宪军。但农民起义领袖比利亚组建了强大的"北方师"，击退了韦尔塔的军队，给了护宪军喘息的机会。同年 12 月，为了巩固奇瓦瓦根据地，比利亚不顾卡兰萨的反对，宣布征收奇瓦瓦州的大庄园，并将在战争结束后把土地分配给他的士兵。与此同时，南方的萨帕塔派开始分配庄园的土地，力量也得到壮大，开始出击莫雷洛斯州周边的地区。由于韦尔塔同英国人关系密切，引起美国政府的猜忌。美国政府开始暗地里支持卡兰萨的护宪军，并派海军占领了墨西哥最重要的港口——贝拉克鲁斯港，切断了韦尔塔政府的军用物资供应和关税来源。护宪军由北部挺进到中部，萨帕塔起义军则大举进攻墨西哥州和普韦布拉州，所到之处都进行了土地的重新分配。但护宪军领袖卡兰萨与农民起义军的分歧开始凸显，他下令否决比利亚对庄园的没收，准备把它们再交还给庄园主。到 1914 年 7 月，韦尔塔见大势已去，只好自动辞职并流亡国外。护宪军进入墨西哥城，组建了新政府并派出军队阻止两支农民军——比利亚的北方师和萨帕塔的南方军队——进入首都。至此，革命变成持不同政见的革命者之间的内战。

比利亚主张土地的公平分配，他领导的北方师是当时墨西哥最强大的军队，拥有 3 万士兵，大多来自民兵和农民游击队，也包括失业矿工、牛仔和盗匪，这支军队已经职业化并领取工资。在美国政府的支持下，北方师是当时最强大的军队。南方萨帕塔派军队并非职业军队，但士气非常旺盛。2.5 万士兵和将领都是来自南方的农民和农民领袖，坚决要求进行经济和社会改革、收回土地。1914 年底，农民军在战场上占据优势。卡兰萨派退出墨西哥城，把总部迁往贝拉克鲁斯，比利亚和萨帕塔的队伍进入墨西哥城。到 1915 年，双方总共约 16 万人卷入战争，其中卡兰萨派 8 万人，比利亚和萨帕塔派约 7 万人，还有其他派别的 1 万人，战争进入僵持阶段。但是，卡兰萨改变了政治策略，宣布了一项专门的农业改革法并立即开始执行，从而争取到了一些地方农民领袖的支持。而且护宪军的财政手段更为完善，能够保障充足的后勤供应。萨帕塔和比利亚谴责卡兰萨政策的欺骗性，但收效甚微。同时，萨帕塔不信任队伍中的政府官员和其他非农民成员，导致了起义军的内部分裂，对部队战斗力产生了明显的不利影响。胜利的天平逐渐向卡兰萨一方倾斜。当年 9 月，由于战场失利，比利亚被迫撤回奇瓦瓦，萨帕塔退回莫雷洛斯，卡兰萨重新占据墨西哥城。

但缺乏农民的支持，卡兰萨就无法巩固他的新生政权。他手下的将领试图与他争夺权力，比利亚和萨帕塔也重整旗鼓，开始采取攻势。在这种形势下，立宪大会于 1916 年底在克雷塔罗州召开，卡兰萨的保守思想受到部分激进将领的指责，土地改革被写入宪法。次年 2 月，著名的进步宪法 1917 年《宪法》正式颁布。尽管如此，卡兰萨仍然对土地改革怀有敌意。在他执政的 3 年里，只有 20 万公顷土地被重新分配。1919 年，卡兰萨犯下一个严重的政治错误：他派人刺杀了萨帕塔并砍下了他的头颅。这一行为损害了卡兰萨在农民心目中的政治形象并造成内部分裂，他手下的不少将军对此表示震惊和失望，国防部长奥夫雷贡立即辞职，以避免招来农民的反感。到 1920 年，卡兰萨在政治上越发失势，奥夫雷贡宣布将与他竞争总统职位，并与萨帕塔派取得联系，建立了政治同盟。另两位重要将领卡列斯和冈萨雷斯发动叛乱，卡兰萨被迫逃离首都，途中被游击队枪杀。当年 9 月，奥夫雷贡以压倒性优势当选总统。

奥夫雷贡出身北部索诺拉州的农场主家庭，他在革命期间扩大了自己的地产，成为北部最富有的人物之一。奥夫雷贡是一位出色的政治家和现实主义者，虽然内心并不赞成彻底的土地改革，但他向农民做出了妥协。因此，他得到新成立的农民联合会以及由萨帕塔派转化来的全国平均地权党的支持，把农民变成了他执政的三大支柱之一。此外，他还取得了大城市里有组织劳工的支持，这是他执政的第二大支柱。第三大支柱是军队。作为护宪军战功赫赫的资深将领，他在军队里也有自己的班底。三大支柱成为他牢固的政治基础。1923 年底，超过半数的军队、数十名将军、不少州长和地方考迪罗发动大规模叛乱。奥夫雷贡政府向农民和工人请求帮助，得到积极回应。在墨西哥中部，约 12 万名农民和工人被武装起来与叛军战斗。翌年 3 月叛乱即被平定，50 名将军被处决，军队中的保守分子基本被清除。奥夫雷贡随即推行大规模裁军计划，军队编制大幅下降。此次整肃之后，墨西哥军队的政治影响力下降，基本上丧失了干预政治的愿望和能力。在拉美地区，墨西哥军队规模长期排在第五、六位，不仅远远落后于另外两个地区大国巴西和阿根廷，也落后于委内瑞拉和哥伦比亚，与古巴军队规模相近。1928 年，奥夫雷贡被一名宗教狂热分子刺杀，卡列斯取代了他的地位。卡列斯原本是索诺拉州贫穷的乡村教师，加入革命军队后成为护宪军的重要将领。他的政治理念与奥夫雷贡相似，基本上维持了奥夫雷贡遗留的政治架构。1929 年，卡列斯轻易平定了墨西哥军队的最后一次叛乱，彻底驯服了军队。在整个 20 世纪里，其他拉美国家饱受军事政变之苦，但墨西哥军队却老老实实地待在军营里，向文人政府宣誓效忠。这个成就应该归功于 1910 年革命中的农民。

除军队之外，对政治稳定的另外一个重大威胁来自考迪罗势力。在众多考迪罗里面，既有领导农民与庄园争夺土地的草莽英雄，也有与庄园主沆瀣一气的强权人物，而且他们中的很多人已经成为大地主。经过十余年革命战争的冲击，有些考迪罗被消灭了，但又有一些新人涌现出来。他们掌握着大批的地方武装，与庄园主、美国公司、军队、政府要员有着千丝万缕的联系。如果说某一个考迪罗还不足以颠覆政府，那么几个考迪罗的联盟则具有冲击新政权的实力。

圣路易斯波托西州的萨图尼奥·塞迪略就是当时最强大的革命考迪罗。他出身于当地一个小农场主家庭，因为与附近的大庄园主的个人恩怨而参加革命，支持当地农民的土地诉求。他逐步成为当地一支农民武装的首领，并与其他农民领袖潘乔·比利亚、萨帕塔以及护宪军首领卡兰萨、奥夫雷贡等建立了联系。在奥夫雷贡担任总统期间，塞迪略在圣路易斯波托西州创立了一种屯田制度：在占领了大片土地之后，他把这些土地划成小块，分给手下的士兵，平时农耕，战时则集结为军队。以这种方式，他掌握了一支忠诚的私人武装。1923 年，当德拉韦尔塔将军发动大规模叛乱时，塞迪略率领他的队伍支持奥夫雷贡一方，加入平叛行列。在 1926—1929 年间的"基督派战争"[①]中，塞迪略的队伍又支持卡列斯政府，并帮助打赢了西部地区最重要的战役。作为回报，他被任命为圣路易斯波托西州的州长。他随后和当地的庄园主达成协议，表示不会再进一步占领庄园土地。庄园主也

---

① 墨西哥自由派认为，天主教会是国家建设和经济发展的障碍，所以执行坚决的反教权政策，包括没收教会土地、取消教会民事登记权等，引发教会和教徒的反抗。1926 年，反抗活动由骚乱转为暴动，蔓延到中西部的 13 个州，参与人数达到 3.5 万，被称为"基督派战争"。1929 年，卡列斯政府与教会和解，暴动平息。

向他赠送了大量土地，支持他扩张势力。塞迪略彻底控制了圣路易斯波托西州，私人武装达到 2 万人之多，他的亲属和党羽占据了州里所有的公共职位，甚至邻近的萨卡特卡斯州和克雷塔罗州都成了他的势力范围。这种强大的考迪罗已经构成了对联邦政府的威胁，是破坏政治稳定的重大隐患。1938 年，塞迪略率领他的民兵发动大规模叛乱。但政府立即动员了邻近各州的农民武装，与政府军一起平定了这次考迪罗叛乱活动。这次胜利和 1923 年的平叛战争重挫了地方考迪罗势力，使其无力再向中央政府发起挑战。自此以后，延续一个世纪之久的政治军事化和地方化的势头得到扭转，中央政府的权威得到确立和巩固，这一政治成就在拉美国家中也是超前的。

回顾关于农民革命的理论，便可以发现摩尔和米格代尔的理论与墨西哥 1910 年革命的巨大落差，他们的理论解释不了这场具有拉美特色的革命。在农村关系模式上，摩尔和米格代尔都以"地主—农民"模式为主，并强调现代化进程对传统模式的冲击。但墨西哥农村的情况更加多样化：在北部是高效率的资本主义大农场和大牧场，中部、南部则是大庄园和农民村社的共存，东南部甚至是带有奴隶制色彩的热带种植园。因此，在庄园的控制范围之外，还存在不少独立村庄。在这些村庄里，印第安传统还或多或少地被保留了下来。在萨帕塔起义军的根据地莫雷洛斯州，村社的传统组织如社员大会和长老议事会都还存在，并成为农民动员、组织的基础。摩尔和米格代尔的"地主—农民"模式并不符合墨西哥的实际。在革命动力问题上，摩尔的观点有重大偏差。在他看来，如果传统的社会上层能够成功转变为资产阶级经营者，即便他们把农民赶出土地，也不会引发农民革命，正如英国圈地运动所展示的那样。这里姑且不论摩尔对圈地运动的误解，仅墨西哥 1910 年革命的动力就和他的观点完全相反。追本溯源，这次革命正是因为庄园主等集团对农民土地的大规模剥夺。发达国家——美国、英国、法国、德国等——的经济扩张把墨西哥卷入了世界经济，从而导致了农牧业、矿业、基础设施建设用地的升值，引发了土地掠夺的狂潮。土地是农民生存的根本和寄托，土地剥夺是农民革命的基本诱因。米格代尔把革命动力归结于农民转向外部市场时所遇到的困难，忽略了土地问题的重要性。之所以出现这种理论缺陷，是因为他的理论植根于亚洲的农民革命史。亚洲国家融入现代世界经济体系的方式与拉丁美洲国家有很大不同。在亚洲，传统农民面临外来工业制成品和政府税收的双重冲击，开始卷入商品经济，因而承受了更大压力。但即便如此，人口增长改变了土地与劳动力的相对价格，导致地主对农民土地的渐进式剥夺，才是农民投身革命更根本的原因。引发墨西哥农民革命的也是土地问题，只不过与亚洲国家的动力不同。地主剥夺农民土地的原因不是人口增长，而是出口农业对土地的大量需求。米格代尔完全没有把握住农民问题的核心与要害，其理论的解释能力也就大打折扣。亨廷顿抓住了土地问题这个核心，但他没有从世界体系的角度来看待农民问题。正是中心国家的经济扩张引发了外围国家的结构性变动，其中一些因素导致了农民革命。

墨西哥革命是独特的。革命者分裂为两大派系：农民派和资产阶级革命派。两者没有进行整合，互不统属，互不认同，这与法国大革命、中国革命及俄国革命都有明显区别。他们各自有自己的队伍，实力可谓平分秋色。独立以后连绵不断的内战和外敌入侵造就了墨西哥农村的独特背景，即农民高度的军事动员。因此，农民起义军在北部有比利亚强大的"北方师"，南部则有坚定的萨帕塔分子。墨西哥农民不需要外来力量组织、教育他们，他们只需要一个恰当的时机，便可揭竿而起。但农民眼中只有土地，没有一个整体的意识形态。他们可以占领首都，却不知道如何进行国家建设和制度建设，因此他们必须依靠其他社会集团来实现自己的利益。整体而言，资产阶级革命派不赞同农民的主张，但农民武装过于强大，已经到了不可忽视的地步。资产阶级革命派可以一时击败他们，但却不能一劳永逸地消灭他们。要想让农民解甲归田、驯服军队、消灭考迪罗势力，资产阶级革命派就必须把农民拉进自己的政治阵营，而实现这一目的的唯一手段就是土地改革。为此，资产阶级革命派做出了妥协，向农民做出了土地改革的承诺，与农民结成了政治盟友，取得了广大农民的支持，这对墨西哥的现代化进程产生了深远影响。农民进入"革命家庭"之后，一名将军登高一呼即可推翻政府的时代结束了，墨西哥政治开始有了稳固的根基。但农民只是革命家庭的成员而非主人，他们的命运仍然很不确定。

第二章

现代村社制度的奠基：1917 年《宪法》

在一个复杂的社会系统中，无论是建立还是废除一种制度结构，都需要国家加以确认，并利用其权威予以实施。但推动这种变革的动力却不一定总是来自国家本身，它有可能源于社会利益集团之间的冲突，这种冲突的结果被输入政治系统，促成了相应的变革。墨西哥现代村社制度就是在阶级、意识形态之间的激烈冲突中产生、确立和发展的。

1856 年 6 月，自由派控制下的墨西哥政府颁布了《征收法》（即著名的《莱尔多法》），禁止宗教和民间社团拥有地产。至此，从阿兹特克时代延续下来的公社土地所有制就被废除了。但是，1910 年革命之后，一种与之类似的土地制度又被建立起来。为什么要重塑一个旧制度的仿制品呢？要回答这个问题就得对 1910 年革命到 30 年代中期的历史做出回顾。

第一节　农民要求什么

1910 年革命的农民性质是显而易见的,那么农民为什么会以公开的暴力形式来反抗国家呢?他们是为土地而战,还是为了恢复传统的公社制度,抑或二者兼而有之?应该说,起义农民最迫切的要求是收回被剥夺的土地,而公社传统在漫长的历史过程中遭到严重的破坏,农民对它的感情并不是太强烈。

三百年殖民地的历史,可以说是印第安公社土地被剥夺的历史以及公社传统被破坏的历史。西班牙人到来之后,一种新的土地制度——庄园制度——开始发展壮大起来,它利用一切机会与印第安公社争夺土地和人口,其手段有购买、租用、强行占有、骗取等。征服后不久到 1720 年之前,新西班牙一直实行监护制度,监护主利用他们手中广泛的权力,谋取其监护范围内的印第安人的土地。他们向印第安人强加繁重的税收,逼得他们放弃土地,逃往偏僻的山林;监护主还有权征发印第安人的劳役,在劳动期间,"印第安人除了用玉米面做的面包和烤饼之外,没有别的东西可吃。监护主强迫他们从早到晚地干活;让他们在早晚严寒和暴风骤雨的袭击下几乎处于半裸体状态;……印第安人在露天里过夜……他们也无钱给自己买御寒的衣物"[①]。在这种状态下,大批印第安人迅速死亡。很多占地广阔的监护区变成了监护主的大庄园。

殖民者最早到达的墨西哥山谷,也是庄园制度最早兴起的地方,

---

① 〔俄〕马·科瓦列夫斯基:《公社土地占有制,其解体的原因、进程和结果》,李毅夫等译,中国社会科学出版社 1993 年版,第 41—42 页。

其中的洛斯罗尔达雷斯（Los Lortales）庄园的地契有厚厚的三大本，立约时间从 16 世纪中期一直延续到 18 世纪晚期。像很多庄园一样，它最初的土地来自小片的官方授地，随后就向周围印第安公社的土地扩展。

在殖民征服的初期，由于美洲和欧洲长期处于隔绝状态，所以美洲印第安人对西班牙人带来的疾病毫无抵抗力，大批印第安人不是死于战火，而是死于天花和感冒。中部墨西哥在 1519 年约有人口 2500 万，到 1568 年仅剩下 250 万人，减少了 90%。[1] 大片土地被抛荒、闲置，有些土地被公社首领据为己有，有些则被卖给了西班牙人。公社内部的土地分配变得很不平等。科尔蒂斯在他的监护区里发现各家庭占地面积的差异达到 10—20 倍。在 16 世纪的乌特拉斯帕（Utlaspa），最小的一块家庭份地为 13.6 平方公里，最大的一块则达到 1088 平方公里，后者是前者的 80 倍。[2] 有些地方遭到大疫病的袭击，村落里的人口或是死光了，或是只剩下几户人家，不同公社的幸存者聚集到一起生活，抛弃了原来的土地，也抛弃了原来氏族里的风俗和规则。除此之外，在 16—17 世纪西班牙当局以方便行政管理和宗教教化、保护印第安人等借口，发起了集聚运动（congregación），把散居的印第安人聚集到一起居住，这样的集聚运动在墨西卡利山谷就有 30 次之多。当印第安人离去之后，他们的土地就被西班牙庄园主占领了。[3]

有些庄园以租借的方式占有公社的土地，时间一长，这些土地就被他们据为己有。"告发"也是西班牙人经常使用的一种手段，西班牙当局的立法规定印第安村庄有权拥有一定数额的土地。西班牙人为了夺取其地产，就向当局告发某些村庄拥有超额土地。一经告发，原来被村庄所有的土地便被认为是无主荒地，被当局授给西班牙告

① 参见韩琦《拉丁美洲经济制度史论》，中国社会科学出版社 1996 年版，第 44 页。

② Charles Gibson, *The Aztecs under Spanish Role*, Stanford University Press, 1964, pp. 268-270.

③ Ibid., pp. 281-284.

发者。

到 17 世纪末期和 18 世纪，印第安人口开始恢复，可是公社的大部分土地已经被庄园占去了，于是出现大批无地人口。在 18 世纪中期的奇科拉尔帕（Chicoloapa），180 户人家中有 38 个家庭分不到土地，他们只好从附近的霍瓜特拉克（Xocoatlaco）庄园租种土地。霍奇特佩克（Xochitepec）村到殖民地末期时居住着 350 个家庭，可是它已经完全没有土地了。大批农民离开公社进入庄园，沦为债役雇农。麦克布赖德对当时土地占有状况的概括是：约一万个西班牙血统的人成为国家大部分土地的主人。[①] 在 19 世纪初的独立战争中，伊达尔格领导的巴希奥地区的农民起义就提出了土地要求，但起义遭到镇压，不平等的土地占有格局也没有任何改观，唯一的变化是庄园的主人换成了土生白人。

疫病造成的人口锐减、幸存者重新集聚使得公社内部血缘关系松弛、淡化了，氏族公社变成了农村公社。债役雇农被世代束缚在庄园里，公社意识也淡薄了。公社内部的土地所有制也多样化了，既有公社公有地，也存在私有土地，还有从庄园租来的土地，公社传统遭到了破坏。吉布森曾说："一个公社可能会丧失大量人口，但仍会作为一个集合体生存下来。如果失去土地，那就威胁到它的本质和生存。"[②]

独立战争之后，英国的自由贸易、工业革命所带来的物质繁荣，法国大革命高举的"自由、平等、博爱"的口号，都使拉美的知识分子心醉神迷。他们把目光投向西欧，希望在自己生活的土地上也能建立起这样的美好社会。自由主义风行拉美，墨西哥也未能置身于洪流之外。独立之后，自由主义者便开始审视自己的社会制度结构。教会

---

① 参见［美］乔治·麦克布赖德《墨西哥的土地制度》，杨志信译，商务印书馆 1965 年版，第 63 页。

② C. Gibson, *The Aztecs under Spanish Rule*, Stanford University Press, 1964, p. 297.

和印第安公社的地产被他们视为进步的两大障碍，两者都属于团体持有的地产，不能自由流通，这与自由市场的原则是背道而驰的，因此墨西哥的自由派决心向这些落后的制度开战。1827 年的米却肯州、1848 年的哈利斯科州的州议会都通过了将公社土地私有化的法令，只是政府没有能力去切实推行。到 1856 年，在墨西哥著名的自由主义者莱尔多（Lerdo）的主持下，墨西哥国会和联邦政府通过了《征收法》。该法规定：由教会、世俗团体持有的一切城乡地产，都转归其使用者、承租者所有，所有闲置的土地将一律被政府没收，按市价予以拍卖。在该法的实施过程中，有些公社欢迎改革，像米却肯州的圣地亚哥·托马特兰（Santiago Tomatlan）的居民在 1869—1872 年间相当迅速和平稳地实现了私有化，因为他们把明晰的私人产权当成免遭庄园侵吞的武器。在有些地方则引发了印第安人大量的抗议和反抗，因为改革使他们失去了很多公有土地：第一，《征收法》对公社公有的草地和林地没有明确规定，这导致一些公社的公有地被政府征收并拍卖掉了；第二，很多梅斯第索人（白人和印第安人的混血后裔）并非公社成员，但他们长期租用公社土地，如果进行改革，公社土地将转归他们所有；第三，很多公社与周围的庄园、其他公社存在着尚未解决的土地纠纷，在改革中就有失去这些土地的风险；第四，分配由州政府指派的委员会进行，他们在丈量土地、办理手续时需要大笔费用，这些都要公社来承担；第五，私有化过程中出现了大量不公正现象，使普通社员的利益受损。位于米却肯州西北部的圣佩德罗卡罗（San Pedro Caro）的情况比较典型。1902 年，在这个公社的土地私有化过程中，州政府接到很多控告，指责附近的庄园利用贿赂手段使一些社员分到好地，然后再转卖给他们，这些土地比分给社员的土地“要好一百倍”，剩下的土地简直连草都不长。有些社员没有分到土地，而外来的陌生人却被列入了分地名单，而且土地的分配极不均等，有些人分到大块土地，有些人却只分到一小块土地，不足以维持全家的生活。尽管有这么多的控告，最终州政府却宣布“私有化很平等，没有人被遗漏，也没有人被强加进来"，因此引起了暴动。[1] 所以在公社土地制度被废除以后的私有化过程中，庄园再次掀起掠夺公社土地的浪潮，因而激起了一些地方性的农民叛乱。但这一时期内战频仍、政治权威分散，国家为资源不足所苦，也由于广大、分散的农村难以控制，公社土地私有化的进程还比较缓慢。到波菲里奥时期，特别是 19 世纪 90 年代以来，伴随着经济增长和赋税增加，国家能力明显增强：联邦军队装备更加精良，而且铁路的修建、延伸增强了军队的机动性，镇压农民暴动的能力也随之上升；乡村骑警队也得到扩充，维持秩序的能力增强。随着铁路的延伸和出口农业的发展，北部的棉花和粮食、莫雷洛斯州的甘蔗、尤卡坦的龙舌兰，都能给地主带来大笔收益。这推动了土地增值，给了庄园更大的动力去掠夺村庄的土地，因此庄园主掀起了兼并村庄土地的狂潮，土地集中的速度大大加快了。到 1910 年的时候，墨西哥 82％的村庄已经被庄园吞并了。当时 4000 人以下的村庄总共有 69549 个，其中 56825 个（81.7％）已经被吞并，只剩下 11117 个（15.98％）自由公社。[2] 在此前的 300 多年里，土地兼并在长时段内展开，相对来讲比较分散、迟缓，但迪亚斯时期不同，在短短的 30 多年里村庄失去了大量的土地，公有地作为一种土地制度几乎被消灭了，这种快速的土地兼并对社会结构造成的剧烈震荡更容易引发冲突与反抗。

正是在这种社会巨变中产生了农民英雄萨帕塔和他领导的革命队伍。在被贫穷和苦难所煎熬的墨西哥农村，萨帕塔不仅仅是一位已经离去的农民领袖，他是一座丰碑、一种象征、一个希望。如上文所说，萨帕塔是莫雷洛斯州的富裕农民，自己有一小片土地，还从庄园主那里租了一点地。他是农民中的一员，对土地充满感情，与周围的

---

　　[1]　Jennie Purnell, "With All Due Respect: Popular Resistance of Communal Lands in Nineteenth-Century Michoacan", *Latin American Research Review*, Vol. 34, No. 1, 1999, pp. 87-88, 93-95.

　　[2]　Jorge Luis Ibarra Mendivil, *Propiedad Agraria y Sistema Político En México*, El Colegio de Sonora, 1989, p. 94.

人有着相同的价值观念和生活方式，因而被农民视为自己人，是村庄农民自己选出来的领袖。在占领了墨西哥城之后，他并没有留下来营造自己的权力大厦，而是退回莫雷洛斯州的一个小镇去过他喜爱的乡村生活。他提出的《阿亚拉计划》（*Plan de Ayala*）得到十几个州的起义农民的响应，成为农民斗争的主要纲领。在《阿亚拉计划》中有关土地问题的主要是第6、7、8条。第6条规定：关于那些被地主、科学家派、老板强占去的土地、林地和水源，应由其原来的主人——无论是村庄还是公民——立即占有……并用手中的武器不惜一切代价保护它……第7条规定：鉴于绝大多数墨西哥村庄和公民仅有立足之地，饱受贫困之苦而无法提高其社会条件，也无法投身于工业和农业，根源就在于土地、林地、水源被一小撮人垄断了。因此，在事先给予补偿的情况下，这些财产的三分之一将被征收，以使墨西哥的村庄和公民能够得到公有地（ejido）、新居民点和宅基地……第8条规定：那些直接或间接反对此计划的地主、科学家派、老板，其财产将被收归国有……[①]1914年，萨帕塔的农民队伍暂时控制了莫雷洛斯州的局势，9月8日他们下发了一条命令，其中第6条规定：村庄可以保留所分配土地的所有权而只将使用权分给各个家庭，也可以把土地分为私人小地产，联邦和州政府不得干涉。萨帕塔和他手下负责分配土地的将领帕拉福克斯（Palafox）一再表示，每个村庄的土地所有制将由其风俗和习惯来决定，联邦政府只有一项权力，那就是禁止村庄和农民出售土地，以免投机者和政客损害农民的利益。

　　萨帕塔的队伍活跃在中南部的莫雷洛斯、普韦布拉等州，而广袤的北方则一度是另一位极富传奇色彩的农民领袖弗兰西斯科·比亚的天下。他们一南一北，遥相呼应，为墨西哥革命涂上了浓重的农民色

---

① John Womack, Jr., *Zapata and Mexican Revolution*, Alfred A. Knopf, 1971, pp. 402-403.

彩。那么比亚作为北方的农民领袖提出了什么样的要求呢？1915 年 6 月 7 日，比亚在奇瓦瓦州签发了一部《农业法》。该法的主要内容是：由国家来解决农民问题；为了公共利益要分割大庄园，给予补偿；由此形成的小地产不能超过 25 公顷，并由接受者付款；为了公共利益，印第安村庄周围的土地也要予以征收；此法的目的是在农村创造一个比较富裕的中等阶级。看到这里我们会发现，墨西哥革命中两大农民领袖之一的比亚是反对传统公社制度、倡导建立小自耕农制度的。在格雷塔罗会议之后他也接受了萨帕塔的《阿亚拉计划》。

所以综合观之，我们可以得出以下结论：从阿兹特克社会晚期历经殖民地时期、独立后的共和国时期，传统的印第安公社制度就一直在遭到侵蚀和破坏；庄园制度靠着掠夺印第安公社的土地和劳动力发展、壮大起来，到 20 世纪初期，传统公社的物质基础和组织制度及其精神支柱都已经濒临瓦解。从 1910 年革命中起义农民的要求来看，他们缺乏对整体的社会制度结构和意识形态的认识，因而只提出了他们的土地要求，对革命后的国家重建问题没有总的构思。他们的纲领相当温和，没有提出消灭庄园制度，而只是要求归还迪亚斯时期被庄园夺去的土地。关于革命后应该建立什么样的新土地制度，他们的态度也不明确，只是表示要尊重各地的风俗习惯，以确定实行村庄公有地制度还是小农制。在制宪会议期间，农民军正在与卡兰萨的队伍交战，没有派代表参加。农民的土地要求是以暴力斗争的形式表达出来的，无论哪一派当政都不能无视他们的呼声，这是土改最根本的动力。同时也应该认识到，恢复传统的公社土地制度并不是农民的迫切要求，因此应以更广阔的视野来探讨现代村社制度的起源。

第二节　自由派、激进派的论争和新土地原则的确立

为了搞清楚现代村社制度的思想渊源，我们必须追溯一下墨西哥自由派的土地思想。首先必须指出的是，这种派别的划分只是一个大致的分野，任何派别内部的思想都不会整齐划一。原则是共同的，但对原则的阐发却各有千秋。自由派的原则是坚持自由放任的观点，反对国家干预私人产权，但是也有一批提倡有限度的改革的自由主义者。

何塞·马利亚·路易斯·莫拉（José María Luis Mora）（1794—1850 年）被誉为"19 世纪前半期墨西哥最杰出的人物之一"，他的思想对 19 世纪中期墨西哥的自由主义改革影响很大。他极力推崇小地产，认为小地产能够唤起主人的经营兴趣，使土地得到精心照料，因而能够推动农业产量的增加和人口的增长，"是国家力量和公共财富的真正基础"。他对大庄园的看法则截然相反，"当土地集中在少数大地主手里的时候，就会发现土地荒芜、人口稀少；不幸的雇工是土地和庄园主的奴隶，他们几乎不能保证自己的生存，更不要说结婚生子了。他们仅仅是在应付，因为土地不是自己的，劳动是被迫的"。这是对财富和人口增长的极大损害。至于教会和公社拥有的地产，他认为要比庄园好一些，但也不能起到增加财富的作用，"出于公共利益考虑一定要把它们的地产和经营私有化"。莫拉的观点是 1856 年改革的先驱。[①]

[①]　Jesus Silva Herzog, *El Agrarismo Mexicano y la Reforma Agraria：Exposición y Crítica*, Fondo de Cultura Económica，1959，pp. 54-58.

庞西亚诺·阿里亚加（Ponciano Arriaga）也是一位著名的自由主义者，他曾参与 1857 年《宪法》的制定并发挥了重要作用。他和莫拉一样抨击了大地产在经济上的无效率，并且指出：生活在庄园制度下的几百万农民处于极端的贫困和饥饿当中，不能改善其生活条件，并且人身自由受到限制，根本无法行使公民权利，这使墨西哥永远不能建成一个民主国家。阿里亚加从政治、经济两方面对庄园制度进行了谴责，但他同时又坚持私有财产的神圣不可侵犯，"在现在的国家里，我们承认私有财产的不可侵犯。废弃这种权力的思想不仅是可怕的，也是不可能的"①。

对于印第安公社制度，很多自由主义者进行了不遗余力的攻击。19 世纪中后期重要的政治人物伊哥纳修·拉米雷斯（Ignacio Ramírez）曾经怀疑印第安人的人性。"如果要把他们当作公民，首先得把他们改造成人。我们有共和制度，但是我们却没有公民，我们甚至连人都没有。"为什么呢？拉米雷斯认为，公社制度使印第安人被束缚在公社内部，与外部世界隔绝开来，保持着他们自己的民族性和语言，没有国家观念，根本不能算是墨西哥人。如果农村大众都被淹没在这种政治冷漠和无知当中，墨西哥就不可能实现社会整合。如果想让印第安人获得公民美德和才能，必须先用私有财产代替公社土地制度，把印第安人解放出来。② 还有人认为，只有结束公社制度才能消灭印第安人懒惰和酗酒的恶习，使他们专注于农业劳动，不再沉溺于接二连三的节日庆祝，也不再为宗教活动耗尽钱财。③

威斯塔诺·路易斯·奥洛斯科（Wistano Luis Orosco）也是一位

---

① Jesus Silva Herzog, *El Agrarismo Mexicano y la Reforma Agraria*: *Exposición y Crítica*, Fondo de Cultura Económica, 1959, pp. 68-74.

② D. A Brading, "Liberal Patriotism and the Mexican Reforma", *Journals of Latin American Studies*, Vol. 20, 1992, pp. 33-34.

③ Jennie Pumell, "With All Due Respect: Popular Resistance of Communal Lands in Nineteenth－Century Michoacán", *Latin American Research Review*, Vol. 34, No. 1, 1999, p. 89.

很有影响的人物，他在 1895 年出版的《关于荒地的立法与案例》是
第一部对墨西哥土地制度的根源和发展做出详尽研究的著作。他认为
土地应当分散到尽可能多的个人手中，不要集中在少数人那里。他曾
提出过一个中小地产的标准，"最低标准为 2 个骑兵份地，最高不超
过 5 个大地块（sitio mayor）"。一个骑兵份地等于 43 公顷，而一个大
地块则等于 1775 公顷。如此看来，奥洛斯科的标准地产是 86—8775
公顷。这个数字超过当时许多庄园的面积，革新意义不大。他对大地
产做了深入研究，以一个 5 万公顷的庄园为例，他计算了该庄园所需
的劳动力、役畜、资本投入，得出的结论是：在当时的墨西哥没有一
个庄园能够达到高产的要求。至于如何改革，奥洛斯科提出的建议
是：分配国有土地，制定保护庄园雇工工资和劳动条件的立法等。这
是一个渐进的改革措施，也没有触动大地产制。

19 世纪末 20 世纪初的墨西哥涌动着一股反对独裁、争取社会改
革的暗流。1899 年，一批自由主义者在圣路易斯波托西市组织了以庞
西亚诺·阿里亚加的名字命名的自由俱乐部，其成员包括安东尼奥·
迪亚斯·索托易伽马（Antonio Díaz Soto y Gama）等人。1901 年该
俱乐部联合其他组织成立了全国性的"自由俱乐部联盟"并召开了代
表大会，很多著名的自由主义者也都参加了进来。1906 年他们发表了
著名的《自由党宣言》，关于土地的内容主要有：如果庄园能把所有
土地用于农业生产，则允许他们拥有土地；所有未开垦的土地由国家
收回并予以分配；对于亚基（Yaquis）、玛雅（Maya）等部落，要归
还他们被夺去的土地。这个纲领明确要求建立小地产，有关重建公社
土地所有制的建议则模糊不清。

1912 年 12 月 3 日，所谓的社会自由主义者路易斯·卡布雷拉在
议会发表长篇演说，题为《取消墨西哥雇工的奴役制度，重建公社土
地公有制》（La Reconstitución de los Ejidos de los Pueblos Como Me-
dio de Suprimir la Esclavitud del Jornalero Mexicano）在文中他提
出，要用购买或有偿征收、租用、强迫分成制等方式从庄园取得土

地，分给周围的村庄以建立公有地。这样做的理由是：要安抚起义农民，取得和平，唯一的办法就是土地改革；因为人多地少，无法广泛建立小地产制。① 因此只能重建公有地（ejido）制度。但是必须注意，卡布雷拉的公有地制度只是一个似是而非的设想。首先，土地并不归公社或村庄所有，卡布雷拉宣称不需要修改 1857 年《宪法》，只需把部分国有土地的使用权和管理权让渡给村庄，不给予所有权；其次，卡布雷拉的公有地制度并非源于传统的公社土地所有制，而是来自庄园里的一种恩惠制度——贝古哈尔制（Pegujal），即庄园里面地位稍高的雇工，如小头目、家内仆役、掌管牲口的人等，可以从庄园主那里取得一小片土地（一般不超过四分之一公顷），用来种植玉米，以此可以取得一点额外收入，补贴家用。卡布雷拉的意思是，仿照贝古哈尔制给庄园雇工一点土地，这不能保证他们获得独立的经济地位，只是作为雇工工资的补充，以使他们的生活稍微得到一点改善，同时又不至于使大地产失去雇佣工人，这可以说是自由派里面最接近现代村社制度的方案了。②

19 世纪后期以来，伴随着世界市场的扩大和农业技术的进步，国内一些庄园也发生了一些新变化。例如，莫雷洛斯州的甘蔗种植园从 19 世纪 80 年代起就经历了一番巨变。庄园主们将铁路引入该州，并从美国进口了昂贵的机器。阿劳斯家族为其庄园进口的机器就价值 35 万美元。他们还进行了大量的资本投资。路易斯·加西亚·比曼达尔为了把古特拉河的河水引入他的庄园，花费了 16.6 万美元兴建运河、沟渠、堤坝、桥梁等。另一位庄园主伊格那修·德拉托雷也在水利工程上花费了约 21 万美元。他们还从国外聘请技师、建立实验室、培养本地技术人员等。面对此情此景奥夫雷贡如是说："资本，也就是

---

① 当时小地产的标准一般在 200 公顷左右。参照一下奥洛斯科关于小地产的标准（86—8775公顷），就可以理解卡布雷拉的苦衷。

② Jesus Silva Herzog, *El Agrarismo Mexicano y la Reforma Agraria：Exposición y Crítica*，Fondo de Cultura Económica，1959，pp. 199-208.

地产、现代化的机器、使劳动简化的工具；智慧，意味着组织和管理；劳动，即是农业工人。有了这些条件，资本就更有优势获得成功，雇工的产出至少会和他使用粗陋工具、个人劳动时一样多，甚至更多一些。"① 因此，庄园主就可以向他的资本、机器、管理才能寻求效益，从而减轻对雇工的剥削。为了促进这种转变，"我们将用分割土地的办法来对付那些仍然使用过时方式的庄园主，因为他们永远也不能改善其雇工的状况。他们使用的方法落后于时代，并同所有的经济原则相违背，因为这必然导致他们的产品更劣质、更昂贵，这就使雇工的状况难以改观。因此我们倾向于把这些庄园主的土地给那些有能力经营它们的人，给那些更需要它们的人，我们不会向那些使用现代方式的庄园主开战，以使他们受到鼓励，推动我们的农业迅速进步，这样我们在未来一个时期内就能得到最大的发展。我们将不必再求助于对进口谷物的保护性关税，并且将使其他生产国感到害怕，因为我们将进攻他们的市场"②。他们仍把农业现代化的希望寄托在大地产上，土地改革只是促使大地产进步的手段。

马德罗（Madero）和卡兰萨（Carranza）也比较保守。1910 年，马德罗以"有效选举权，不得连选连任"的口号掀起了一场革命，因此他认为墨西哥的主要问题是政治问题。1910 年在圣路易斯波托西市发表的一次演讲中他说："人民需要的不是面包，而是自由！"他以为只要解决了政治生活的民主参与问题，其他问题也就迎刃而解了，所以他根本不准备进行社会改革。卡兰萨早期的纲领与马德罗没有什么区别，但是在起义农民的压力之下，卡兰萨于 1914 年 12 月发布了"贝拉克鲁斯计划（Plan de Veracruz）"，包含了广泛的社会、经济、政治改革目标。关于土地问题的主要有：打破大庄园，鼓励小地产，归还公社被侵占的土地。著名的 1915 年《法令》对这些目标做了具

① Enrique Montalvo, *Historia de la Cuestión Agraria Mexicana：Modernización, Lucha Agraria y Poder Político，1920-1934*，Siglo Veintiuno，1988, pp. 7-8.

② Ibid.，p. 8.

体的阐述。该《法令》认为，导致广大农民不满的原因在于：19 世纪中期以来自由派政府的立法、土地征收和迪亚斯时期的土地测量，又进一步加剧了公社土地的流失，这使得他们被迫去为庄园干活，生活和劳动条件都极其恶劣，实际上处于被奴役的状态。因此，"为了保卫基本的公正，也为了保持和平和促进、提高我们贫困阶层的福利，唯一的途径就是归还村庄被夺去的土地，这是显而易见的"①。《法令》规定：由于 1856 年征收法的错误实施而造成的村庄土地、林地、水源的让渡，以及测量公司圈占土地的不法行为一律失去法律效力；另外，如果缺乏土地的村庄不能出示有效的地契来收回失去的土地，政府将从邻近的地产中征收必要的土地来满足其要求；政府将成立国家农业委员会、州农业委员会和特别执行委员会（在村庄一级）按法律程序进行土改。

但是，1915 年《法令》在其前言中就明确指出，"恢复村庄被夺走的公有地并且分给它们所需的土地，其目的是提高它们的福利，充分发展其生存权利，并得以从奴役状态中解脱出来，而不是为了复活传统的公社土地所有制或任何与之类似的东西。因此土地的所有权并不授给村庄，而要分成小块授予其居民，他们将享有完全的控制权"。这就充分说明该《法令》的目的是建立小土地私有制，而不是任何其他东西。另外，只有那些拥有独立政治地位的村庄才有资格申请土地，这就把已经被庄园吞并的村庄排除在外了，但这样的村庄在当时是占大多数的，如此严格的资格限制使生活在社会最底层的债役雇农根本就没有希望得到解放。

回顾 19 世纪初期以来墨西哥自由主义的演变，可以发现这样一些特点：自由主义者们注意到了庄园制度的种种弊端，如它对债役雇农的超经济强制与剥削带有浓厚的封建性；庄园往往只是一种地位的

---

① Eyler N. Simpson, *The Ejido*, *Mexico's Way Out*, The University of North Carolina Press，1937，p. 57.

象征，并没有被作为资产来运营；地主在城市里生活，远离庄园，造成不负责任的管理，大片土地闲置，投资不足，以及随之而来的政治不平等和社会不平等。因此，他们最关注的问题是如何把封建性的庄园改造成资本主义农场，以提高生产效率、改善收入分配。1910 年革命爆发之后，为安抚起义农民，当权的自由派又提出一种改革方案：打破大庄园，部分土地留在原主人手中，转变成资本主义农场；另一部分以小块分配给农民，所有权和经营权都归农民家庭，并希望这种自耕农会逐渐分化，汇聚成更有效率的"小地产"，即资本主义大中农场。对于传统的印第安公社制度，他们向来持反对态度，认为公社土地制度妨碍了土地的自由流通，影响了资源配置的效率；这种制度把印第安人和土地紧密联系在一起，阻止了劳动力的流动；内向的社会结构使印第安人不能接受外部文化的影响，阻滞了统一的墨西哥公民文化的形成。公社土地所有制或其他任何与之类似的制度，都被当作生产力发展的障碍。因此，自由派不赞成传统的公有地制度，现代村社制度并非起源于此。

墨西哥激进主义的内涵很丰富，既有土生土长的激进思想，又包括无政府主义、无政府工团主义以及其他形形色色的社会主义思潮，后者是对资本主义发展模式的一种反思。

在土地问题方面，独立后的第一位激进思想家当数塞维略·马尔多那多（Severo Maldonado）。他认为古代希腊、罗马共和国衰败的原因就在于土地的高度集中。在英国，拥有强大势力的地主控制了上院和下院，从而滋生了贵族政治，所以他极力提倡激进的土地改革。主要内容有：所有土地都归国家所有，并且分成相等的小块；以公开竞租的形式将小块土地出租给公民，收取租金；所有阻碍土地自由流通的法律将被废除；所有印第安人的土地也将被分成小块并分给各个家庭。由于马尔多那多主张废除土地的财产权，所以被称为"农业社会主义者"。

另一位值得一提的激进派人物是 19 世纪初的罗伦索·德·萨瓦

拉（Lorenzo de Zavala）。他的激进不仅仅是写在纸上，而且还在墨西哥的田野上留下了深深的烙印。他强烈反对不公正的所有权，"那些所有者的财富，如果不是完全来自封建制度，那么大部分也是源于特权、馈赠和权威，很少出自他本人的勤劳。人民大众沦落于最悲惨的贫困之中，占人口五分之三的印第安人没有地产，没有别的行当，他们甚至连点希望都没有，只能到庄园、矿山去为那些财主们干活。还有一部分住在小村子里，随时准备出去做雇工"[①]。1827 年，萨瓦拉就任墨西哥州的州长。他不顾庄园主们的反对，给托卢卡山谷的 40 个印第安村庄分配了土地。1833 年，由他主持通过的州法令规定：没收居住在国外的地主的产业，并且分成大小相等的份地，由州长分给本州居民，印第安人和独立战争中的老兵享有优先权，接受者只需支付相当于地产价格 5% 的年租金；那些三年没有耕种的土地、不能按时交纳租金的土地将由州政府收回重新分配。但是，这个法令不久就被保守势力废除了。

随着土地问题的日益严重，一些知识分子倾向于更加激进的解决方案。1909 年安德列斯·莫里纳·恩里克斯（Andrés Molina Enriques）出版了他的著作《国家的重大问题》（*Los Grandes Problemas Nacionales*）。在这本书里他讲道："对一个聪明的庄园主来说，唯一值得他操心的事情是尽量保持庄园的投入和产出保持在一个正常的水平。他从来不会拿其他生意的投入产出比例与庄园相比。如果是继承来的，那他永远不会把它当成有价值的资产看待。无论它的产出多么少，他都不会想着去卖掉它。正如霍韦亚诺所说，除非被逼无奈，谁也不会去卖庄园，因为没人能够再得到它：如果有谁买庄园，那他肯定和其他庄园主一样，是为了满足其控制欲，或为了有这笔收入来巩固他的新地位；因为没有其他动力能使人去买这种花费很多而收获甚

---

① Eyler N. Simpson，*The Ejido，Mexico's Way Out*，The University of North Carolina Press，1937，pp. 46-49.

少的东西。"正因为"庄园不是生意"，所以其生产效率才会如此低下。
1911 年莫里纳·恩里克斯又进一步提出赋予国家直接进行土地分割的
权力，以便征收 2000 公顷以上的私人地产，予以标价并分成小块卖给
农民。他在评论奥洛斯科渐进的土改方案时说，如果不能以迅速的、和
平的方式解决土地问题，封建主义将被血淋淋的革命所消灭。①

　　19 世纪中期以来，各种激进意识形态如无政府主义、社会主义等
传入墨西哥，在知识分子和下层群众中产生了一定影响。在 1910 年
革命中，一批激进主义者加入了革命军队，进入权力的中心，激进主
义开始与自由主义争夺官方意识形态的地位。但是，正如辛普森所
说："这个集团（指激进主义权力精英）并没有很好地组织起来，他
们既没有形成一个有公认的领袖和稳定的选民的政治派别，也没有制
定出一个广为接受的纲领作为该集团的意识形态。"② 总的来说，他们
的激进思想体现在四个方面：激烈的反教权主义；强烈的民族主义，
公开谴责外国投资和外国人对墨西哥自然资源的所有权；要求建立一
个强大的、负责任的、具有广泛代表性的国家；国家应该发起一场彻
底的农业、劳工、教育改革，以改善大众的社会条件。③ 在土地问题
上，他们在某些方面也达成了一些共识，最主要的一条是土地的社会
化，这并不是向"原始共产主义"的倒退，而是意味着"社会的物质
生活所必需的全部产品要从全体个人的劳动中获得"。具体来说，就
是要分割大地产，使每个有劳动意愿和劳动能力的人都能得到土地，
消灭不劳而获的现象，并且以立法手段确保土地集中和剥削等现象不
再出现。并且，在农产品的流通和分配方面，也要以社会需要的观
念、以最小的社会成本获得最大满足的观念来代替自由竞争这个资本

　　① Jesus Silva Herzog, *El Agrarismo Mexicano y la Reforma Agraria*：*Exposición y Crítica*, Fondo de Cultura Económica, 1959, pp. 142-147, 170-174.

　　② Eyler N. Simpson, *The Ejido, Mexico's Way Out*, The University of North Carolina Press, 1937, p. 443.

　　③ D. A. Brading, *Caudillo and Peasant in the Mexican Revolution*, Cambridge University Press, 1980, pp. 169-172.

主义的错误观念。这就意味着由国家来规划农业生产：决定每个地区的生产面积；自然资源的保留；信贷和运输的社会化；等等。为了实现以上目标，他们不仅反对庄园制度，而且也不接受自由派所推崇的小地产制。因为所谓的"小地产"其实并不小，按照当时的标准一般在200—300公顷甚至更多一些。如果把建立小地产制作为土改的目标模式，那么原本可以分给更多农民的土地将会集中到一小部分农民手中，"那些占农村劳动力90%的农民将得不到土地，另一场革命会兴起"。由此看来，他们注重的是社会公正、消灭剥削，期望土地分配更加平等，而且其后的生产、经营都由国家来统一掌握，以计划代替竞争，来提高生产效率。集体制村庄是这种体制的基本单位。他们当时提出的一个口号是"建立没有庄园主的庄园"，认为这样可以克服家庭生产的分散性，有利于资本形成和技术进步，可以实现规模效益，推动农业生产的进步。

激进主义者在波菲里奥时期受到残酷的迫害，很多人被投入监狱或遭到流放，他们的报刊也被查封。墨西哥无政府主义的精神领袖马贡就被迫流亡到美国，在那里创办了《再生》杂志。无政府主义者反对制度化、层级化的大型机构，如国家和教会，主张成立基层的自愿联合组织，包括村庄共同体、工会及其他类型的小社团。1910年革命爆发后，他们中的很多人加入了革命队伍，并在血与火的洗礼中脱颖而出，进入政治权力的中心。另外一些人虽然没有投笔从戎，但他们在革命后建立起来的新政治秩序中也得到了表达的机会和向上流动的渠道。因此，1910年革命的一个重要后果是：激进主义者掌握了相当大的权力，得以在政治生活中施加更大的影响。其中比较突出的有弗朗西斯科·莫西卡（Francisco Múgica）、阿达韦尔多·特哈达（Adaberto Tejada）等人。

弗朗西斯科·莫西卡（1894—1954年），生于米却肯州，父母是19世纪墨西哥自由主义的支持者，但他很早就开始追随弗洛雷斯·马贡兄弟的激进思想。医学院拒绝录取这样一位激进分子，于是他投身新闻界，在报纸上发表了一系列带有激进色彩的文章。在米却肯州右翼势力的迫害下，他不得不逃亡到墨西哥城。1911 年 2 月，在马德罗的支持下，他在米却肯州发动了反对迪亚斯政权的武装暴动，并担任重要职务。后来他在卡兰萨手下任职，并为卡兰萨起草了《瓜达卢贝计划》，号召人民反对韦尔塔暴政，但是其中涉及社会改革的部分都被卡兰萨删掉了。1916 年 12 月 5 日，在格雷塔罗（Gueretaro）制宪会议上，莫西卡以绝对优势当选为宪法委员会的主席，该委员会负责提交每一章节的草案，是制宪会议里面最重要的机构。1917 年《宪法》第 27 条的草案是由另一位激进分子——莫里纳·恩里克斯起草、经该委员会修改后予以通过的，所以有人说"莫西卡曾为墨西哥革命做过一些最为重要的贡献"①。

另一位著名的将军阿达韦尔多·特哈达与莫西卡有相似的经历。他出身于贝拉克鲁斯州农村的一个小地主家庭，由于父亲无力支撑他的学业，他在一位亲戚的资助下到墨西哥城去学习工程学。革命爆发后他加入了卡兰萨的立宪派军队，后来升任军区司令。1916 年他被选为制宪会议的代表，但因故未能参加。后来在担任贝拉克鲁斯州州长期间，他进行了一系列激进的土地改革，推动了革命的深入发展。另外一些比较杰出的人物还包括：吉尔韦多·法维拉（Gilberto Fabila）曾任国会议员、后来的国民革命党的总书记；马尔蒂·戈麦斯（Martez Gomez）做过公共财政部长；纳尔西索·巴索尔斯（Narciso Bassols），教育部长；格拉西亚诺·桑切斯（Graciano Sanches）是国会议员和墨西哥农民联合会的主席；等等。

正是由于这些激进主义者的推动，卡兰萨在制宪会议上提出的保守的《宪法》草案遭到了猛烈的抨击。议员巴斯道尔·罗瓦伊可斯（Pastor Rouaix）指出："如果说该草案的第 5 条由于未能满足人民急

① Friedrich E. Schuler, "Múgica, Francisco", in *Encyclopedia of Mexico*, edited by Michael S. Werner, Fitzroy Dearborn Publishers, 1997, p. 974.

切的渴望而在议会内造成了震动的话，那么关于土地所有权和所有者权利的第 27 条则在议员中引起了更大的忧虑。它只对 1857 年《宪法》相应条款中的次要问题做了修正，彻底变革农村土地制度的要求已经引发和推动了一场革命，而它对这些问题置若罔闻。到目前为止，工人在墨西哥社会中还不是那么重要，因为这个国家还没有工业化。与生活在债役雇农制度下的农村大众相比较，他们的数目微不足道，这使得农民问题的解决具有头等的紧迫性和最大的必要性。"① 值得一提的是，库姆布兰德（Cumberland）曾把参加格雷塔罗制宪会议的代表分为两个集团：卡兰萨派和奥夫雷贡派。其中卡兰萨派只占少数，而奥夫雷贡派拥有很大优势，但其内部并不都是完全拥护奥夫雷贡观点的人，大部分是反对卡兰萨的保守思想的激进左派，他们在制宪会议上发挥了很大影响。② 在这种情形下制宪会议对草案做了重大修改，最后通过的《宪法》第 27 条的主要内容包括以下几点：

（1）国土范围内的土地和水资源都归国家所有，国家有权将其让渡给私人，构成私人财产。

（2）出于公共利益的要求，国家有权随时对私人地产施加限制，也有权调整自然资源的发展，因此这些资源要服从国家的调配，以利于资源的保持和公共财富的公平分配。为此目的要采取以下措施：分割大地产，发展小地产；建立新的农村居民点，并赋予必要的土地和水资源；鼓励农业，禁止自然资源的破坏；等等。

（3）只有出于公共需求并给予补偿才能征收私人地产，由联邦和州法律在它们相应范围内决定对私人地产的占有是否符合公共利益，根据上述法律由行政当局做出判决。

（4）为共同所有者、定居点、村镇、聚居处、部落所共有的地

---

① Jesus Silva Herzog, *El Agrarismo Mexicano y la Reforma Agraria*: *Exposición y Crítica*, Fondo de Cultura Económica, 1959, p. 274.

② Charles C. Cumberland, *Mexican Revolution*: *the Constitutionalist Years*, University of Texas Press, 1972, p. 334.

产，在法律上有权共同拥有它们的水资源、林地和土地以及根据 1915 年 1 月 6 日《法令》已经授予或即将授予的土地，直到法律决定分割为止。

如果说 1857 年《宪法》基本上是自由主义的，那么 1917 年《宪法》的精神中就加入了国家主义和集体主义，国家特别是行政当局对经济和社会的影响力扩大了，反映在土地问题上就是土地国有以及由行政当局负责实施的土地改革。之所以说 1917 年《宪法》为现代村社制度奠定了法律基础，在于它重新给予村庄以集体拥有土地的权利，这是走向村社制度的第一步，也是关键的一步。1917 年之后的墨西哥同时存在四种土地所有形式：国有土地、私有土地和村社公有地（ejido）和公社土地（局限于偏远的印第安人聚居区）。

从上文的论述可知，1910 年的农民起义使得土地的重新分配成为一种不可抗拒的要求，它和激进派、自由派改造庄园、提高生产效率的要求混合在一起，更使得改革的形势不可逆转。但农民起义只是为土地改革提供了动力，并没有为土改指明方向：政治精英中的激进派和自由派在意识形态和社会制度重构问题上存在很大分歧，经过斗争，激进主义者获得了很大的胜利，体现在《宪法》规定了国家对私有财产的控制和土地的集体所有权方面，但是他们的胜利并不完全，因为他们的首要目标——土地的社会化——没有实现。"最终形成的制宪会议的思想来自不同的源泉。莫西卡将军告诉我，军人们想把土地社会化。但是议会中所有有知识的人都反对他们。第 27 条是个妥协。"[1] 自由派不仅保住了土地私有制度，而且坚持了他们的小地产的理想，《宪法》同样宣布鼓励小地产的发展。1917 年《宪法》的规定如此宽泛，以至于给各种土地制度的发展都留下了广阔的空间，为土

---

① Frank Tannenbaum，*Peace by Revolution*，Columbia University Press，1932，pp. 166-167.

地关系的演变提供了多种可能性。到此为止，《宪法》只是给了土地集体所有制一个合法地位，对其内部结构形式、在社会经济发展中的地位都还没有做出具体的规定，也没把它确立为主导的土改方式，所以距离大规模的推行还有很长的一段路要走。

第三章

现代村社制度的成形：1920—1934

　　1917 年《宪法》在颁布后的很长一段时间里一直是个纸面上的胜利，当权的自由主义者诸如卡兰萨、奥夫雷贡、卡列斯等人并没有把建立村社制度当成土地改革的唯一方向。一方面，他们坚持小地产制的梦想，认为它是发展农业生产、培养公民美德、建设民主政治的康庄大道；另一方面，在他们看来，现代化的大地产也不失为一条可取之策。至于村社制度，那只是安抚起义农民的权宜之计，而且范围也不宜太大，并且应该加速其成员的分化，使一部分人通过购买土地、扩大经营规模以上升到小农场主的地位。总之，村社制度只是一个过渡阶段，而且土改应当缓慢进行。奥夫雷贡曾说："我完全同意农民主义的原则，但我们必须谨慎行事：我们要小心翼翼，以免在解决这个问题的时候把我们的繁荣和经济利益置于危险的境地。如果我们先摧毁大地产然后再建立小地产，那我们会犯错误。"[①] 而激进主义者则持对立的态度，他们的理想是在墨西哥创造一种既可以容纳现代技术

---

　　① Enrique Montalvo, *Historia de la Cuestión Agraria Mexicana*：*Modernización, Lucha Agraria y Poder Político*，*1920-1934*，Siglo Veintiuno，1988，p. 30.

进步又可以兼顾平等分配的集体主义的农业发展模式，而且改革过程不应该拖得太久，也不应该限制在一个狭窄的范围之内。激进主义者巴索尔斯曾说："应该对农民主义加以净化，首要的事情就是要纠正其领袖（指当权的自由派）的错误做法。如果我们沿着目前的道路再走下去，那就预示着农业改革将被停止，用不了 10 年整个运动就会死亡。扼杀农民运动或改变它的方向就不能摧毁现在的封建制度，我们的国家将会丧失解决这个问题的大好机会。"激进主义者与自由主义者之间的较量决定了现代村社制度的具体形式。

第一节　从《调整法》到《村社财产法》

卡兰萨对土地改革本来就很不热心，1916 年 6 月 6 日，他下令削减在 1915 年《法令》中授予州农业委员会的权力，而且申请土地的程序更加复杂了。这一年 9 月他的另一项命令完全取消了州农业委员会分配土地的权力，并将其移交给了国家农业委员会。在当时中央政府的权威尚未完全确立的条件下，这个措施就等于中止了土改。所以卡兰萨在接近 5 年的时间里只给 190 个村庄分配了土地，总计 18 万公顷，受益者 4.8 万人。1919 年 3 月萨帕塔在一封公开信中谴责他置广大农民的土地要求于不顾，反而扶植起了一批新的庄园主，这与革命的精神是背道而驰的，所以当奥夫雷贡起兵反对他时得到了诸多派别的一致拥护。

1920 年 12 月 28 日，刚上台不到一个月的奥夫雷贡就颁布了一部《村社法》，该法的本意是对 1915 年《法令》和 1917 年《宪法》第 27 条做进一步的深化和细致化，但由于概念混淆、语言模糊、内容不全面等原因，半年之后就被废除了。真正起了重大作用的是 1922 年 4

月 10 日发布的《农业调整法》（以下简称《调整法》）。在这部《法令》颁布实施之前，土地改革基本处于混乱、无序状态，此后则进入一个更加有序、协调的时期。《调整法》主要回答了以下几个问题：

第一个问题是什么样的村庄有权在改革中申请、接受土地。《宪法》规定只有那些有一定政治地位的市镇、定居点、聚居点、公社以及共同持有者（指若干人共同继承一块土地，虽分散持有但未办理相应的法律手续）才有权申请土地。该法又增加了两类：一类是聚居在已经废弃的庄园上并耕种周围土地的个人；另一类是那些在战争中失去大部分劳动力和财富的工业、商业、矿业市镇。但《调整法》又特别规定有些村庄不能建立公有地制度，这包括政治上服从于另外村庄的街区（往往是较大村庄周围的小村子）。更为关键的一条是，居住在庄园里的债役雇农被排除在土地分配之外。这就意味着上百万农民将得不到土地，土改不是平等的、普遍的，而是继续向着资本主义农场的方向发展。

第二个问题是应该分给村庄多少土地。如果属于"归还被侵占土地"这种情况，凡是村庄能够证明的、被剥夺了的土地都应物归原主。如果向政府申请授予土地，则按村庄人口总数来计算：每个年满18 岁的村民都可得到一块 3—5 公顷的灌溉田，或 4—6 公顷的季节田；所分配的土地来自对私人地产的征收；凡多于 150 公顷灌溉田或 250 公顷雨水充足的耕地或 500 公顷季节田的土地，其超过部分都要予以征收。但有几类土地免于征收：附带农产品加工企业的田地、果园、咖啡、可可、香草或其他种植园。

第三个问题是土地分配的程序问题。1922 年《调整法》按照 1915 年《宪法》的规定确立了三级专门机构：国家农业委员会、州农业委员会和村庄执行委员会。先由村庄委员会提出土地申请，州委员会负责做出必要的调查和统计，然后报请州长批准。州长批准之后，村庄就获得了暂时的所有权，这时再把情况上报国家委员会，由它交付总统审批。如果获总统批准，村庄就得到了最终的所有权。

　　1923 年 8 月通过了另一项重要法令《荒地法》，它类似于美国的《宅地法》，目的是鼓励公民开垦国有荒地。该法规定：任何年满 18 岁的墨西哥公民都可以开垦、占有一块国有荒地，其面积不超过 25 公顷灌溉地或 200 公顷非灌溉地，连续耕作两年以上即可获得这块土地的所有权。通过这种形式建立起来的是小自耕农及资本主义小农场，这代表了土改的另一个方向。

　　在奥夫雷贡执政期间（1920—1924 年），总共给 624 个村庄的 13.9 万人分配了约 120 万公顷的土地，是卡兰萨时期总数的三倍。[①]

　　在卡列斯当政期间（1924—1928 年），土地分配制度有了进一步的发展，最重要的变化是对村庄的资格限制放宽了。从 1915 年《法令》起，就限定只有四类村庄有权申请、拥有土地，可是对这些村庄的分类是很不规范的，往往是由历史上的偶然事件而非其政治、经济特点决定的，这就给土改增加了一道随意性很强的选择程序，致使有些村庄被武断地排除在外，从而引发了大量的法律纠纷。1927 年 4 月 23 日修订过的《土地、水资源归还和授予法》取消了这些分类，规定任何缺乏土地、水资源的居民点都有权申请得到这些资源，但是非常小的村庄（20 人以下）和债役雇农仍被排除在外。同时，该法简化了申请手续，并堵塞了一些法律漏洞，以免地主逃避征收，如禁止征收范围内的地主在村庄提出申请之后再分割、出售土地等。另外，该法第一次规定了已建立的村社可以申请"扩展"，即分到土地的村社在 10 年之后可以向政府申请追加土地；扩展的土地只能用来建立新的份地，不能用来扩大原有的份地；原来的社员不能再从扩展中受益等。

　　1926 年 4 月 5 日通过了一部正式的殖民法，这部法律是奥夫雷贡期间的《荒地法》的延伸。它规定不仅国有土地可用于殖民，还可以

---

　　① Eyler N. Simpson, *The Ejido*, *Mexico's Way Out*, The University of North Carolina Press, 1937, p. 87.

从国家农业信贷银行贷款购买私人土地安置殖民者。个人占有的面积可达到灌溉田 50 公顷，或一等季节田 250 公顷，二等季节田 500 公顷，牧场 5000 公顷，比以前的规定扩大了一倍。这是一部鼓励发展较大地产的法律，是与村社制度背道而驰的。

在卡列斯执政的 4 年间，共有 1576 个村庄 30.8 万人分到了 320 万公顷的土地。这个成绩是奥夫雷贡的三倍。

尽管《宪法》赋予村社拥有土地的权利，政府也给一些村社分了地，但不能就此认为村社制度已经建立起来了。因为土地在村社内部的分配、谁是农业经营的主体、村社内部的政治机构如何组建、与国家的关系等问题都还没有解决。

1915 年《法令》及其后的立法所设立的三级机构：国家、州、村庄农业委员会的主要功能是土地分配，至于分地以后应该如何组织村社的经济、政治生活，则没有明确规定。1917 年《宪法》也没有解决这个问题。国家农业委员会于 1922 年发布了《第 51 号命令》，对村社的政治、经济、社会生活做了统一的规定。该《法令》首先阐述了其目标和原则：分配土地只是国家农业委员会（以下简称农委会）工作的第一步，农委会还要承担起协调村社发展、指导其进步的责任：当代工业技术的发展已经宣告了小企业的末日，因此农业技术的进步也要抛弃小规模经营的模式，因为它是和机械化不相容的，墨西哥农业要想取得最大收益，就必须严格按照合作化和集体化的原则组织起来。

集体化的第一步是在每个村社中选举三位社员组成村社管理委员会，该委员会代表全体社员接受分配的土地、决定土地的最佳使用方式以及劳动力的分配；它的权力也受到制约，它必须接受和公开社员的申请和建议，并且任何涉及公共利益的事情都要由社员大会多数通过；只要有 20% 的社员不满，就可以提议重新选举；除群众监督之外，《第 51 号命令》规定村社委员会直接服从农委会，它必须听从农委会指导员的意见；农委会指派的代表和巡视员是村社委员会的当然成员，并拥有否决权。村委会负责把公有地分为四种：住宅建设用地；农业用地；林地、牧场、灌木丛；一块不小于5公顷的可耕地用作村社学校的校田。农业用地由社员共同耕作并由村委会分派工作，林地、牧场和灌木丛在村委会的指导下由社员共同使用。产值分配的比例如下：85％分给社员；10％留作合作基金，用来购买农业机械、役畜等；5％用来纳税和其他公益事业。村社合作的原则有：按劳分配；人人平等，一人一票；20％的成员可随时行使提议、公决和罢免权。农委会特设村社发展局指导、监督村社的合作组织，并负责发起地区村社联盟和统一的全国联合会。①

从制度安排来看，村社主要是民主自治的经济组织，它不是一级行政设置。通过合作化和集体化，村社经济资源的控制权集中到村社委员会的手中，但农委会有权对村委会发号施令，并通过派驻代表制度进行具体的控制。因此，真正能够控制村社事务的是联邦一级的国家农业委员会，州市两级政府都被排除在外，这个命令显示了联邦政府控制、指导村社生活的意愿。

但是这个法令遭到自由派的攻击。1925年12月12日，农业部部长路易斯·雷昂（Luis L. Leon）在议会发表演说，抨击了《第51号命令》并提出一个新的法案来取而代之。他认为，农民对集体制度缺乏信心，事实上没有一个村社真正采取《第51号命令》所规定的集体化，普遍的做法是，一旦分到土地，村社就把它在社员中间分掉了。并且由于村社管理委员会集中了太大权力，其成员不惜损害集体利益来追求个人私利，使得刚从庄园主的暴政下解放出来的农民又成为村委会的牺牲品。因此，为了反对村委会的剥削，又为了防止农民的短视，就需要制定一部新法。这个提议遭到激进主义者、参议员蒙松（Monzón）的激烈反对，他认为废除集体制、把农民变成保守且

---

① Eyler N. Simpson, *The Ejido*, *Mexico's Way Out*, The University of North Carolina Press, 1937, p. 320.

软弱无力的小农是对革命成果的破坏，是在"扼杀农业改革"。他还宣读了贝拉克鲁斯州一些村社的抗议书，以表明农民对合作制的拥护，但议会还是通过了新的《村社财产法》。

1925年的《村社财产法》是对《第51号命令》的否定。首先，该法废除了原有的村社管理委员会，代之以村社委员会和监督委员会。社员大会是村社的最高权力机构；村社委员会是主要的执行机构，由社员大会选出三人组成，任期两年；他们是村社的法人代表，直接负责村社公共财产（草地、林地、水资源等）的管理、召集社员大会、执行上级机构的命令等。监督委员会也由三人组成，任期两年，他们负责监督村社委员会的行为，有权检查其账目；当20%的社员表示不满时监督委员会有权召集村社大会、有权向上级机构反映村社委员会的不正当行为。其次，对村社事务的指导权不再归属国家农业委员会，而被转交给农业部。农业部的职责有：禁止采用损害地力或不经济的作物和方法；确定能最大限度利用自然和人力资源的作物和技术；制定社员生产和销售的组织形式；决定公有财产的最佳利用方式；农业部可以干预村社内部的选举争端，在村社领导行为不当或不服从命令时可以将其罢免，有权批准或否决村社委员会和监督委员会成员的变动；有权监督土地的分配，并且是有关份地继承、使用纠纷的最终裁决者；在国家农业信贷银行开展业务的地区，农业部向其移交以上所有权力。

有关村社土地的分配，该法规定：村社接受政府分配的土地之后应立即将其分给社员个人所有，不再由村社共同持有，只有建筑用地、学校试验田、牧场、林地等留作公用。至于土地的产权，该法重申了《宪法》的规定，即"公用地的产权属于村社，不可侵犯，不可剥夺，在任何情况下不得以任何形式让与、抵押"[①]。同时又规定，份

---

① Eyler N. Simpson，*The Ejido*，*Mexico's Way Out*，The University of North Carolina Press，1937，p. 327.

地的产权归社员个人所有，不得出租、转让、分成租佃等。其实村社是比社员更高的所有者，在某些情况下村社可以暂时或永久性地剥夺社员对其份地的所有权。暂时剥夺的条件包括：在没有得到村社委员会批准的情况下离开村社超过 6 个月；耕作方式对集体利益造成损害。永久性剥夺则出现在下列情况：社员试图出售、抵押、出租或其他形式转让地产；在连续两年里未能耕作其土地；不能按时缴纳公积金、纳税；由于精神障碍、酒精中毒或入狱并且其家庭成员不能代替他耕种土地等。剥夺由村社委员会执行，由农业部做最后裁决。

《村社财产法》还规定：政府有权向村社征收地产税，但不能超过村社年产值的 5%；每个村社都要建立公积金，来源有社员缴纳、从公有财产中提取等，用来购买机器、兴办公益事业。

《第 51 号命令》在当时被认为是一个共产主义实验，引起了墨西哥自由派的恐慌，于是通过 1925 年的《村社财产法》对其进行了重大修改。原有的集体经营制度被废除，代之以双层所有和社员家庭经营的制度。可以看到，正是激进派和自由派精英之间的斗争，使得村社的内部结构从完全的集体制向后退了一步，增添了个体色彩，这正和传统公社制度中的公社公有、家庭经营的生产方式有形式上的相似之处，因而乍看起来好像传统的制度又复活了。其实两者之间还是有深刻的不同，主要表现在国家对村社的控制方面：国家拥有最高的土地所有权；村社自治机构要服从农业部的领导，选举结果要他们批准，还有可能被罢免；生产技术、作物品种、销售方式等事务要接受他们的指导和监督；份地虽已分到各家各户，但仍然可以被收回。联邦政府的触角伸到了农村最偏僻的角落。

第二节　1934 年《农业法》

1929—1934 年这段时间是一个比较混乱的时期。1928 年 7 月，再次当选的总统奥夫雷贡被一名宗教狂热分子暗杀，年底临时总统埃米略·波尔特斯·希尔（Emilio Portes Gil）就职，至 1930 年 2 月由当选总统帕斯库亚尔·奥尔蒂斯·鲁维奥（Pascual Ortiz Rubio）接任，他在 1932 年 9 月辞职，由临时总统阿维拉托·罗德里格斯（Alberto Rodrigues）任至 1934 年 11 月，其后就进入了卡德纳斯时期，在此期间总统频繁交替，政策变化也比较大。

希尔是一位比较激进的总统，他在职一年就向 692 个村庄的 10 万多农民分配了 100 多万公顷的土地。相比之下，奥尔蒂斯·鲁维奥则保守得多，1930 年他只向 462 个村庄分配了 74 万公顷的土地，1931 年为 373 个村庄和 61 万公顷，到 1932 年则降为 208 个村庄和 38 万多公顷土地。[1]

1929 年，"最高领袖"卡列斯访问欧洲，在法国看到的景象使他认为土地规模的过度细小化不利于现代机械的使用，回国后他公开表示："作为革命的儿子，我们如果对自己负责，就必须得承认，到目前为止我们理解和执行的农民主义是个失败。如果农民缺乏必要的准备和劳动要素，那么给他一块土地也不能保证他的幸福。相反，这将把我们导向灾难。很多村社土地抛荒，但仍有很多人建议扩大村社土地，为什么？如果村社制度是个失败，那就没必要扩大它；如果它是

---

[1]　Eyler N. Simpson，*The Ejido，Mexico's Way Out*，The Univ. of North Carolina Press，1937，p. 118.

个成功，那它就该有钱去买它需要的土地，把国家从过高的成本和许诺中解脱出来。迄今为止我们已经分了很多土地，但唯一的结果就是把国家置于可怕的财政负担之下。眼下我们必须做的就是为这个失败找个解决办法。以前分到的土地可以保留，但每个州的政府都应确定一个比较短的期限，在此期间内可以申请土地。一旦期限已过，谁也别再提这事了。然后我们必须给所有的人发土地证书，不论他的地产有多大。"卡列斯当时虽然不是总统，但他的权力却超过 1929—1934 年间在任的任何总统，因为是他在幕后操纵着墨西哥的政局。以他的讲话为开端，自由派掀起了对村社制度的新一轮的攻击，墨西哥城的主要报纸充斥着要求停止土地改革的文章。1930 年 5 月 7 日，总统奥尔蒂斯·鲁维奥向国家农业委员会主席下达了一份命令："根据我收到的报告，阿瓜斯卡连德州递交的土地申请只有一个很小的数目，因此请你从本月 20 日起确定一个 60 天的期限，在此期间所有有权申请的村庄都可以提出申请。超过这个期限之后，或等所有申请处理完毕之后，该州农业委员会将被解散，土地归还和授予将结束。"[①] 此后总统又对其他五个州下达了类似的命令，到 1931 年底，已有 12 个州制定了停止土改的法令。

法院也是土改斗争的重要场所。1915 年《法令》规定：法院对土改法律有解释权，在政府处理不公时，地主有权向法院申诉。总的来说，法院庇护地主的倾向是很明显的。到 1928 年为止，法院共受理了 5500 件此类案件，在已结案的 2000 件中有 1800 件的结果是对地主有利的。有鉴于此，在激进派参议员拉罗·G. 卡罗卡主持下，议会于 1931 年 12 月 31 日通过了一个法令，宣布："受村社土地归还、授予命令影响的地主，没有申请法律保护的权利。"1933 年 7 月 14 日，罗德里格斯总统发布了一道命令，宣布无论是总统、州长还是农

---

① Eyler N. Simpson，*The Ejido，Mexico's Way Out*，The University of North Carolina Press，1937，p. 117.

业机构都无权限制《宪法》赋予村庄的申请、接受土地的权利，以任何形式为土地改革设置时间限制的法律条文都被废除，已被解散的州农业委员会应立即恢复。奥尔蒂斯·鲁维奥的"停止令"被悄悄地扔进了垃圾桶，村社制度的推广又走上了正轨。1915—1934年间的经历清楚地表明，关于土改的方向问题在自由派和激进主义者之间仍然存在着尖锐的冲突，其间又夹杂着反动地主势力的推波助澜，使形势更加复杂严峻。

1933年5月30日，卡列斯再次阐明了当时自由派对农业改革的态度：以往的农业改革是一个失败，在村社制度下分给每个家庭的土地太小了，以至于不能利用现代技术；村社经济资源的集体化和合作化不是理想的土地所有制度和农业生产的组织形式；土改的过程拖得过长，破坏了业主的安全感和投资的积极性，抑制了农业生产的提高。因此，建立村社土地制度不是唯一的也不是最好的农业资源分配的方式。换言之，村社土地制度只是土地改革的一个方面，并且只是一个过渡性的阶段。为了纠正以上弊端、发展国家农业生产，就必须采取以下措施：尽快结束向村庄分配土地的过程；村庄在得到土地之后，应立即以份地的形式分配给各家各户；给大地产设置限额，使其分割、出卖其土地，村社农民可以购买这些地产，扩大经营规模，向独立小农的方向转化。"以这种方式形成的小地产不再仅仅拥有3、4公顷的土地，它的规模足以鼓励和推动一个有雄心和开发能力的人去开垦它。"[1] 小地产制确立之后，在国家的帮助下，一整套的灌溉工程、道路体系、银行、合作组织会建立起来，取得农业生产的进步。

激进主义者的想法与之迥然不同。在他们看来，建立所谓的小地产制不仅代价昂贵、难以成功，而且与村社制度会产生根本性的抵

---

[1]　Eyler N. Simpson，*The Ejido*，*Mexico's Way Out*，The University of North Carolina Press，1937，p. 441.

触，是走向土地集中的第一步，会使墨西哥重新陷入殖民地和波非里奥时期的状况，从而再次引发农民的暴动。所以他们不仅倡导建立村社制度，而且认为在墨西哥当时的情况下只能建立村社制度，其他有关小地产制的计划如果不被完全放弃的话，至少也应该服从它。首先，激进派要求放宽对申请资格的限制。这样的限制主要有两个，一是禁止由债役雇农组成的村庄申请土地，二是不准 20 户以下的村庄加入土改进程中来。根据坦南鲍姆的说法，1921 年的墨西哥约有 75% 的村庄和 37% 的农村人口（约 380 万）处在庄园的地产上。[①] 根据伊瓦拉·门德瓦尔的估算，这个数字可能更大。这么大比例的农村人口分不到土地，就意味着这场以社会公正为目的的革命没有实现它的目标，意味着大庄园制不能被清除，改善农业雇工劳动条件的愿望也会随之化为泡影。另外，将少于 20 户的村庄排除在土地改革之外，无论在经济上还是在道义上都解释不通，难道小村庄就没有存在的理由吗？如果这条规定继续生效，那就有 4.9 万个村庄不能申请土地，而这些村庄往往是最贫困、最落后也是最需要土地的地方。因此，对私人地产的征收不应当分散进行，应该在同一时间内把整个地区的土地都用来建立村社，这意味着某些地产的限额要受到进一步的削减，有些村庄可能要迁移。而且分配土地的程序需要简化，速度要提高，因为到目前为止每一件申请需要经过 5 年的时间才能处理完毕。国家农业委员会和州委员会之间的功能应予澄清，并且国家农业委员会要从农业部的束缚下解脱出来。在激进主义者眼里，村社制度应该成为墨西哥农村经济、政治、社会生活的组织基础。可以清楚地看到，激进主义者的方案和自由派的纲领仍然存在很大的分歧，此时的自由派力图限制村社制度的范围并尽早结束土改，给资本主义农场一个稳定的发展环境；激进派的意图是消除法律上的一切障碍，把村社制度广

---

① Frank Tannenbaum, *Peace by Revolution*, Columbia University Press, 1932, pp. 321-322.

泛建立起来。

1933 年 7 月，卡列斯提出要为国家下一步的发展制订一个"六年计划"，6 个月后国民革命党内部的自由派制定出了一份草案，并于 1933 年 12 月提交党的代表大会进行审议。这个草案重谈卡列斯的老调，认为应该尽快结束土地改革，稳定产权关系。该草案指出，村社制度不应威胁小地产制的存在，"国民革命党强调对小地产制的极大尊敬，认为它是一个基础性的制度"。村社土地制度"不是更平等的土地分配的有效手段"，因为在有些地方没有充足的土地分给所有的村社。要解决这个问题就得把部分农村人口迁移到土地充足的地区，或通过调整雇佣关系、租佃关系的法律来改善无地农民的经济地位等方式加以解决。但是这个计划遭到以格拉西亚诺·桑切斯和基尔韦多·法韦拉等人为首的激进派的反对，进行了重大修改。这包括行政机构改组、债役雇农在某些条件下可以分到土地等。从 1933 年年底到 1934 年年初，这些纲领陆续变成了国家法律。1934 年 3 月 22 日颁布的《墨西哥合众国农业法》对以往的农业法令进行了汇编，并做了重大修改。

首先，意义最为重大的变革是授予债役雇农以分地的权利。该法宣布，债役雇农既可以参加附近村庄共同申请土地，也可以组成农村居民点单独提出申请。其次，对州一级农业委员会领导机构的设置进行了修改，五名委员中必须有两名联邦代表和一名村社社员代表，这就大大削弱了州委员会的独立性，有助于减少地方势力对村社制度"积极或消极的抵抗"。另外，这部《法令》彻底废除了对村庄政治资格的限制，任何村庄都不会再因为缺乏独立的政治地位而被排除在土地分配的进程之外。这部法律还取消了每个社员只能接受 4 公顷灌溉田（6—8 公顷其他类型的耕地）的限制，只是规定村社可以接受必需的土地，这意味着分给村社的土地可以更多。同时对私人地产的最高限额做了更严格的规定，种植经济作物的地产原本是没有限制的，现在则设置为 300 公顷。原来对村社申请扩展土地的规定十分苛刻，必须在第一次土地授予 10 年之后才能申请扩展，并且要付现金购买。1934 年《农业法》废除了这些限制，"只要村社能证明它在充分利用了现有土地之后仍有 20 户以上的人家没有耕地"，就可以提出扩展要求。1934 年《农业法》的出台，标志着墨西哥现代村社制度的基本成型。所有无地或少地的村庄都可以向国家申请土地分配，这些土地中的耕地分给各个家庭经营，牧场和林地则由社员共同所有，这种土地公有制是村社存在的物质基础。村社不是一级国家行政单位，它是独立的、自治的农村基层组织单位，其内部组织机构主要由社员大会、村社委员会、监督理事会组成，领导成员由民主选举产生。村社要接受国家农业机构（农业银行或农业部）的指导和命令。以 1925 年的《村社财产法》为基础，再加上 1934 年《农业法》和其他法令所做的增补，就构成了现代村社制度的基本框架，以后虽然又经历了一些修改，但其原则和基本结构一直保存了下来。所以现代村社制度是激进主义的"土地社会化"思想与自由主义的"小农"模式的结合物。

第四章

现代村社制度的广泛确立:卡德纳斯改革

1929 年的大萧条对墨西哥乃至整个拉美的影响是深远的，正是在这次危机中意识形态的氛围发生了转折，对自由放任资本主义的批判使得墨西哥激进主义者在精英集团中的地位上升，这股力量推动着立法变革，取消了种种资格限制，使村社制度在法律上具备了大规模推广的基础。激进派内部也增强了凝聚力，并把他们的领袖卡德纳斯推上了总统宝座。

第一节 社会呼唤变革

在这一时期，墨西哥目睹了资本主义制度在世界范围内的挫败并深受切肤之痛，很多人对欧美发达国家的发展模式产生怀疑。但是，苏联的社会主义现代化模式也有明显弊端，特别是其高度集权所带来的专制和恐怖使人望而生畏，所以有些人就想走一条有别于苏联模式的、新型的社会主义道路。卡德纳斯在竞选时曾经这样说:"墨西哥革命在新阶段的基本行动纲领就是向社会主义迈进,它既有别于不合时宜的古典自由主义,也不同于苏俄正在实验的共产主义。人们不想要个人自由主义,因为它只能产生人对人的剥削、把自然财富和生产资料奉献给自私自利的个人。大家也不想要共产主义,因为我们的人民不愿意共同分享劳动成果,不愿意由一个国家老板来代替私人老板。"[①] 他们所设想的社会主义就是由劳动者掌握一切生产资料以及财富在各种生产要素之间的公平分配,消灭一切不劳而获的现象。这个社会是按照工团主义(sindicalismo)的原则来组织的,城乡劳动者按照行业组织起工会和工会联合会,再由它们成立消费合作社和生产合作社,通过这些合作社来控制生产资料并组织整个社会的经济生活。但是,由于墨西哥劳动者缺乏管理经验、技术以及必要的纪律和准备,所以在进入这个社会之前必须经过一个过渡阶段。在这个阶段中,国家要起到调节者的作用。"在墨西哥要通过革命行动逐步摧毁个人剥削的制度,但这不是为了进入国家充当剥削者的状态,而是要把财富源泉和生产资料逐步交到无产者集体组织的手中。在此过程中,国家不仅仅充当社会秩序的守卫者,也不是要做经济的控制者,而是要做生产和分配的重大问题的调节者。"从这些表述可以看出,卡德纳斯想为墨西哥找一条新的发展道路,并且是一条激进主义的发展道路。具体到农业问题,他的目标模式是建立集体制村社。并且他认为改革进行得太慢,在一次演说中他讲道:"农业问题在所有的州都还没有解决,有的州好一些,有的州差一些,这就需要国家尽快采取行动在未来的两年里完全满足所有村庄的土地要求。"他还说:"单纯给予土地并不能完全解决农业问题,还要增加信贷、修筑灌溉设施和道路、建立现代耕作体系和合作组织,并以其效率来证明新制度要

① Hilda Muñoz, *Lázaro Cárdenas: Síntesis Ideológica de Su Campaña Presidencial*, Fondo de Cultura Económica, 1972, p. 36.

比大庄园更优越。我希望每个村社都能向消费市场提供自己的产品，以帮助整个国家提高其生活水平。"① 卡德纳斯坚信村社在国家的帮助下能够实现技术的现代化，提高农业产量和商品化程度，因而想在短时期内大规模推广村社制度。

可见，在激进主义者的思想里，建立村社制度不仅是为了满足农民的土地要求，它还是一个广泛的社会纲领中的一部分，是实现社会变革和进步的必要手段。首先，应该了解的一个背景情况是，在墨西哥革命的暴力斗争阶段（1910—1920 年），农民起义队伍并没有摧毁大庄园制度。当时南方农民领袖萨帕塔领导下的武装斗争的中心在莫雷洛斯州和普韦布拉州，鼎盛时期起义波及周围的 13 个州，堪称声势浩大。但是，起义军当时人数并不太多，而且很分散，装备也很差，武器基本上来自战斗中缴获的敌方物资，没有稳定的后勤供应，根本不能与政府军进行正面对抗。所以他们采取了游击队的组织形式，平时隐藏于群山之中，分散于各州，虽然萨帕塔能够协调其中一些队伍的行动，但没有凝聚成一支强大的武装力量，其斗争方式主要是袭击政府军的小股部队、骚扰其营地和市镇等。由于力量对比悬殊，起义军无法有效控制较大区域、建立根据地，因而难以摧毁庄园，进行土地改革。另外，在当时严峻的形势下，进行土地改革也有一个斗争策略问题。《阿亚拉计划》中并没有提出消灭庄园，只是要求归还被掠夺的土地并分配庄园三分之一的土地，这使得农民与庄园主之间存在缓和的基础：在韦尔塔和卡兰萨当政的时候，政府军曾一度在莫雷洛斯州的农村实行焦土政策，大批人口被强制集中甚至迁移到边远省份，村庄被焚毁，这对庄园主的打击也很大，造成他们对政府军的不满。所以萨帕塔和其他农民领袖决定在战争期间不进行土地改革，以减少庄园主对革命的抵抗，而且游击队还可以从庄园取得粮

① Hilda Muñoz, *Lázaro Cárdenas：Síntesis Ideológica de Su Campaña Presidencial*, Fondo de Cultura Económica，1972，pp. 47-48.

食等给养。在北方的奇瓦瓦州，比亚曾经没收了一批庄园，但也没有分给农民，主要用来为军队提供给养，影响并不大。在历届政府首脑中，马德罗和卡兰萨无意进行社会改革，韦尔塔属于迪亚斯的残渣余孽，是与农民要求完全对立的反动人物，奥夫雷贡和卡列斯等人则可划为半心半意的改革者。他们本来就不愿意进行彻底的制度革新，再加上庄园主、考迪罗等反动势力的阻挠以及强大的北方邻居——美国的压力，所以在革命24年之后墨西哥仍然要在庄园制度的重压下蹒跚前行。

到1933年12月1日为止，约有4090个村庄的75万人分到了760万公顷的土地。村社土地总面积约占国土面积的4%，而且分布状况也不均衡，中部地区的密度要大一些，在莫雷洛斯州村社约占其总面积的一半，在有些州只占到10%左右，约有51%的村社和59%的社员集中在中部，北部和南部的份额则相对较少。这一方面是因为中部的土地、人口资源比较集中，另一方面也跟农民起义的激烈程度、各州政府政策的激进程度有密切关系。另外，在村社分到的全部土地中，耕地（现有的和潜在的）差不多占了三分之一，但只占全国耕地总数的9.9%。各州的比例差别很大，如莫雷洛斯州87%的耕地已分了村社，但在塔瓦斯科州这个比例只有1.3%。在地广人稀的北部，人均面积达到24.3公顷；在人地比率较为不利的中部，人均土地面积只有5.1公顷，人均耕地面积更低，只有2.1公顷。到1933年年底，分给村社的土地中有12%来自国家的公共土地，其他源于征收来的私人土地，约有710万公顷。但当时应予征收的私人地产总共有4980万公顷，土改所涉及的只占其总数的14%。村社耕地总面积为210万公顷，只占应征收耕地（1030万公顷）的20%。

表4-1为1930年私人地产与村社地产的比较。

表 4-1　　　　　　　　　1930 年私人地产与村社地产的比较

	数　目	百分比	百万公顷	百分比	百万比索	百分比
私人地产	609912 个	99.3	123.2	93.7	2344.1	90.6
村　社	4189 个	0.7	8.3	6.3	243.3	9.4

资料来源：E. Simpson, *The Ejido*, *Mexico's Way Out*, The University of North Carolina Press, p. 201。

从表 4-1 中我们可以很清楚地看到，村社作为一种新型的农村组织单位，它的数量还比较少，拥有的土地和人口也很少，根本没有成为墨西哥农村占主导地位的制度，革命仅仅向前迈出了一小步。绝大多数土地（约 94%）属于私人地产，而占地在 1000 公顷以上的大庄园又拥有了其中 83% 的土地，这类地产的数目只占私人地产总数的 2.2%。

可见，卡德纳斯上台前，土地仍然集中在极少数人的手中，墨西哥依旧是大庄园和庄园主的国度。墨西哥国家重建面临的另一个重大障碍就是考迪罗势力。独立以来国家权威的失落为地方势力的崛起提供了空间，频繁的战争、分散的经济结构使得考迪罗势力长盛不衰，他们与庄园主沆瀣一气，甚至合而为一。1910 年革命只消灭了一部分考迪罗，很多考迪罗被结合到了新的统治集团之中，而且战争还制造了一批新考迪罗。"统治集团中的很大一部分人拥有自己的庄园。外交部部长阿隆·萨恩斯是索累达庄园的主人，萨尔瓦多·冈萨雷斯在格雷罗州拥有圣罗撒庄园，格雷塔罗州的州长塞维利诺·阿亚拉是圣里达庄园的所有者，奥夫雷贡将军在西那罗阿州拥有阿拉依那利庄园，该庄园坐落在亚基山谷，马努埃尔·P. 孟德斯将军是普韦布拉州圣米格尔庄园的主人。地主市长更是司空见惯的现象。革命的军事胜利制造了一个新的将军阶层以及一批与他们紧密相连的人，这批新贵最主要的社会特征就是拥有土地。"① 这些考迪罗往往站在庄园主这一边，反对土地改革。而且他们为了实现个人野心，会毫不犹豫地使用武力。要想建立稳定的政治秩序，就必须消灭考迪罗势力，由国家来垄断暴力的使用。所以在革命之后的墨西哥，要想建立一个繁荣、稳定的新国家，就必须扫除庄园制度和考迪罗这两大障碍。可是，这个任务应当由谁来完成呢？激进主义的精英能从哪支社会政治力量那里得到帮助呢？大量军队掌握在新旧考迪罗手中，单单指望军队是靠不住的。城市中的中产阶级和无产阶级相对来说还很弱小。在这个农业人口占绝大多数的国家，只有依靠土改、发动农民，才能为激进主义的意识形态和当局输入政治支持，推动社会的进步。从这个角度来看，土地改革不仅仅是农民的要求，同时也是社会变革的要求。建立村社制度、取代庄园制度、消灭考迪罗势力是密不可分的三大目标，具有广泛的政治、社会意义。

第二节　村社的广泛确立

在 1923 年的叛乱中，保守派考迪罗的力量遭到严重削弱。这次叛乱的直接原因是对总统宝座的争夺。1923 年，总统奥夫雷贡指定卡列斯为接班人，激起了三位手握重兵的地方考迪罗——东部的瓜达卢佩·桑切斯、西部的恩里克·埃斯特拉达和南部的富尔图那多·梅科特的不满，他们都想凭借实力入主中央政府。另外一些考迪罗在奥夫雷贡的裁军行动中实力受损，因而产生不满，也加入了叛军的行列。

---

① Enrique Montalvo, *Historia de la Cuestión Agraria Mexicana*：*Modernización*, *Lucha Agraria y Poder Político*，1920-1934，Siglo Veintiuno，1988，p. 14.

他们有一个共同点，就是反农民、反对激进的土地改革。1921 年，埃斯特拉达曾被奥夫雷贡任命为农业部部长，但他拒绝就职，并向报界发表了一个声明，宣称他在农业问题上的观点与奥夫雷贡的土改政策截然相反。1924 年 12 月，奥夫雷贡在国会演讲时指出："这些叛乱分子之所以能够组织起来，是因为他们得到了一些庄园主的决定性的支持，特别是在哈利斯科、米却肯、科利马以及中西部其他几个州，这些集团（指庄园主）拥有 4000 人的队伍；在东南部和贝拉克鲁斯州，他们召集了 6000 人；在格雷罗、瓦萨卡和墨西哥州的部分地区，他们组织了 4000 名战士；在塔毛利巴斯和新莱昂州这种武装力量达到 3000 人；在圣路易斯波托西、伊达尔格州，这样的队伍不少于 2500 人；在其他地方还有 7000 名叛乱分子。"[1] 在参加叛乱的 5 万人中，正规军只占一半左右，其他大多是庄园主组织的地方武装。有 20% 的军官（包括 102 名将军、573 名校官、2417 名尉官）和 40% 的士兵加入叛军，声势浩大。但是，村社农民组织了自己的武装，和政府军一起投入平叛斗争。普韦布拉州就有 1 万名农民组织起来，杜兰哥州约有 3000 名，在贝拉克鲁斯和塔毛利巴斯州也有很多农民武装组织参战。叛乱在三个月之后便被平息，村社农民武装在这次斗争中起到了决定性的作用。[2] 这次叛乱的平定削弱了考迪罗和庄园主的力量，是村社农民为政治制度化做出的重大贡献，同时也为土改创造了更有利的环境。但考迪罗在军队和地方上的势力仍然很大，时时威胁着政权的稳定。

进入 20 世纪 20 年代之后，革命的暴力阶段虽然结束了，但墨西哥的农村仍然动荡不安。在前一阶段武装斗争的组织和思想基础之上，一些地区的农民组成了各种地方和全国性的政党和农会，向中央

---

[1]　Edwin Lieuwen, *Mexican Militarism: the Political Rise and Fall of the Revolutionary Army 1910-1940*, The University of New Mexico Press, 1968, pp. 72-78.

[2]　Enrique Montalvo, *Historia de la Cuestión Agraria Mexicana: Modernización, Lucha Agraria y Poder Político, 1920-1934*, Siglo Veintiuno, 1988, p. 52; Jesus Silva Herzog, *El Agrarrismo Mexicano y la Reforma Agraria: Exposición y Crítica*, Fondo de Cultura Económica, 1959, p. 310.

和州政府施加压力，敦促土地改革加快进行，以及武装保卫土改的成果。较大的全国性组织有国家农民党（PNA）、全国农民联盟（LNC）、墨西哥工人革命联合会（CROM）、劳动者总会（CGT）等。国家农民党成立于1920年，主要领导人是萨帕塔起义军的著名将领索托易加马，该党在莫雷洛斯、普韦布拉等6个州有强大的势力。1923年5月5日，它在墨西哥城召集了第一届全国农民会议，有1000多位代表参加，其背后是10万农民支持者。1926年12月15日，16个州的30多万农民选出的158名代表举行了联合大会，宣告了全国农民联盟的成立。墨西哥工人革命联合会宣称它拥有2000个农会组织，这个数字虽然有些夸大，但也在一定程度上反映了某些地区农民组织迅速发展的状况。劳动者总会在哈利斯科、杜兰哥等6个州有较大影响。总的来说，有些地方的农民经受了革命战火的洗礼，已经组织和动员起来，但在其他地区，广大农民特别是债役雇农还处在庄园主的控制之下。1933年国民革命党（PNR）内的一批激进主义精英诸如格拉西亚诺·桑切斯、恩里克·弗洛雷斯·马贡、莱昂·加西亚、埃米利奥·波尔特斯·希尔等人为了保证卡德纳斯被提名为该党的总统候选人，成立了墨西哥农民联合会（CCM），并发起了新一轮的农会统一运动，力争将尽可能多的农会组织纳入自己的麾下，为卡德纳斯争取民众支持。统一运动取得了很大成功，众多的农民组织成为卡德纳斯坚强的后盾。1935年4月，"最高领袖"卡列斯公开表示了他对卡德纳斯激进改革措施的不满。在他策划反对卡德纳斯的行动时，大多数将军和内阁成员、一半国会议员、多数商业领袖、国民革命党内超过半数的高级干部都站在他的一边，极少数处于他的恩惠庇护网络中的农会也听命于他。但卡德纳斯得到了绝大多数农民、工人组织的支持，一些考迪罗也被他以妥协、威吓等手段争取过来，再加上他在军队中的影响，相形之下略占上风。于是卡德纳斯采取果断措施，首先清除了内阁中的卡列斯分子，包括关键的国防、外交、农业、交通与公共工程等部的部长职位，国民革命党的主席也换成了激进主义者希尔，接着他们也马上对各自的部门进行了清洗。随后卡德纳斯控制了国会，并相继撤换了 10 位州长。1935 年 12 月，卡列斯试图反抗，招致了又一轮打击，1936 年 4 月，他本人也被流放到国外。卡列斯等人对分割大庄园、建立村社制度本来就不热心，到 1933 年他们更鼓吹停止土地改革，推行小地产制。由于这一派身居要津，控制着关键的政治资源，所以对改革事业的阻碍极大。1935—1936 年的政治斗争严重削弱了这一派系乃至整个自由派的政治影响，相应地增强了激进派的权力。政治势力的此消彼长，更加有利于改革进程的加速进行。①

与前几任政府相比，卡德纳斯政府所承受的外部压力也减轻了，对 1911 年以来美国历届政府对墨西哥的政策做一个检视即可发现这一点。在迪亚斯统治的 30 年里，墨西哥是吸收美国投资最多的国家。到 1911 年为止，进入墨西哥的 20 亿美元外资中约有一半来自美国，美国投资者拥有墨西哥总资产的 43%，所以美国政府一贯反对革命以来的民族主义的激进改革，特别是那些涉及自然资源国有化的政策。在内战时期的墨西哥，美国是否认可某一派政治力量以及是否对其实行武器禁运几乎可以决定这一派别的命运；在战争之后的恢复时期，来自北方强国的投资又是必不可少的动力之源，所以墨西哥国家的对内政策受到外力的很大限制。

在 1911—1913 年期间，美国总统塔夫脱对干涉墨西哥的内部事务比较谨慎，但他的驻墨大使威尔逊则态度强硬，并且常常压倒总统的意见。② 1910 年革命爆发后，威尔逊把马德罗描述成为大多数墨西

---

① Enrique Montalvo, *Historia de la Cuestión Agraria Mexicana*: *Modernización*, *Lucha Agraria y Poder Político*, *1920-1934*, Siglo Veintiuno, 1988, pp. 50-148; E. Lieuwen, *Mexican Militarism*, The University of New Mexico University Press, pp. 113-118.

② John W. Sloan, "United States Policy Responses to the Mexican Revolution: A Partial Application of the Bureaucratic Politics Model", in *Journal of Latin American Studies*, Vol. 10, No. 2, 1978, p. 204.

哥人所讨厌的危险的激进分子，他屡次夸大革命对美国利益的影响，并敦促总统采取强硬立场。他还和参议员阿尔伯特·福尔（Albert Fall）一起呼吁以军事干预来威胁马德罗。1913 年他默许韦尔塔发动政变，并向国务院请求承认韦尔塔政府，以恢复迪亚斯时期的秩序。1913—1921 年是理想主义者伍德罗·威尔逊执政的时期，他认为美国对拉美负有监护的责任。1914 年 7 月，他写信给卡兰萨，声明是否承认卡兰萨政府取决于三件事情，"最重要的是如何对待外国人和他们财产，其次是对待其政敌和天主教的态度"①。卡兰萨接受了他的条件，威尔逊给了他实际上的承认，并宣布对卡兰萨的敌人实行武器禁运。1917 年《宪法》颁布后，在墨投资的美国石油、矿山和土地公司组成了一个委员会，要求美国政府保护他们在墨西哥的财产。他们的委托人特别是钱德勒·P. 安德森（Chandler P. Anderson）和国务卿兰辛是好朋友，"他经常拜访他的老朋友兰辛并可以看到国务院的通报，这些委托人写的备忘录经常被送给福雷策（Fletcher）——美国在墨西哥的代表——甚至被写入正式照会递交给墨西哥政府。有时兰辛会让这些人为国务院起草抗议书"②。他们的基本态度是：美国不承认墨西哥《宪法》的第 27、2、33 条；美国不能容忍墨西哥对外国财产直接和间接的没收；美国政府不会承认这样的墨西哥政府。1917 年 1 月兰辛将这些内容全部纳入了致墨西哥政府的照会，8 月份卡兰萨保证不实施《宪法》第 27 条，得到了威尔逊政府的正式承认。1920 年 5 月，奥夫雷贡推翻了卡兰萨政府。美国人向他提出，除非限制《宪法》第 27 条的实施，否则不会承认他为合法政府，奥夫雷贡为此做出了口头保证。1921 年后，由于美国实力膨胀，外交态度也更加强硬。但是，1929 年的危机削弱了美国经济，1933 年上台的罗斯福总

---

① Robert Quirk, *An Affair of Honor：Woodrow Wilson and the Occupation of Veracruz*，McGraw Hill，1964，p. 2.

② R. F. Smith, *The United States and Revolutionary Nationalism in Mexico. 1916-1932*，University of Chicago Press，1972，p. 34.

统对拉美实施"睦邻政策"，缓和了对墨西哥的压力。美驻墨大使丹尼斯认为，美国不能再让地主和石油公司的狭隘利益来左右对墨西哥的政策了。他同情墨西哥的农业改革并支持卡德纳斯的政策，甚至在石油国有化的时候丹尼斯都站在卡德纳斯一边谴责美国公司，这大大缓解了美国的外交压力。所以自1910年革命以来，与以前的历任政府相比，卡德纳斯政府承受的外部压力最小，有利于改革的进行。

在这样的国内外形势下，卡德纳斯的激进政策得到了坚决而又迅速的实施。特别是1935年和1936年，分配的土地数量分别达到220万公顷和400万公顷，土改进入巅峰时期。改革是在"热烈的激情中开始的，并且与总统的热切倡议相呼应，在一些长期存在土地纠纷的地区，气氛一夜之间就发生了变化"①。拉古那地区的土地纠纷持续了十多年都未能解决，1936年10月卡德纳斯亲自干预，在6个月里就把土地分到了农民手中。尤卡坦的改革最富戏剧性，卡德纳斯总统和陪同的将军、工程师、官员、记者和一些好奇的外国人同船抵达半岛，80％的龙舌兰种植园被即刻分给了3万多名农业工人。这六年当中，共有1791万公顷的土地分给了81.1万农民，村社总数也上升到14680个。② 此时村社耕地占全国总数的47％，社员则占到农业劳动力的42％，村社制度已经成为墨西哥农村主要的土地占有形式和组织形式之一。庄园大部分土地被征收，分给了无地农民，债役雇农被解放，封建生产关系遭到毁灭性的打击。虽然有些庄园逃过了征收、有些土地还保留在原庄园主的手中，但老的运作模式已经行不通了。为了生存，这些地产只能采用新的经营方式，转化为资本主义农场，庄园不复存在了。庄园制度的消亡，使考迪罗势力失去了它主要的经济和社会基础。他们手里的土地大幅减少，更重要的是，通过土地控制

① ［英］莱斯利·贝瑟尔：《剑桥拉丁美洲史》（第七卷），江时学等译，经济管理出版社1996年版，第22页。

② Marilyn Gates, *In Default：Peasants, the Debt Crisis, and the Agriculture Challenge in Mexico*, Westview Press, p. 66.

农民的模式终结了。以往被束缚在庄园里的债役雇农和仰庄园主鼻息生存的农民挣脱了原有的枷锁，变成了村社农民。他们被逐步纳入全国统一的组织，足以制衡任何考迪罗对政府发起的挑战。所以当 1938 年 6 月萨图尼略·塞迪略在圣路易斯发动叛乱的时候，响应者寥寥无几，叛乱很快就被平息，塞迪略本人也被处决。这是最后一次旧式的军事叛乱，考迪罗的残余势力还在，但他们已经不再构成对政治秩序的威胁。

庄园制度和考迪罗势力是长期以来阻碍墨西哥社会进步的两大顽症。庄园占地广阔，生产效率低下，被剥夺了土地的农民沦为债役雇农，造成了社会的极端不平等。考迪罗势力是独立之后 100 年来政治混乱的直接根源，他们为了实现个人野心而争斗不已，政府屡屡更迭，使社会经常处于无序状态，系统的各项正常功能都无法发挥，遑论进步与发展了。但卡德纳斯改革之后，村社和资本主义农场代替了庄园，执政党取代了考迪罗，统一的政治秩序取代了地方割据状态，社会系统得到重新整合。这堪称墨西哥历史的一次重大转折，影响极其深远。

但 1938 年之后土地改革的速度放慢了，当年分配的为 250 万公顷，1939 年以后更下降到 125 万公顷。[①] 公认的事实是，1938 年之后的卡德纳斯政府在很大程度上失去了激进色彩，变得更加温和了。为什么会出现这种转变？

总的来看，卡德纳斯的激进改革在 1938 年 3 月的石油国有化运动中达到了顶点。这件事情和此前拉古纳（1936 年 10 月）和尤卡坦（1937 年 8 月）合作制村社的建立，都在私营企业界引起了疑惧。墨西哥最大的财团蒙特里集团（Monterrey Group）曾说"卡德纳斯的政策是社会主义制度的先兆"。哈利斯科州的一位地主在 1935 年也说

---

① Lázaro Cárdenas, *Seis Años de Gobierno al Servicio de México*, 1934-1940, México, 1940, p. 334.

道："如果卡德纳斯再掌权三两年，墨西哥就会像俄国一样宣布成为共产主义国家。"① 因此，国内外投资者深信政府正在着力摧毁私有经济，以实行共产主义制度。国内资本家或是停止投资，或是将资本转移到国外，形成大规模的资本抽逃。石油国有化之后外国直接投资也大幅下降，由 1938 年的 5.6 亿美元降到 1940 年的 4.8 亿美元。这造成国内生产总值下降、物价上升，严重的通货膨胀还导致了比索的贬值，它对美元的比价由 3.6∶1 降到了 5∶1。墨西哥出口部门的两根支柱——石油和采矿业也经历了衰退。由于美国和英国的抵制，墨西哥的石油只能向轴心国出口，贸易量缩减，而且在第二次世界大战爆发之后还遭到英国的封锁。1938 年 4 月石油产量下降了 58%，1939 年石油公司的亏损额达到 2100 万比索。由于改革的震荡作用，墨西哥农产品的产量也下降了。墨西哥人的主食——玉米在 1930—1934 年的平均产量为 1827000 吨，在 1934—1940 年间则降为 1622000 吨。同期，豆类的产量也由 132000 吨降到 113668 吨。猪肉、糖的产量也下降了很多。1934—1940 年玉米价格由 52 比索/吨升至 124 比索/吨，豆类由 69.5 比索升至 185 比索，小麦由 130.65 比索上升到 237 比索。② 尤其是拉古纳和尤卡坦两地合作制村社的棉花、龙舌兰产量的下降损害了激进改革的声誉。经济危机也在向政治领域蔓延，这主要表现在卡德纳斯与工人组织的关系出现裂隙。上台伊始卡德纳斯就执行维护劳工权利的政策，支持工人通过罢工等手段来争取公平工资，这导致罢工次数的急剧增加和待遇的提高。但是，在工人增加工资的同时，企业主却以提高价格的方法来弥补损失。再加上投资减少造成的产品短缺，物价也随之攀升，抵消了工人的斗争成果。据墨西哥劳动者联合会估算，从 1936 年 9 月到 1938 年 8 月工人的实际工资水平

---

① Alan Knight, "Cardenismo: Juggernaut or Jalopy?", in *Journals of Latin America Studies*, Vol. 20, No. 1, 1994, pp. 83-84.

② E. Michael, *The Crisis in Mexico*, Stanford University Press, 1978, pp. 58-60.

下降了 21.5%。① 这使得工人运动连绵不绝，在已经国有化的石油、铁路部门也是如此。而卡德纳斯出于困难的经济形势，认为工人应该做出一些牺牲，以缓和矛盾，争执由此产生。1938 年石油、铁路国有化之后，其他行业的工人组织也想步其后尘，由之实现生产资料的社会化。但卡德纳斯不想再往前走得更远，这反映了两者之间深刻的思想分歧。而且在动员农民这件事情上，墨西哥劳动者联合会的设想是实现工农联合，将农民纳入自己的组织，但卡德纳斯却坚持由官方党来完成这个任务。工人领袖隆巴多·托雷塔诺公开指责政府控制农民运动的企图，但最终被卡德纳斯压制了下去。所以到 1938 年的时候，工人与政府的联合虽然没有破裂，但裂痕却日益加深。甚至有些城市工人对卡德纳斯的政策感到失望，加入了反对派的行列。1939 年，由于教会欢呼佛朗哥在西班牙内战中的胜利和以天主教徒为基础的法西斯组织辛那基党的兴起，政府开始执行"社会主义教育"计划，教会认为这是墨西哥无政府社会主义者发起的新的进攻，保守派报纸《自由人》以通栏标题号召教徒反对新法，由此发起了一系列反对政府的示威活动。

当时，一股法西斯逆流在全世界蔓延。德国在欧洲四面出击，意大利侵略埃塞俄比亚，日本进犯中国，西班牙内战中反动势力获得了胜利，恐怖气氛也笼罩在拉美上空。在墨西哥，极右翼的辛那基党得到资产阶级的支持，声势浩大、活动猖獗，一场内战似乎已经临近，这是最令卡德纳斯担心的事情，因为内战可能会毁掉改革的一切成果。所以 1938 年以后，卡德纳斯转而采取了折中主义的做法，放慢了改革速度，土地占有格局也基本上固定了。这标志着墨西哥土地改革史上最光辉的一页已经被轻轻翻过，一个暗淡无华的时代降临了。

---

① E. Michael，*The Crisis in Mexico*，Stanford University Press，1978，p. 57.

第五章

村社经济：苦涩的胜利果实

第一节　关于农业和小农经济的理论

在很多人的印象里，农业是一个夕阳产业，会随着经济的发展而逐步衰落。诚然，伴随着工业化、城市化的展开，农业在经济中的份额以及农业人口的比例都会直线下降，即便在那些农产品出口大国也会出现类似的现象。这主要由两个原因引起：农产品需求的收入弹性小于 1，即单位收入增加带来的农产品需求增加不到一个单位；由于技术进步，可以使用更少的劳动力生产更多的农产品。事实上，经济发展并不是以农业的衰落为前提，发展离不开农业的率先繁荣。

古典经济学家亚当·斯密曾指出："提供生活资料的农村的耕种和改良，必先于只提供奢侈品和便利品的都市的增加。乡村居民必须先维持自己，才以剩余产物维持都市的居民。所以，要先增加农村产物的剩余，才谈得上增设都市。……按照事物的自然趋势，进步社会的资本，首先是大部分投在农业上，其次是投在工业上，最后投在国际贸易上。"①

阿瑟·刘易斯的表述更适用于现代经济："最重要也最容易被忽视的是，工业革命必须依靠先前或同时发生的农业革命，这个观点接近18世纪经济学家的认识，包括詹姆士·斯图亚特和亚当·斯密。在封闭经济中，工业部门的大小取决于农业生产率。农业能为工业部门提供需要消耗的剩余食物和原材料，农民的富裕状态使他们能形成工业产品的市场。（在开放经济中），如果国内市场过小，它仍能通过出口产品、进口食品和原材料来维持工业部门。而且通过出口产品来开始工业化过程是很困难的。通常，工业品只能从熟悉的、被保护的国内市场转向出口。18世纪末期工业革命的显著特征是它起始于农业生产率高度发展的国家。……工业革命在已进行了农业革命的国家迅速发展起来，尤其是西欧和北美。但在农业生产率较低的国家，如中欧和南欧或拉美或中国，工业部门规模很小，工业革命的进展也相对缓慢。"②

约翰斯顿和梅勒对于农业在经济发展中的作用做过比较系统的论述。他们认为，农业现代经济发展过程中要为其他部门做出五种贡献，即产品贡献、外汇贡献、劳动力贡献、资本贡献和市场贡献。③产品贡献指的是农业要为一个发展中经济提供越来越多的食品供应。食品需求取决于人口增长率、人均收入增长率和食品需求的收入弹性

---

① ［英］亚当·斯密：《国民财富的性质和原因的研究》，郭大力、王亚南译，商务印书馆 2008 年版，第 348—349 页。

② W. Arthur Lewis, "The Division of the World and the Factoral Terms of Trade", *The Evolution of the International Order*, Princeton, NJ: Princeton University Press, 1978, pp. 4-20.

③ Bruce F. Johnston and John W. Mellor, "The Role of Agriculture in Economic Development", *The American Economic Review*, Vol. 51, No. 4, 1961, pp. 566-593.

三个因素。对发展中国家来说，食物需求其实增长很快。首先，发展中国家几乎都有较高的人口增长率，由此推动了食物需求的增长。第二次世界大战后关于公共卫生的知识和技术以及新药物的迅速扩散导致死亡率也快速下降，但出生率却只有缓慢下降，这就导致了人口的快速增长。其次，发展中国家的食品需求收入弹性比发达国家要高出很多。在发展中国家这个数值一般会长期保持在 0.6 的水平，但发达国家的平均水平只有 0.2—0.3。当人均收入增长时，发展中国家食物需求的增长要比发达国家快得多。最后，经济发展过程往往也是工业化和城市化的过程，大批人口转出农业和农村，进入城市，由食物生产者变成了购买者，对食物的需求更为旺盛。如果食物供应不能与人口增长和城市化进程保持一致，就会导致食物价格上升和普通民众生活水平下降，由此会产生提高工资的压力，导致企业利润率下降、投资减少和经济增速的下滑。通常发展中国家农产品供应的价格弹性很低，国内生产很难响应价格的上涨，导致食物短缺问题的长期化。食物价格还是整体物价水平的基础，其价格水平上升会迅速传导到其他部门，引发通货膨胀，然后导致更为严重的经济问题。在这种情况下，唯一的解决办法就是增加食物进口。但多数发展中国家通常都处于外汇短缺状态。例如，拉美国家的进口替代工业化模式就产生了大量的中间产品和资本货进口需求，外汇缺口被认为是经济当中"最重要、最困难的问题"。长期大量进口农产品会成为发展中经济体难以承受的沉重负担。农业对经济发展的第二大贡献是外汇贡献。对许多发展中经济体来说，农产品出口是最有潜力的增加收入和外汇的方式，而且增加出口作物种植往往不需要大量投资，主要投入往往来自劳动力投入等非货币方式，不会对资本稀缺的经济体造成太大压力。增加农产品出口的主要风险为价格风险，一些收入弹性较低的农产品增产会导致市场价格的快速下跌。应对这种风险的较好方式就是实现出口农产品的多样化，以起到分散风险的作用。农业对经济发展的第三大贡献是劳动力贡献。这方面最著名的理论是阿瑟·刘易斯的"两部门模型",即农业部门存在大量剩余劳动力,可以在没有任何成本的情况下转入制造业部门。实证研究证明,事实并非如此,通常农业劳动力的边际收益并不为零,但这并不构成农业劳动力转移的障碍。由于人口的迅速增长,即使非常繁荣的农业经济也会出现较大数量的剩余劳动力,可以向其他行业转移。问题通常出现在两个方面:一是城市制造业的吸收能力有限,大量农村劳动力进城之后找不到工作,饱受失业和就业不足之苦,就业质量通常较为低下;二是农村劳动力受教育程度往往不高,人力资本投资不足,不符合现代经济的要求。农业对经济发展的第四大贡献是资本贡献。对那些处于发展早期阶段的国家而言,农业往往是最大、最重要的产业,占到国内生产总值的50%以上。在没有来自矿业、石油业的资本积累的情况下,农业就是发展工业化和基础设施建设的主要资本来源。通过几种不同渠道,农业向其他行业提供资本。首先是税收渠道。政府向农业征收较高比例的税收,用以修建基础设施、投资教育,甚至用来开办国有企业,主要是制造业和商业。其次是价格渠道。如果农业生产率提高,农产品供应丰富,就会导致农产品价格下跌,工资中用于食物消费的比例就会更小。制造业企业的工资水平因而可以维持在较低水平,农产品加工企业的成本也将降低。农产品与工业制成品之间的价格"剪刀差"也可以导致剩余向工业部门流动,通常这种情况是由政府的价格控制政策造成的。对多数发展中国家来说,没有来自农业的积累就不会有工业化。农业对经济发展的第五大贡献是市场贡献。激励制造业发展的一大因素是国内市场的容量。只有市场容量足够大,企业家才会进行投资或追加投资,企业才能达到足够的生产规模、降低成本,才能有效应对国际竞争并存活下来。阿瑟·刘易斯在关于黄金海岸工业化的报告中就强调了农民购买力对工业发展的刺激作用。早期发展经济学的巨匠纳克斯也有相似观点:在一个发展中国家,农业人口通常占到总人口的三分之二或五分之四。如果他们太贫穷而无力购买工业制成品,制造业就会缺少足够的市场。有人担心农民过多消费会影响他

们的储蓄能力并进而减少资本形成，但从动态的角度看，用于消费的
资金会很快转化为下一步的投资，并不会产生这种消极影响。

认识了农业在经济发展中的重要作用后，还需要进一步探讨何种
农业经营模式更有利于发挥以上五种功能。以平均地权为导向的土地
改革要通过对大地产的分割来实现"耕者有其田"，建立小农制度。
墨西哥土地改革中建立的个体制村社接近于现代小农制度。农业经营
规模由大变小会对农业生产效率产生何种影响？这个问题没有简单明
确的答案。传统观点对小农持否定态度，认为小农缺乏规模收益，难
以利用机械化等技术进步带来的好处。在小地产上投入较多劳动还会
造成边际收益递减，甚至出现边际收益为零或负数的情况。黄宗智在
对中国清代末期华北小农的研究中提出了"内卷化"的概念，指的就
是这种状况。[1] 但晚近的研究和案例却持有完全相反的观点。柏瑞和
克莱因的研究指出，在农场规模与生产效率之间存在负相关关系，也
即是说，农场规模越小，生产效率就越高。[2] 第二次世界大战后韩国
和中国台湾土地改革的成果可以佐证这一观点。这两个经济体几乎同
时（中国台湾 1949 年，韩国 1950 年）发起农业改革，实现了"耕者
有其田"。改革后的 20 年里，它们的农业都保持了长期快速增长。台
湾在这一时期的农业年均增长率为 4%（1952—1971 年），增长最快
的阶段（1961—1968 年）达到 5.8%，超过日本殖民时期的增长率
（1910—1939 年年均增长 3.31%），也超过同期世界农业平均年增长
率（2.7%，1952—1971 年）。主要粮食作物稻米产量在 1953—1968
年间增加 53%，其他粮食作物产量增加 65% 左右，蔬菜、水果等非
粮食作物产量增长幅度更高。农产品出口和农民收入也大幅提高。韩

---

① 参见黄宗智《华北的小农经济与社会变迁》，中华书局 1986 年版；Arthur Lewis,
"Economic Development with Unlimited Supplies of Labor", in *The Manchester School*,
Vol. 22, 1954, pp. 139-191.

② Albert R. Berry, William Cline, Agrarian Structure and Productivity in Developing
Countries, *A Study Prepared for the International Labour Office within the Framework of
the World Employment Program*, Baltimore, Johns Hopkins University Press.

国的农业增长率虽有较大波动，但长期来看仍然较高。1952—1971年，韩国农业年均增长率为 3.5％。二者均高于拉美地区的平均水平（1952—1971 年农业年均增长率为 2.9％）。①

客观来看，小农（与自耕农、家庭农场主含义相近）经济既有其劣势，又有其优势。劣势主要体现在分散性和脆弱性：由于经营规模小，农民缺乏必要的基础设施建设能力，尤其是灌溉、防洪排涝的水利设施，道路、桥梁等交通设施以及输电线路等能源基础设施等；小农户自身几乎没有技术创新能力，也不容易吸纳技术进步的成果；农业靠天吃饭，自然风险较高，干旱、洪涝灾害、低温冰冻、病虫害等因素都可能会导致歉收或绝收，除此之外，农民还要面临市场风险等；农民进入金融市场也面临多重障碍。但小农经济的优势也很明显：在没有地主剥削的情况下，小农的收获基本上归自己所有，生产积极性高，可以通过增加工时、精耕细作有效提高土地生产率，这在农业中有着特殊意义；家庭经济组织结构简单，成员间有高度的利益一致性，就可以避免"搭便车"行为（出工不出力），没有大型经济组织高昂的交易成本（管理、监督、考核等成本）。所以综合来看，小农很难单靠自身力量实现发展，但如果有某种外力帮助农民克服以上劣势、发挥自身优势，小农经济就可以支撑农业繁荣和工业化、城市化进程。这个外力就是国家。国家提供基础设施、技术研发与推广、信贷支持，促进农民合作组织的发展，小农就能够兴旺发达。反之，小农经济就会停留在糊口农业的水平。而小农经济的兴衰，会对整个国民经济的发展都产生决定性的影响。它之所以如此重要，是因为小农经济更有利于收入分配的均等化，从而为工业化做出关键的市场贡献。墨菲、施莱弗和维什尼对此有一个广受关注的研究。"国内农业的繁荣并不总是带来工业化。在一些情况下，虽然能产生农业收入，但不能转化为对国内工业品的潜在消费，相关市场依然像以前一

---

① 参见董正华等《透视东亚"奇迹"》，学林出版社 1999 年版，第 53—55 页。

样狭小。要扩大工业品市场，就要把需求集中在制成品的消费购买上。大量的人口、相同的品味和集中的人群有助于形成制成品的大市场。即使农业收入增长，如果财富过度集中在非常富有的人手里，他们产生的需求也主要在于手工制品和进口奢侈品，而不是国内制成品。"[①] 他们还引用美国的历史经验来说明这个问题：在 19 世纪前半期，美国使用大规模生产技术，在很多消费品制造领域大大超过英国。相对于英国工匠生产的高质量手工休闲品，美国生产商提供标准的大规模生产的实用产品，如来福枪和餐具。这种生产技术的差别源于不同的需求。英国制造业面临的需求来自质量意识强烈的上层阶级，而那里不可能产生一个大规模的市场。美国的需求来自大量相对富裕的农民。这些来自拥有土地的中产阶级的大量需求，使得美国制造业的大规模生产有利可图。哈比森对哥伦比亚的研究也得出了相同的结论：19 世纪五六十年代，哥伦比亚经历了烟草出口的快速增长，但没有带动广泛的经济发展。大约从 1880 年至 1915 年，哥伦比亚咖啡出口激增，对工业化产生了更大影响。从技术上看，烟草适合大规模种植，因而增长的收入集中到少数大种植园主手上，他们主要消费进口的奢侈品。相反，咖啡更适合小家庭农场生产，收入因此被分配到大批农民手中，他们主要消费国内制成品。[②] 本研究将遵循上述理论思路展开对墨西哥现代村社制度经济表现的考察。

---

① Kevin M. Murphy, Andres Shleifer and Robert W. Visney, "Income Distribution, Market Size and Industrialization", *Quarterly Journal of Economics* 104 (August, 1989), pp. 537-545.

② Ralph W. Harbison, "Colombia", in *Tropical Development 1880-1913*, W. A. Lewis, ed., Northwestern University Press, 1970, pp. 64-99.

第二节 集体制村社的发展

1910 年爆发的墨西哥革命，暴力斗争历时十载，使上百万人丧生，农民为之付出了惨重的代价。土改可以说是这场革命最显著的成果，从 1917 年开始的涓涓细流，到卡德纳斯时期汇成了磅礴的巨浪，陈腐的庄园制度被彻底摧毁，代之以现代村社制度和"小地产制"（实际上是资本主义大中农场），墨西哥农村脱胎换骨，走上了一条新的发展道路。

从村社制度诞生以来，墨西哥的农业发展经历了几番起落。在 20 世纪二三十年代，战争、改革和世界经济危机的冲击和震荡，使墨西哥农业承受了长达十余年的衰退，到 30 年代中后期才逐渐复苏。从 20 世纪 40 年代起到 60 年代中期，是墨西哥农业发展的黄金时期，1940—1950 年，主要农作物产量的年增长率为 5.8％，1950—1960 年为 4.7％，1960—1965 年为 7.7％，在所有拉丁美洲国家中增长最为迅速，墨西哥人第一次实现了粮食自给，并且还能少量出口。[①] 但从 1965 年起，墨西哥农业开始进入危机：1965—1980 年的年均增长率下降为 2％，1983—1992 年则进一步下跌至 0.6％，其中 1982 年、1986 年、1988 年、1989 年均呈负增长，而同期墨西哥的人口增长率都在 3％以上，因此主要农作物的人均产量都大幅度下滑，玉米从 1965 年的 200 公斤降到 1976 年的 160 公斤，豆类从 1965 年的 21 公斤跌到 1985 年的 12 公斤。墨西哥重新成为粮食进口大国：危机前玉

---

① P. Lamartine Yates, *Mexico's Agricultural Dilemma*, The University of Arizona Press, 1981, p. 3.

米的进口量只占国内总产量的 1.5%，1976 年已上升到 12%，1982
年更升至 18%；小麦的进口量更是惊人，1982 年的比例已占到国内
产量的 29%。[1] 在墨西哥农业这几十年的曲折进程中，村社到底扮演
了一个什么角色呢？在此期间，墨西哥的工业也成长起来了，无疑农
业为工业的进步做出了巨大贡献，那么村社在其中又起到了什么作用
呢？这正是本章要回答的问题。

上文已经提到，墨西哥现代村社制度又可分为两种类型：一类是个
体制村社，也是现代村社制度的主导形式；另一类为集体制村社，在经
营方式上两者之间存在很大差别。这里将对它们的发展分别做出探讨。

首先，有必要对农业集体制与合作制做一区分：农业的经营过程
可分为生产过程和市场过程两个阶段，在任一阶段都可以进行合作，
既可以进行生产合作，也可以进行服务合作，即在购买农业投入物、
家庭消费品方面以及农产品销售方面合作以谋取共同利益。如果一个
农业组织既进行生产合作，又进行服务合作，那么它就是一个集体制
的农业合作组织。

现代村社制度中的合作精神由来已久，1922 年农业委员会的《第
51 号命令》就曾要求所有的村社都实行集体制，但未能推广就被废除
了。1921 年和 1931 年的《农业信贷法》都要求在村社内部及村社之
间成立信贷合作组织，1934 年，根据修改后的《农业信贷法》，成立
了国家村社信贷银行，专门负责对村社开展信贷业务；村社同时也是
一个信贷合作社，社员应集体申请贷款，然后在内部分配。不仅如
此，这次法律修改还打破了以往的法律禁锢，规定在一定条件下可以
建立集体制村社。

《农业法》第 200 款、第 202 款规定，符合下面几种情况之一即
可成立集体制村社：那些不宜分割、只适合所有成员共同耕作的土

---

[1]　John Heath, *An Overview of the Mexican Agriculture Crisis*, Stanford University Press, pp. 137-139.

地；专门为工业生产原材料以及为某个加工企业提供原料的村社；那些由经济、技术研究证明采用集体制确实可以提高其生产水平的村社；那些由于地形、土质、作物种类、机器使用等条件限制，采用个体制违反经济原则，造成不方便的村社；凡符合上述条件之一的村社，都可向总统申请采用集体制，即使已被分割，也可进行重新组合。但是直到1936年之前，那些重要的经济作物种植区一直被排除在土改的范围之外。一派观点认为，如果对这些地区进行土改，各个社员家庭在分到土地之后就会改种玉米等粮食作物以供家庭消费，这会严重损害经济效益。集体制村社则被他们视为一种具有共产主义倾向的制度，因而遭到排斥。但卡德纳斯总统认为，村社应该成为墨西哥农业生产的基本单位，不能把村社制度限制在贫困地区。1936年，在北部的拉古那地区建立了第一批集体制村社。拉古那横跨瓜韦拉和杜兰阁两州，是墨西哥最重要的产棉区，在这次土改中，约45万公顷土地被分给3.5万社员，成立了296个集体制村社。1937年尤卡坦州的龙舌兰种植园被征收，3.4万名社员分得37万公顷土地，384个集体制村社被建立起来。同一年，在索诺拉州的亚基山谷进行了另外一次改革，这里是重要的水稻产地，14个集体制村社共有社员2160人，分得土地5.3万公顷。1938年，在中部米却肯州的水稻产区伦巴第、新意大利进行的土改共建立了9个集体制村社，受益社员2066人，分得土地6万公顷。同年，在西那罗亚州的罗斯毛其斯成立了28个集体制村社，3500名社员共分得5.5万公顷土地。[①]在卡德纳斯执政期间建立的这些集体制村社是墨西哥集体制村社的主体，共有700多个，社员70余万，土地约80万公顷，其中大部分是肥沃的灌溉田。

集体制村社的内部组织结构与个体制村社既有相似之处，也有很

---

① Salomon Eckstein, *El Ejido Colectivo en México*, *México*, Fondo de Cultura Económica, 1966, pp. 135-163.

大的差别：社员大会是其最高权力机构，在社员人数少于 50 人的村社里每两个月召开一次，其他每年 4 次；所有事情由简单多数决定，但解散集体制村社的决定需要 80％以上的社员同意；由大会选举村社管理委员会和监督理事会；管理委员会是执行机构，其最高负责人称"社会代表"；由村社银行派出"地区长官"，负责指导一定区域内的各个村社的工作，并在每个村社派驻一名会计；由村社大会任命一位工头，负责农业劳动的组织和分配；总的工作计划由村社管理委员会、地区长官和工头一起制订；指定专人担任技工、拖拉机手和仓库管理员，其他人分编成几个队，每队有一个队长，由工头每周或每天为其分派劳动；工头要监督社员的劳动，并制作劳动卡，记录每个社员的劳动量和等级；每周的总劳动量和其他成本要上报村社银行，从银行领取相应的款项，按每个社员的劳动量为其发放工资；年终所得利润，5％留作社会基金，其余部分按劳动量分给每个社员；建立消费合作商店。

集体制村社之间还有一些辅助组织，主要是"农业合作利益组织地区联合会"（SICA）和"地区联合会中心联盟"等。前者由一定区域内的多个村社组成，其功能是帮助各村社在农产品销售、加工、修建公共工程等方面进行合作；后者由几个地区联合会组成，负责组织那些普遍为成员村社所需求但是需要更多合作的事务，诸如农业研究、大规模信贷等。到 1939 年，拉古那地区已经成立了 19 个地区联合会，有 217 个村社加入，其中 14 个经营轧棉厂，3 个经营发电站，2 个负责本会内各村社的运输联合。1939 年该地区还成立了一个中心联盟。

从经济学的角度来讲，集体经营有很多优势：能获得规模经济效益，这是因为耕地面积较大，一般连成一片，有利于机械化作业、排涝抗旱，能承担较大规模的农业基础设施建设，以提高农业生产率；集体组织经济实力雄厚，有能力购买大型机械，分摊成本较低；集体经营有利于采用先进农业技术，因为它们有能力承担新技术产生的风险，并且通过培训技术人员提高新技术的潜在效率；而且集体组织抗御灾害的能力比单个家庭要强，等等。但是农业集体经营的致命弱点在于：农业生产周期长、生物性强、受多种条件影响，难以进行合理的管理监督和劳动计酬，因而在分配制度上往往流于平均主义，不能形成有效的激励，从而降低劳动生产率并导致集体经营的失败。那么墨西哥的集体制村社在实际运作中的经济绩效如何呢？它们是否充分发挥了集体经营的优势而克服了潜在的弊端呢？

在集体制村社建立之初，很多人对此心存疑虑。在这方面埃克斯坦因做了迄今最为详尽的研究，他对 20 世纪四五十年代集体制村社比较密集的一些地区做了研究，首先他把这些地区分为十个高收入区和六个低收入区，然后对这些地区里的集体制村社、个体制村社和私人农场做了比较研究，主要集中在土地、劳动力、资本、技术等生产要素和全要素生产率的等几个方面，结果表明：在低收入区，集体制村社的生产率在三种经营体制中是最低的，但是在高收入区，集体制村社的生产率却比个体制村社和私人农场都要高。拉古那地区的集体制村社在刚建立的时候产量较改革前有所下降，但在第二年小麦产量就恢复到了改革前的水平，四年之后棉花的产量也恢复了。而且集体制村社在社会发展诸项指标上，如学校、诊所及其他公共设施的数目等，要明显优于私人农场所在的社区，他的研究结果表明集体制并非天生注定就缺乏生产效率，从而为村社集体经营制度做了有力辩护。

但集体制村社并没有因此而蓬勃发展，1940 年墨西哥共有集体制村社 934 个，占村社总数的 6.4%，到 1953 年只剩下 486 个，占村社总数的 3%，有差不多一半的集体制村社已被解散，土地分给社员家庭，变成了个体制村社。到 20 世纪 60 年代初，幸存下来的集体村社已经寥寥无几了。[1] 至于那些村社联合会、中心同盟等地区性辅助组

---

[1]　Dana Markiewicz, *Ejido Organization in Mexico：1934-1976*, University of California Press, 1980, p.33.

织，从一开始就为管理不善、腐败等问题所困扰。1955年《农业法》修改后，这些组织就被全部取消了。20世纪70年代初埃切维利亚总统又提出了一个雄心勃勃的集体化方案，准备在三年之内将1/3的个体制村社（约1万个）改造成为集体制村社，但收效甚微，最终归于失败。

墨西哥集体制村社解体的主要原因是什么？一些学者指出，国家对集体制村社过于严密的控制导致了它们的经营失败。[①] 集体制村社密集的地区，一般都是重要的经济作物产区，其产品对国内经济和国际贸易都有较大意义，因此政府给予了充分的注意。根据政府的命令，这些村社一般只限于某一种作物的生产，如棉花、甘蔗或龙舌兰等，不准种植其他作物。官方的村社银行负责为其生产提供信贷，通过信贷和其他制度途径，银行实际上控制了集体制村社生产、销售、加工的全过程，很多有关农业生产的日常决策都是由远离村社的银行官员做出的，这种做法背离了农业生产的规律，也抑制了社员的积极性。另外，银行通常以低价收购村社的农产品。在普韦布拉州的阿登辛格村社，银行收购甘蔗的价格大大低于市场价格，这种状况持续了十多年，招致了社员的强烈抗议。银行贷款经常以实物形式发放，结算价格要高于市场价，并且质量很差。有人评论说，银行是村社真正的主人，它们通过各种渠道把大部分利润拿走了，而社员不过是银行的雇佣工人，这对集体制村社的发展很不利。

卡德纳斯时期结束之后，政府的政策倾向也不利于集体制村社的发展。政府转而垂青于资本主义农场，给予大力扶持。集体制村社则被右翼势力视为"共产主义实验"，加以大肆攻击。在阿莱曼总统（1946—1952年）时期官方银行减少了对集体制村社的信贷数量。1948年春，他下令给农业部，让他们支持那些想从集体制村社中分离

---

① Marilyn Gates，"Codifying Marginality"，in *Journal of Latin American Studies*，Vol. 20，1984，pp. 302-304.

出来的社员，并授予其土地所有权。亚基山谷的一些集体制村社支持独立农民领袖哈辛多·洛佩斯竞选索诺拉州州长并获得了胜利，但阿莱曼拒不承认选举结果，并派军队护送官方党的候选人就任州长。然后他授意全国农民联合会（即官方党的农民部）鼓动这些村社分裂，并给分裂派发放武器，挑动村社内部的暴力斗争，导致了这些集体制村社的解体。在很多地方，右翼政客攻击集体制村社的强制储蓄制度，宣扬私人产权，导致了村社内部的纷争和瓦解。

另外一些因素也不利于集体制村社的发展。就业不足一直是困扰大多数集体制村社的严重问题，在拉古那地区，土改之前的私人农场只雇用1.6万名长工，农忙季节再雇用1.5万名短工，但在土改的时候，这些人都取得了社员身份，这使得村社的经营成本大幅度提高。过度机械化更加重了这个问题，在政府的大力提倡和引导下，集体制村社都花费了大笔资金购买拖拉机等农业机械，结果挤掉了很多社员的劳动机会；而且过度机械化还使集体制村社背上了沉重的债务包袱，这在当时是一个普遍现象。除此之外，银行官员和村社领导的腐败行为也是导致村社解体的原因之一。集体经营导致了权力的相对集中，容易诱发腐败行为。在阿登辛格村社，几任领导都被指控有贪污公款的嫌疑，而且村社内部帮派主义严重，每一派上台都在重要职位上安插亲信，把报酬优厚的工作指派给自己帮派内的人去干，把脏活累活分派给敌对的帮派，甚至不给他们派活，断绝他们的收入来源，这使得村社内部冲突不断，集体制度难以维持，类似的事情十分普遍。

可以说，集体制村社只是墨西哥现代村社制度中的一小部分，并且成立不久就在内外压力之下纷纷解体，所以它们在墨西哥农业发展中并没有发挥重要作用，对工业化的贡献也不显著。

第三节　个体制村社的发展

　　个体制村社是墨西哥现代村社的主体，占到村社总数的 95％以上，一般讲到村社制度指的都是个体制村社。它是革命的产物，是革命引发的制度创新。从土地所有权来看，村社集体作为法人拥有村社的公用地（包括林地、草地等），但这种所有权并不完整，国家对它又有所限制；严格说来，社员个人及其家庭对份地的所有权很不完整，不具备自由处分的权利，不得出卖、转让、出租、分割、抵押等，社员只拥有使用权和继承权，而且村社还有权在某些情况下暂时或永久性地收回社员的份地。关于村社的内部组织，《农业法》规定其最高权力机构为全体社员组成的社员大会，决定村社内部一切重大公共事务，包括公用地的经营；由它选出村社委员会和监理理事会分别作为执行机构和监督机构；村社社员同时组成一个信贷协会，由村社委员会领导，统一向官方的村社银行申请贷款，然后再进行内部分配，除此之外村社内部没有其他制度性的合作组织；份地归社员家庭经营，只需向国家缴纳农业税；联邦农业机构和村社银行对村社公共事务具有广泛的权力，包括罢免村社委员会和监督理事会、生产技术的采用、土地纠纷等。这样一种制度在经济方面表现如何呢？这正是本章要加以探讨的问题。

　　很多学者都注意到了现代墨西哥农业发展的二元性，雷诺德用"二元发展"（dualism development）来表述它，约翰逊和科尔比称之为"双峰模式"（bi-modal），麦若林·盖茨把这种现象叫作"双轨战略"（dual-track strategy）。无论怎么称呼，学者们指的都是墨西哥现代农业中两种制度结构——村社制度和资本主义农场制度——并行，且两者的发展极不均衡的状况。约翰逊和科尔比指出，如果人多地少的发展中国家采用单一的小农模式，会起到增加劳动投入、减少失业的作用，有可能走上一条低成本、小型机械化与高度的生化技术相结合的农业技术进步的道路，这样不但可以增加农业产出、在动态与静态两方面改善收入分配，而且还有利于扩大农村市场，从而为工业化的发展提供更广阔的空间。在前面几章本文已经指出，在土地改革的立法和实施的过程中，墨西哥存在自由主义和激进主义两种政治力量的分歧与较量，结果是私有农场和村社制度都获得了合法地位，到卡德纳斯时期结束时，两者都有所发展，拥有了一定的资源，在随后的发展中它们又相互联系、相互影响。因此，对这两者的发展状况做一个对比，可以让我们对现代村社制度有更好的理解。

在现代墨西哥，农业产量和生产率最迅猛的增长发生在1940—1965年间，其进口替代工业化也是从40年代开始起步的，在五六十年代增长最快，到70年代初就基本结束了，所以我们把焦点对准这个时期。农业经济学认为，传统农业增长的主要源泉是土地的扩张和劳动供给的增加，而现代农业增长的主要特征则表现为生产率的不断提高。衡量农业生产率主要有三种形式：全要素生产率、劳动生产率和土地生产率。全要素生产率是农业总产出对全部要素投入的比例，是一个综合指标；农业劳动生产率的增长主要依靠拖拉机、收割机等农业机械投入的增加；土地生产率的提高则主要来自化肥、农药、新作物品种等生物化学制品投入的增加。从发达国家农业发展的历史经验来看，由于资源禀赋的不同，地广人稀的美国主要依靠农业机械化的进步，而人口众多、土地稀缺的日本则依赖生化技术的提高。墨西哥作为一个人多地少的发展中国家，应该以生化技术进步为主，以农业机械化为辅，墨西哥是如何在两种制度并存的格局下实现技术进步的呢？我们将通过对土地、信贷、生化和机械技术等方面的考察来说明这个问题。

总的来看，墨西哥土改的方向是：打破大庄园，其中一部分转变为规模适度的资本主义农场，另一部分用来建立村社。土地如何在这两部分之间进行分配呢？有关的法律规定对农场的建立更为有利，1922 年的土地法规定，原庄园主可以保留 150 公顷的灌溉田，或 250 公顷的季节田，如果土质更差，则可放宽到 400 公顷。而且庄园主可以自行挑选保留的地块，这样一来，那些土质最好、拥有灌溉等其他设施的土地都被留在农场主手中。1937 年法律规定，拥有 500 头牛和 300 头其他小牲畜的牧场在 25 年内免于征收。1942 年耕地的最高土地限额被缩小到 100 公顷，但 1946 年阿莱曼总统上台后又恢复到 150 公顷，并且种植棉花、咖啡、香蕉、可可等经济作物的土地限额还可以放宽。与之相比，村社农民的平均土地为 4—6 公顷季节田或 2—3 公顷的灌溉田，这比一般发展中国家的农民拥有的土地要多，但考虑到墨西哥降水稀少、土壤瘠薄、产量极低，这些土地往往还不足以维持社员及其家庭的基本需要。土改中分给农民的大部分土地质量都很差。详情见表 5-1。

表 5-1　　　　　　　　分给农民的土地情况（％）

年　份	灌溉田	非灌溉田	耕地总量	其他土地	总　量
1931—1932	2.4	18.8	21.2	78.8	100
1933—1934	4.4	25.2	29.6	70.4	100
1935—1940	4.9	21.1	26	74	100
1941—1946	1.6	17.9	19.5	80.5	100
1947—1952	1.5	19.7	21.2	78.8	100
1953—1958	1.2	24.8	26	74	100
1959—1964	0.8	18.2	19	81	100
1965—1968	0.5	8.2	8.7	91.3	100

数据来源：Dana Markiewicz, *Ejido Organization in Mexico*, University of California Press，1980，p.29。

注：表中数字均为百分比。

从表中我们可以看到，在分给村社的土地中灌溉田所占的比例极小，在卡德纳斯期间也还不到5％，60年代后期只有0.5％。不仅如此，大部分村社土地不适宜耕作，这些土地包括林地、草地、山坡、荒漠等，占到总数的75％以上。在四五十年代，政府对农业进行了大量投资，其中95％以上的资金投入灌溉工程建设，在北部、西北部几个州开发了近200万公顷的灌溉田，但同期分给村社的灌溉田不足30万公顷，这200万公顷良田到哪里去了？其实，它们都被卖给了资本家和政客，建立了资本主义农场。村社与私人农场相比，在土地质量方面可谓先天不足，那么在技术进步上又是怎么一种状况呢？

在技术进步方面，农作物优良品种的培育和推广是十分重要的。在墨西哥，对粮食作物优良品种的培育始于20世纪30年代末，当时农业部建立了一个小型的实验室负责这项工作，有一小批立志要为墨西哥解决粮食问题的青年农学家在里面工作，他们的研究重点在于开发适合小农户使用的玉米、小麦良种。1947年他们建立了农业研究所，并一直延续到1960年。但是从1943年起，政府开始同洛克菲勒基金会合作进行农业研究，重点培育那些在灌溉条件下能迅速提高产量的品种，这适合资本主义大中农场，而不利于在广大的村社耕地上推广。为此政府成立了特别研究办公室，农业研究所的工作完全被忽视了。此后特别研究办公室推出了一系列小麦良种，但都需要一揽子综合条件的配合才能提高产量，这些条件包括：在耕作和收割等所有阶段都要实行机械化，以提高效率，避免时间延误造成的损失；要保证充足的灌溉；要使用化肥；由于化肥引起的杂草、病虫害等问题，还要使用除草剂和杀虫剂。由于这些良种的使用成本太高，所以只在大农场集中的西北部得到普及，村社农民基本上都被排除在外了。1940年，墨西哥主要的小麦产区在中部和巴希奥地区，占总产量的43％，西北部只占17％；到1950年，西北部的播种面积占到30％，产量占38％；到1960年，相应数值已分别上升到39％和47％；到

1964年，西北部已占到全国播种面积的55％，产量则占到72％。[①]
在玉米良种问题上同样存在激烈的争论，特别研究办公室和洛克菲勒
基金会的专家强调要迅速提高墨西哥的玉米产量，因而他们倾向于开
发杂交品种，它比公开授粉的品种产量明显要高许多。但农业研究所
的农学家指出，杂交品种必须施加大量化肥，而且需要经常和适当的
灌溉，但墨西哥大多数玉米种植农的土地缺乏灌溉设施，只能依靠变
化无常的雨水，杂交品种在这样的土地上不可能获得高产；而且杂交
品种必须每年更换，否则就会退化，引发锈病。墨西哥的玉米播种面
积达485万公顷，每年需种子5.8万吨，这是任何育种机构也难以提
供的，即使产量提高、播种面积减少，只需1/3即1.93万吨种子，
也远远超过了墨西哥所有良种培育机构的供给能力，根本不可能大规
模推广。但是特别研究办公室的意见在农业部里占了上风，农业研究
所本已很小的育种计划遭到进一步压缩，到1956年农业部已把96％
的育种能力都用来培育杂交品种。而且墨西哥培育玉米良种的规模一
直很小，在1948—1953年间，年均产量只有2500吨，后来上升到
4000吨。从1949年到1961年间，墨西哥培育的玉米良种还不到播种
量的2％，基本上使用在灌溉区的私人农场里。[②] 而绝大部分种植玉
米的村社农民的平均亩产一直相当低。

1961年，农业研究所和特别研究办公室合并成国家农业研究所，
同年洛克菲勒基金会撤出合作项目，也不再投入资金。在此后几乎长
达十年的时间里，虽然面临着对农业研究的迫切需求，但国家农研所
的预算资金一直保持不变，每年只有2600万比索；研究所下辖28个
研究中心，共计250名研究人员，在十多年的时间里没有增加。这使
得农研所基本没有力量开发新项目，只能对原有的项目做一些改良。

① Delbert T. Myren, "The Corn and Wheat Programs of the Rockfeller Foundation in Mexico", in Clifton Wharton eds., *Subsistence Agriculure and Economic Development*, Aldine, 1969, p. 442.

② Cynthia Hewwit de Alcantara, *La Modernización de la Agricultura Mexicana, 1940-1970*, Siglo Veintiuno, 1978, pp. 46-50.

在 1968 年召开的全国农业改革科技大会上，与会者一致认为"农业研究资金的缺乏所造成的农业科技研究不断恶化的状况，已远远不能满足农业继续增长的需要。目前农业研究经费只占农业总产值的0.13％，应该将这个份额增加到1％（约 3 亿比索）"。但是直到 1969 年，随着农业危机的不断加深，农业研究的经费才增加到 4500 万比索[①]，这仍然不能满足实际的需要。

金融和信贷对农业部门比对其他部门更为重要，这是由农业的特殊性决定的。首先，农业生产有很强的季节性，传统农业中的农民在收割前要靠借款来维持生计。其次，在由传统农业向现代农业转变的过程中，生产需要大量的投入物，如良种、化肥、农药、机械等，如果得不到信贷支持，农民往往就无法进行技术改造，只能停留在传统农业的藩篱之内。现代村社制度规定，分给社员家庭使用的土地一律不准抵押，其本意在于保护社员的土地权利，免遭流失和侵害，但这条规定遭到很多人的攻击，认为它使社员无法从商业银行取得贷款，以至于损害了传统农业的技术改造。但对于商业银行而言，个体制村社的小农户抗御灾害的能力差，贷款风险很高，贷款额度小而经营成本高，所以即使允许社员抵押份地他们也很难得到商业银行的贷款，这就使得村社农民必须依靠官方银行的贷款。在 20 世纪 30 年代末，刚刚分得土地的农民急需国家的资助，他们中的很多人曾经是庄园的债役雇农，没有工具、役畜，缺乏独立经营的基本物质条件。在卡德纳斯总统时期村社信贷受到高度重视，他强调不仅要分给农民土地，还要给他们信贷、种子、工具、农业基础设施等，以提高他们的生产能力。1936 年他建立了国家村社信贷银行，专门负责对村社农民的贷款。《农业法》也做了相应的修改，要求村社内部成立信贷合作组织，集体向村社银行申请贷款，然后再做内部分配。在卡德纳斯时期农业

① Cynthia Hewwit de Alcantara, *La Modernización de la Agricultura Mexicana, 1940-1970*, Siglo Veintiuno, 1978, pp. 52-53.

信贷占联邦财政预算的份额达到顶峰，1936 年达 9.5％，此后便大幅
度下降，在 1937—1947 年间只有 3％多一点，在 1948—1961 年间更
是可怜，一直在 1％左右浮动，1962 年之后才有所上升。在联邦全部
农业信贷机构中，村社信贷银行在 20 世纪 30 年代末得到的份额在
90％以上，1941—1946 年下降到 80％，1946 年之后就在 60％左右徘
徊了。[1] 而且由于种种限制，有资格得到贷款的社员通常只占 30％，
再加上卡西克（农村政治老板，下文中将论及）的把持、银行官员的
腐败等原因，使得实际上能得到贷款的社员更少，卡德纳斯时期这个
比例达到 20％—30％，四五十年代为 15％，60 年代只有 10％左右，
可能有 80％的社员从未在村社银行得到任何贷款。[2] 几百万村社农民
去分享每年几千万比索的贷款，这怎么能够支撑广大农村的农业现代
化呢？这样的信贷状况造成的后果只能是大部分社员缺乏现代投入，
不能享用农业技术进步（如果有进步的话）的成果，也就不能提高农
业生产率，养活自己都会有困难，更不要说为别的部门做出粮食贡献
了。有人担心村社制度的某些规定如社员不完全的土地所有权会影响
他们对土地的投资，但是社员拥有永久的使用权和继承权，这不会阻
碍长期投资；而且对信贷状况的考察告诉我们，大部分社员缺乏的是
投资能力，而非投资意愿。

　　反过来再看看私有农场方面的状况，对比十分鲜明。在 1943 年，
私有农场得到的农业信贷就达到 4 亿比索（1960 年币值）。在 1948—
1953 年间，这个数字翻了一番，达到 10 亿比索。从 1960 到 1964 年 4
年间，信贷总量又翻了一番，接近 20 亿比索，而这一期间村社农民
得到的年均信贷总量只有一千万比索。从 1943 年至 1968 年，私有农

① Dana Markiewicz, *Ejido Organization in Mexico: 1934-1976*, University of California Press, 1980, pp. 30-31.
② Susan R. Walsh Sanderson, *Land Reform of Mexico, 1910-1980*, Academic Press, 1984, p. 30.

场得到的信贷额以 11.3% 的年均速度增长，把村社农民远远地抛在后面。[①] 特别值得指出的是，从 1942 年开始，官方的银行如国家农业信贷银行改变了支持小农户和村社农民的政策，转而为私有大农场提供长期贷款，这使得他们能够迅速实现机械化，抓住"绿色革命"提供的机会，大幅度提高了生产率，进入了现代增长阶段。

　　农业机械化可以提高劳动生产率，适应农业季节性强的特点，不误农时。但过度机械化会减少劳动力的投入，以稀缺资源替代丰富的劳动力资源，造成就业不足和失业。在墨西哥的农业机械化过程中，就出现了不利的状况。由于美国农业机械化发展模式的影响，墨西哥历届政府都特别钟情于农业的机械化。1918 年，卡兰萨在他的年度政府报告中宣称他的政府已经研究了农业机械化的优越性，并进口了120 台拖拉机，准备以成本价卖给农民。但 1930 年之前墨西哥的农业机械化进展并不大。由于第二次世界大战导致的劳动力短缺，1940 年以来的卡马乔政府和阿莱曼政府出台了一系列政策推动墨西哥农业实行机械化。20 世纪 40 年代以来培育的小麦、玉米良种也要求机械化的配合，这在墨西哥引起了一股机械化的浪潮。1940—1950 年农业机械进口总值超过 6 亿比索，这些机械主要流向了私人大农场。1945 年村社银行在全国建立了 29 个拖拉机中心，共有 1390 台拖拉机和几百台其他机器，以此提高村社的机械化程度。但由于管理不善，第二年就有 603 台机器被卖掉，剩下的也都破败不堪，无法使用，到 1947年这些中心就被解散了。从 20 世纪 50 年代后期一直到 70 年代初，主要是"绿色革命"中良种的推广及其带来的收益推动着农业机械化的继续进行，集中在灌溉区的私有农场里。到 20 世纪 60 年代中后期，有些农场已经出现过度机械化的迹象：机器的边际成本高于边际收益，农场主负债过高等。但在大部分村社中，农业机械化还是很遥

---

　　① P. Lamartine Yates，*Mexico's Agricultural Dilemma*，The University of Arizona Press，1981，p. 194.

远的事情，"在墨西哥南部的格雷罗州，农民耕作的主要特点是使用原始的劳动工具，依赖人力和畜力。虽然铁犁已经出现，但最常使用的还是木犁；他们用条播棍播种，用大砍刀芟除杂草，农业机械化仅限于可以灌溉的地区，只有6％的地区使用机器"[①]。一方面，是资本主义农场充分的甚至过度的机械化；另一方面，大部分村社农民的劳动工具还很落后，形成了劳动生产率方面的巨大差距。

在由传统农业向现代农业转变的过程中，农业推广工作是很重要的一环。传统农村里的农民缺乏科技知识，对外界的新事物总是持怀疑态度，也难以掌握复杂的技术。另外，农户家庭承担风险的能力很弱，接受新的农业技术，如改换良种，可能要冒失去一年收成的危险，这会使他们陷入沉重的债务之中，甚至危及生存。所以农业技术新成果在研制出来之后，还要有一个农业推广体系向农民宣传、普及新成果，有时还要做出示范才能让农民信服、接受。但在墨西哥农业推广体系很初级，很不完整，可以说在很长时间里都不存在这样一个体系。直到1947年才建立了国家小麦委员会和国家玉米委员会负责这两种作物的新品种的推广，这两个机构总共只有49位农艺师，这对幅员辽阔的墨西哥来说是远远不够的。国家小麦委员会只存在了短短几年，到1954年就解散了。在此期间，它的推广范围只限于灌溉区的私有大农场，根本没有面向村社农民。玉米委员会的资源极为匮乏，到1956年的时候，它只在16个州的23个城市派有代表，如果农民想使用良种，那他就得到这些城市去购买，根本没有哪个机构会把良种送到农民手中，更不用说教他们如何使用了。良种一般需要适当的灌溉、肥料等条件的配合，如果这些因素搭配不当，其产量可能还不如一般品种，有些农民因为缺乏这方面的知识，造成了损失，更增加了他们对科技成果的不信任。1954年，全国负责推广工作的专业

---

① 中国社科院/联合国教科文组织：《世界农业概览》，《国际社会科学杂志》（中文版）第八卷第二期，第17页。

人员增加到 230 人，八年之后上升到 258 人，平均每个州只有 8 个人。他们的经费一直比较紧张，直到 1972 年才有所改善，每州平均人数也上升到 50 人左右。所以说广大村社农民在近 30 年里（1940—1970 年），得到农业新技术的渠道是非常狭窄的，国家给他们的机会很少。大农场主的情况正好相反，他们比村社农民拥有更多资源，因而可以同农业推广机构和实验中心保持更密切的联系，有时候他们还花费很多钱去聘请私人农艺师做顾问，随时解决生产中遇到的问题，在索诺拉州这种情况就很普遍。从 20 世纪 50 年代后期起，那些为私人农场提供了大量贷款的商业银行还建立了一个农业顾问团，为他们的客户提供技术咨询服务，这对那些农场主的帮助很大。可以看到，当"绿色革命"凯歌行进的时候，很少有人到村社中去，告诉农民有什么新技术成果。它们能带来什么好处、又怎么利用这些成果。能接触、了解、使用这些新成果的社员很少，但是私人农场可以得到更多、更好的技术服务，因而能够充分地享受"革命"成果，跟上技术进步的步伐。

像很多发展中国家一样，墨西哥的化肥、农药工业发展很迟缓。墨西哥第一家化肥公司是根据总统命令成立的"墨西哥鸟粪与化肥公司"，始建于 1943 年，主要加工墨西哥太平洋沿岸几个岛屿上的鸟粪。到 1949 年，为了满足农业生产的需要，又建立了几家化工企业，主要进口半成品，然后加以混合处理，生产技术非常落后。到 1964 年，国产氮肥只能满足国内需求的 17%，这种状况使得墨西哥化肥的价格比国际市场要高出好多。1965 年墨西哥在化肥国产化方面迈出了重要一步，政府将所有的化肥公司都收归国有，并进行了长远的规划，三年之后产量有了大幅度的增长，到 1970 年价格才有所回落。一直到 1970 年左右，墨西哥的化肥使用大都集中于灌溉商品农业区，4 个灌溉面积最大、私人农场也最集中的农业州：索诺拉、西那罗亚、瓜那华多、哈里斯科，使用了化肥总量的 54%，而其他 21 个州只使用了 15%。杀虫剂的情况与此类似，20 世纪 40 年代末墨西哥才建立了第一家杀虫剂厂，到 1969 年也才能满足国内需求的 15%，价格也很高，这就限制了它的使用范围。而大农场主的合作组织建立了自己的加工厂，有效地降低了成本。

拿个体制村社与集体制村社相比，最明显的差异在于前者缺乏内部合作，唯一的合作组织信贷协会还运转不良。经验表明，农民的自愿参与是合作组织成功的最重要的因素。个体制村社农民缺乏合作主要是由缺乏资源及合作意识等方面的因素造成的，况且有关规定并没有禁止社员自愿合作组织的形成，因而这个缺陷并不能归咎于村社制度本身。

所以综合来看，在 1940—1970 年间，由于国家政策向私人大中农场倾斜，村社虽然分得了大量土地，但可耕地不多，灌溉田更是少得可怜，而政府又没有大规模投资来修建各种农业基础设施，以改善村社土地的状况。庄园主不但在土改中保留了最好的土地，而且是政府灌溉投资的最大受益者，大量的良田集中在一个小集团手中，发展成"新大地产"，即资本主义农场主。至于农业技术进步，无论是机械化，还是良种培育、化肥和杀虫剂的使用，以及农业新技术推广，资本主义农场都占尽优势，是他们实现了农业生产的现代化。而对大部分村社农民来说，没有人去开发适合他们的技术或规模中立化的技术，为灌溉农业开发的技术既不适合他们的资源禀赋特征，代价又太昂贵，缺乏信贷和科技知识的村社农民怎么能够大规模采用这些新技术呢？所以墨西哥农业在这二十余年里的大发展，主要集中在大中型资本主义农场里面，村社农民的技术进步远远落后了。雷诺兹对 1940—1960 年间农产品人均增长率和村社耕地份额增长率按地区做了比较，得出了各地区村社耕地份额增长率及其对应人均产出增长率的排序，结果见表 5-2。

表 5-2　　　　村社耕地份额增长率与人均产出增长率比较

村社耕地份额增长率（降序）	人均产出增长率（降序）
中部区	北太平洋区
海湾区	南太平洋区
北部区	北部区

续　表

村社耕地份额增长率	人均产出增长率
南太平洋区	海湾区
北太平洋区	中部区

数据来源：Lloyd G. Reynolds，*Economic Growth in the Third World*，*1850-1980*，Yale University Press，p. 147。

这个表的含义是：左栏为各区（这些地区是墨西哥官方划定的五大统计区）中村社耕地占全区耕地的份额的增长率，从高到低依次为：中部区、海湾区等；右栏为各区在相同时期内农业人均产出的增长率，从高到低依次为：北太平洋区等。对这两栏加以比较，我们可以发现一个完全的负相关关系：村社耕地份额增长愈快的地区，农业人均产出的增长就愈慢。在村社耕地最多、增长最快的中部区，农业生产率的进步是最慢的；而在私人农场最集中、村社最少的北太平洋区，农业生产率的增长却是最快的。在 1940 年，北太平洋区的农业人均产值是中部区的 2.9 倍，到 1950 年，差距已经扩大到 3.9 倍，1960 年仍为 3.8 倍。农业改革部在一份出版物中称："到 1960 年，农业生产已经两极分化，3.3％的农业单位生产了农业总产值的 54.3％，同时，50.3％的农业生产单位的产值只占了 4.2％，原因主要在于政府政策的倾向，政府把投资和技术进步导向了那些最有生产潜力的地区。"[①] 技术进步使这些大农场主获得了丰厚的利润，根据国家银行委员会的统计，1960 年索诺拉州农场主的储蓄达 3000 万比索，另外还拥有 6000 万比索的有价证券，这还不包括他们在国外的存款。到 1970 年，他们的储蓄额和证券价值达到了 6 亿比索。[②] 这些农场主在

---

① Lloyd G. Reynolds，*Economic Growth in the Third World*，*1850-1980*，Yale University Press，1985，p. 157.

② Cynthia Hewwit de Alcantara，*La Modernización de la Agricultura Mexicana*，*1940-1970*，Siglo Veintiuno，1978，p. 158.

大城市的高级住宅区里拥有房地产，有美国产的最新式的小汽车和各种用品，他们的子女很多在美国大学接受教育，看病也要去美国，旅游则去欧洲；农业机械也是最新式的，而且折旧率很高。与之相比，大部分村社社员的景况则很悲惨，1950 年的统计表明，有 86％的社员只能维持糊口经济或不能糊口，1960 年这个数字为 83％，到 1970 年仍然没有大的改善。[①] 1994 年的村社调查显示，在种植玉米的村社农民中（占绝大多数），40％的人到市场上去出售、出售/购买玉米，有 31％的人自给自足，另外 29％的社员则是纯购买者，因此有理由推断，至今仍有 70％以上的村社社员停留在糊口或糊口以下的水平。[②] 所以在 20 世纪 40 年代以后的 30 年里，村社农民并没有跟上"绿色革命"的步伐，没有实现从传统农业向现代农业的转变，生产率也没有得到大幅度的提高，他们生产的粮食甚至不能养活迅速增长的农村人口。1977 年的调查表明，农村 79％的家庭收入达不到法定最低工资水平。[③] 从 60 年代中期起，伴随着经济增长，墨西哥城市居民对食品的需求日益多样化，国际市场特别是美国市场对墨西哥水果、蔬菜的需求也增加了，于是一批生产小麦、玉米的私人农场转向这些新的需求，去生产水果、畜牧产品、饲料作物等，这导致了墨西哥粮食危机，粮食生产不能满足国内需求，人均粮食产量大幅下滑，不得不从国外大量进口。70 年代前半期，埃切维利亚政府试图通过个体制村社集体化来推动村社生产能力的提高以解决粮食问题，但未能奏效。波蒂略政府（1976—1982 年）使用"石油美元"提高小麦和玉米的保证价格，吸引了一些农场主重新转向粮食生产，在短期内取得了增产的效果，但这些措施并没有促进村社技术的明显进步。所以到

---

① Cynthia Hewwit de Alcantara, *La Modernización de la Agricultura Mexicana*, *1940-1970*, Siglo Veintiuno, 1978, pp. 112-113.

② Alain de Janvry, "Ejido Sector Reforms: From Land Reform to Rural Development", in Laura Randall, *Reforming Mexico's Agrarian Reform*, M. E. Sharpe Inc., 1996, p. 81.

③ Ibid. , p. 132.

1982 年石油危机爆发之后，政府补贴取消，粮食危机又重新抬头，墨西哥农业生产的二元格局依然如故。

第四节　村社经济对工业化的贡献

　　第三世界国家的经济发展，一个很重要的方面就体现在经济结构的变化，即农业在国民经济中所占的份额逐步缩小，而工业和其他产业逐渐占据主导地位。但工业化的早期阶段需要大量资本和其他资源的投入，在一个以农业为主的经济体系中，只能指望农业为工业化的起步做出贡献。约翰斯顿和梅勒把这些贡献区分为四种，即资本贡献、外汇贡献、粮食贡献和劳动力贡献。按此顺序，本文将对墨西哥农业对工业化的贡献做一考察，并对村社和资本主义农场的贡献加以区分。因为墨西哥最主要的工业化阶段发生在 1940—1970 年间，本文把主要注意力放在这一段。

　　资本从农业部门转移到非农业部门，一般有两个途径：一是靠市场机制自动转移；二是靠政权力量强制转移。如果依靠市场机制自动转移，就必须具备三个条件：农业必须向非农业部门出售产品，即必须有市场剩余；农民必须是净储蓄者，即他们的消费必须少于他们的收入；农民的储蓄必须超过他们在农业上的投资，即必须有农业净储蓄。[①] 较早对墨西哥农业资本转移做出研究的是帕克斯，他只考察了政府的农业税收和对农业的公共投资，认为在 1925—1960 年，政府的农业投资要超过农业税收，因此墨西哥农业不仅没为工业化做出贡

---

　　① 参见［印度］苏布拉塔·加塔克、肯·英各森特《农业与经济发展》，吴伟东译，华夏出版社 1987 年版，第 47 页。

献，反而从其他部门吸取了资金。[①] 针对他的结论，雷诺兹做了进一步的研究。他计算了农业资本通过银行和财政两种体制的流入、流出总量，认为在 1942—1961 年间对农业的公共投资达 191 亿比索（1960 年币值），实际净流入量约为 30 亿比索，不到同期农业产值增长额的 1％；同期农业固定资本存量增加了约 50 亿比索，而农业净储蓄则达到产值增长额的 3％，约 90 亿比索，减去农业自身投资和公共投资净流入，大概有 20 亿比索通过金融机构流入工业等其他部门。[②] 埃克斯坦因和奥索里欧对工农业产品比价做了进一步研究后指出，农产品对工业产品的比价在 50 年代持续下跌，从 1942 年到 1961 年，通过不平等的价格机制从农业转移出去的资金达 36 亿比索（1960 年币值），而且他们估算经由金融机构转到其他部门的资金达 25 亿比索。[③] 根据村社生产力的落后状况和社员的贫困，可以推断农业部门的储蓄基本来自农场主。由于大部分社员处于糊口状态，没有大量的剩余产品可以出售，而且也很少购买现代投入物，所以他们相对较少参与市场，而资本主义农场都是完全商业化的经营，通过市场转移出去的资金主要也来自他们。但这并不意味着农业资本家受到了工业资本家的剥削，下文对"功能二元主义"的分析可以使我们清楚地看到这一点。

拉美国家包括墨西哥在内，其工业化都具有进口替代的特征，大量的中间产品和资本货都需要进口，因此在工业化的早期会有较大的外汇缺口，外汇紧张会形成制约其发展的瓶颈。墨西哥农产品的出口在 1940—1970 年间发展很快，详情见表 5-3。

---

① C. Parks, *The Role of Mexican Agriculture*, Stanford University Press, 1973, p. 25.

② Lloyd G. Reynolds, *Economic Growth in the Third World*, *1850-1980*, Yale University Press, 1985, pp. 177-180.

③ Sergio Reyes Osorio y Salomón Eckstein, "El Desarrollo Polarizado de la Agricultura Mexicana", en Wionczek eds., *Crecimiento o Desarrollo Económico*? México, 1971, pp. 41-42.

表 5-3 墨西哥农产品的出口情况

年 份	农业出口 1 （百万比索）	出口总值 2 （百万比索）	1/2（%）
1950	1498	4339	34.5
1960	3690	9247	39.9
1970	9306	17457	53.3
1975	14270	37526	38

数据来源：Steven E. Sanderson，*The Transformation of Mexican Agriculture*，Princeton Univ. Press，1986，p. 38。

从 1940 年到 1970 年，农产品出口总值从 1 亿比索增加到 93 亿比索，在出口总额中所占的比例从 35% 左右增加到 53%，出口农业挣来的外汇在用来进口农业机械和其他投入物之后，还有大量的盈余用来支持国内的工业化进程。但是，个体制村社基本上以种植玉米等粮食作物为主；集体制村社以经济作物为主，但它们成立不久就纷纷解散，没有起到很大作用。所以农产品出口创汇主要还是来自私人农场。

在 1940—1965 年间，墨西哥农业为工业化做出了巨大的粮食贡献。从 40 年代起，墨西哥进口的粮食逐年减少。1945 年，进口粮食占进口总额的 14%，1950 年下降为 8.8%，1955 年下降到 3.7%，这节省了大量的外汇。从 1940 年到 1950 年，进口粮食占国内粮食产量的 2%—5%，在 1959—1962 年间，这个比例下降到 0.3%—0.9%，玉米和小麦在 60 年代初基本自给，墨西哥成为拉丁美洲第一个不需要大量进口粮食的国家。不仅如此，墨西哥粮食价格还一直保持在很低的水平。据赫特夫德估算，在 1940—1965 年间墨西哥粮食与工业品的比价就一直在下跌，从 1954 年起下跌的速度更加快了。这 25 年间粮食的价格以年均 0.8% 的速率下降。为什么墨西哥能够在人口特别是城市人口迅速增加的同时还能保持较低的价格呢？农业技术进步是一个方面，但还不足以说明问题，因为墨西哥的技术进步并不广泛，粮食产量虽有提高，但也才刚刚满足国内需要，不足以持续压低粮食价格。杰夫里用"功能二元主义"（functional dualism）的概念提出一种解释。[①] 他认为，现代村社制度与资本主义农场制二元共存，两者之间并非相互隔绝，而是通过劳动力的流动联系在一起。村社制度给了社员一小块土地，但这块土地并不能维持社员家庭的生活，于是社员及其家庭劳动力不得不到资本主义农场打短工，以补充土地产出的不足。这样农场主就能够压低雇工工资，甚至压低到生存水平以下。如果农业工人都是完全的无产者，那么这样的工资水平是无法接受的。但村社农民有一块土地，能生产部分生活资料，比生存工资更低的收入对他们来讲也是可以接受的。这样就压低了农业工人的工资，也就相应地压低了城市的粮食价格。所以即使粮食价格比较低，农场主照样可以获得平均利润和地租，村社农民和其他农业工人受到最沉重的剥削，是他们牺牲了自己的消费，转化为农业和工业资本家的积累。功能二元主义是以村社制度的存在为前提的，所以村社农民以一种隐蔽的方式为工业化做出了贡献。

因为《农业法》规定，连续两年不能耕作其份地的社员将失去使用其土地的权利，所以有人担心村社制度会把劳动力固着在土地上，使之丧失流动机会。其实这种担心大可不必，首先社员可以在农闲时间离开土地，而且由于土改的不彻底性，墨西哥农村存在大量无地农民。1940 年农村劳动力占劳动力总数的 70％，到 1970 年下降到39％，为城市输送了 180 万劳动力。所以现代村社制度并没有阻止劳动力的流动。

总的来看，村社农民并没能完全实现从传统农业向现代农业的转变，农产量没有大幅度的提高，大部分社员仍然很贫困。除了劳动力之外，村社经济主要是为工业化做出了间接的贡献。但必须看到，造成这种状况的主要原因并不是村社制度本身的缺陷，而是国家长期以

[①] Alain de Janvry, *The Agrarian Question and Reformism in Latin America*, The Johns Hopkins University Press, 1981, p. 123.

来对资本主义农场的偏好造成并加剧了墨西哥农村的二元分割的状况，它要为村社经济的失败负主要责任。

第五节　与中国台湾地区现代小农经济的对比

中国台湾地区在 20 世纪五六十年代的经济发展经验堪称土地改革的成功典范。台湾的经济腾飞始于土地改革和农业繁荣。在被日本占领期间，台湾的地主阶级占有大部分耕地，农民多以租佃形式取得耕地使用权，受到地主的盘剥。1949 年，国民党当局败退台湾，导致台湾地区的权力结构发生了根本性的变化。"在中国大陆执政的时候，国民党政权大体上一直是掠夺性的，寻租行为使其自身千疮百孔，并且无力阻止私人投机者破坏其经济计划。到台湾岛后，因为摆脱了传统的江浙地主集团的控制，国民党当局得以彻底修正它与民间资本的关系。"① 当时，从中国大陆去台湾的政治精英掌握着庞大的军队，并从日本殖民当局手中接收了仅有的几家大型工业企业。国民党当局与台湾地区的地主集团素无瓜葛，也没有来自工业资产阶级的制约。在当时的权力结构中，国民党当局独大，没有哪个利益集团能够破坏它的自主性。如果它想执行孙中山的遗训，实现三民主义所提倡的"耕者有其田"，没有谁能够阻挡它。而且当时的形势也没给国民党当局留下其他选择。海峡对岸的人民政权虎视眈眈，台湾岛内群情汹汹。对国民党来说，再不搞土地改革来安抚农民，就会被赶到大海里去。所以国民党当局痛下决心，开始实施土地改革。

---

① Tom Gold，*State and Society in the Taiwan Miracle*，NY. M. E. Sharpe，1986，p. 59.

从 1949 年起，国民党当局便开始减租等形式的改革，不久之后又转变为赎买地主土地、均分给无地或少地农民的土地改革。到 1957 年，台湾地区 83％的土地已经转移到自耕农和半自耕农手中，地主阶级已经不复存在了。土地分给农户家庭自主经营，但产权并不完整，土地的出售、转让等受到限制。在分配土地的同时，国民党当局帮助农民成立了独立的农会组织，内设信贷合作社，可以为农民提供融资。国民党当局还设立了农村复兴联合委员会，负责规划、协调农业发展项目，在农业技术推广、农产品市场开拓等方面发挥了重要作用。到 1960 年，台湾地区的农业研究、推广人员占农业人口的比重已经超过日本。农村基础设施建设也得到当局的优先照顾，输电线路、公路建设等进展迅速。台湾地区的土地改革和农业发展政策使广大农民与生产资源（耕地、信贷、新技术、基础设施、农民合作组织等）得到了充分结合。农民得到耕地，意味着土地的收获物全部归自己所有，生产积极性明显提高，家庭劳动力投入增加，充分发挥了小农精耕细作的优势。新技术、基础设施和某些领域的合作化（农业投入物采购、农产品销售等）既克服了小农的分散和脆弱，又保留了小农的经营自主权，为小农的发展打好了基础，实现了小农经济的繁荣。自土地改革开始，台湾农业持续增长。1952—1964 年农业产值增加 78％，年均增长率达到 5％。农业增产跑赢了人口增长，台湾不仅实现了粮食自给，还可以大量出口农产品换汇。同一时期，台湾地区农产品出口占到出口总值的 60％以上，食品加工、纺织等产业的迅猛发展也大大得益于低价农产品的充足供应。

小农经济的繁荣使得农民收入迅速提高，从而引致了旺盛的内需，有力地推动了工业化进程。不同于大农场模式引起的收入集中，小农经济可以使收入分配分散化和均等化。1953 年，台湾地区的基尼系数为 0.56，社会处于严重失衡的危险状态。到 1964 年，台湾的基尼系数已经降到 0.33，达到发达经济体的水平。高速增长伴随高度平等，台湾用活生生的现实打破了广为流传而又极具误导性的"库兹涅茨假说"。到 1970 年，台湾地区的中下层民众在收入分配中的份额占到 62%，收入最高的 20% 的人口得到 38%，这与当时的拉美国家是截然相反的。在巴西等拉美国家往往是收入最高的 20% 的人口拿走了 60% 以上的国民收入。[①] 1950—1960 年，台湾地区农民的实际收入增加了 78%，1960—1977 年又增长了 82%，农民收入持续增长了近 30 年。农民普遍富裕的直接后果就是内需旺盛，对非耐用消费品的需求持续旺盛。台湾地区制成品的需求增长来源见表 5-4。

表 5-4　　　　　台湾地区制成品需求增长来源（%）

项　目	进　口	出　口	内　需
1937—1954 年非食品类制成品	91.1	−13.4	22.3
1953—1955 年全部制成品食品、饮料和烟草非耐用消费品	9 20.6 22.4	−5.7 −56.4 2.5	99.6 135.8 75.2
1955—1960 年全部制成品食品、饮料和烟草非耐用消费品	−8.1 1.4 −5.7	16.5 34.8 21.2	91.7 63.8 84.5
1960—1965 年全部制成品食品、饮料和烟草非耐用消费品	3.6 1.5 −2.2	13.8 9.4 27.5	82.5 89 74.7
1965—1970 年全部制成品食品、饮料和烟草非耐用消费品	−7.3 0.2 −6.3	31.2 7.3 74.2	76.1 92.4 32.1
1970—1972 年全部制成品食品、饮料和烟草非耐用消费品	0.1 −14.1 −13.1	20.9 12.9 59.6	79.1 101.2 53.5

资料来源：Gustav Ranis，"Industrial Development"，in Walter Galensen（ed.），*Economic Growth and Structural Change in Taiwan*，Ithaca，Cornell University Press，1979，p. 227.

---

① W. Y. Shirley Guo, Gustavo Ranis, John C. H. Fei（eds.），*The Taiwan Success Story：Rapid Growth with Improved Distribution 1952-1979*，Westview Press，1981，p. 36.

从表 5-4 可以看出，自土地改革后，台湾地区对非耐用消费品的需求在很多年里都以超高速增长（由于农村人口在这个时期占总人口的比例很高，所以需求主要来自农村），对劳动密集型工业化起到了非常积极的推动作用。不少学者认为台湾的工业化是出口拉动的结果，但表 5-4 明白地告诉我们，直到 1965 年之后，出口需求才超过岛内的消费需求，成为工业化的动力。在此之前，即 1953 年至 1965 年，是台湾工业化发展最快的时期，推动工业化发展的主要动力来自岛内农民的需求。在岛内市场上发展壮大后，台湾的制造业企业才成功占领了国际市场。由于土地改革，小农经济本身就吸收了大量劳动力，再加上同步发展的劳动密集型工业化，台湾地区到 70 年代初即实现了充分就业。充分就业推动了蓝领工人工资的提高和收入分配的继续改善，也保证了内需的持续扩张和升级，为经济持续增长提供了强大的动力。

台湾地区的小农经济繁荣还为工业化做出了关键的资本贡献。农民收入和储蓄率呈现出双高态势，催生了台湾地区农村工业的大发展。农村工业的数量和产值都远远超过城市工业。1951—1971 年是台湾地区工业化的高潮期，其间"五都"（5 个最大的城市）的制造业企业只占总数的 34%，其余都位于农村地区。到 1971 年，城市工业的总产值为 748 亿新台币，农村工业的总产值为 1188 亿新台币。[①] 很明显，农村是台湾地区工业化的重心，其资金来源也不是城市，而是土改受益农民的储蓄。与城市工业相比，农村工业劳动密集型的特征更为明显，比前者吸纳的劳动力更多。农村制造业又带动了农村商业、运输业和建筑业的发展，推动了小城镇的兴起，使城市化进程顺利展开。

由于经济持续增长和收入分配的均等化，台湾地区的人力资本投资也大幅增长。教育、卫生状况迅速改善，文盲率大幅下降，由 55%

① Gustav Ranis, "Industrial Development", in Walter Galensen（ed.）, *Economic Growth and Structural Change in Taiwan*, Ithaca, Cornell University Press, 1979, pp. 222-224.

（1946 年）降到 11％（1978 年），预期寿命由 59 岁（1952 年）提高到 71 岁（1978 年），同期人均日摄入热量由 2078 卡升到 2845 卡，蛋白质摄入量由 49 克提高到 79 克，这有利于提高劳动力素质和劳动生产率，也为禀赋结构和产业结构的提升打下了坚实的基础。[①]

台湾地区从土地改革起步，实现了小农经济的繁荣和收入分配的平等，从而进入了一个良性循环：农民收入提高→内需扩大→工业化起步→就业增加→内需进一步扩大→制造业竞争力提高→占领国际市场→收入分配进一步改善→人力资本增加→产业结构升级→经济持续增长→成为发达经济体。尽管台湾地区的农业在 70 年代以后也面临转型升级的问题，但小农经济模式无疑已经为良性发展奠定了坚实的基础。

与台湾地区的现代小农制相比，墨西哥现代村社制度在形式上与其有颇多相似之处，同属于小农制的范畴。但如果把二者放到各自的社会大背景中，则可以发现深刻的差异。台湾地区的土改消灭了地主阶级，现代小农制成为主流的农地制度，形成了所谓的"一元模式"。农民成为当局的政治盟友，得到当局的大力扶持，得以克服小农固有的缺陷，取得了经济上的成功。墨西哥则不同，现代村社制度与资本主义农场制度并存，形成了"二元模式"。国家与大农场主结盟，政策也向他们倾斜，村社农民得不到任何扶持，导致了村社经济的失败。由此产生了农民普遍贫困、生产能力低下、消费需求不足、储蓄与投资匮乏等一系列严重问题，不能发挥现代农业在食品供应、形成国内市场、为工业化积累资本、出口创汇等方面的功能。资本主义大农业使农场主获利甚丰，但也使收入分配恶化，因而不能为工业化、城市化提供足够支持，这导致墨西哥的发展走上歧途。

---

① W. Y. Shirley Guo, Gustavo Ranis, John C. H. Fei (eds.), *The Taiwan Success Story: Rapid Growth with Improved Distribution 1952-1979*, Westview Press, 1981, p. 40; Peter Timmer, "Getting Agriculture Moving: Do Markets Provide the Right Signals?", in *Food Policy*, Vol. 20, No. 5, 1995, pp. 466-468; 参见李国鼎《台湾经济发展背后的政策演变》，东南大学出版社 1997 年版，第 45—82 页。

第六章

政治制度化：现代村社制度的地位和作用

　　1910 年爆发的墨西哥革命，其意义不仅仅在于推翻了以迪亚斯为首的精英集团的统治，更重要的是它要打破已有的制度安排，按照革命中所提出的利益要求、发展思想建立一个新的制度体系，把革命的成果固定化，将墨西哥引上一条新的发展道路，这是一个国家重建的过程。建立新的制度体系的过程，就是所谓的制度化的过程。需要注意的是，这里讲的制度，不仅指成文法律所规定的正式的制度安排，而且还包括一些非正式的行为规范，即隐性制度。墨西哥的重新制度化，在革命的战火中就已经开始。在政治制度领域，1917 年《宪法》规定了一个基本的框架：建立一个主权在民，立法、行政、司法三权分立，由民主选举支撑的民主体制；国家结构形式为联邦制，行政区划分联邦、州、市①三级。新体系的建立不是一个简单的立法过程，而是充满了利益的交织与实力的较量。

　　村社并非正式的行政单位，它是社员的自治组织。随着 1917 年《宪法》的颁布实施和土地改革的进行，村社社员在得到土地的同时

---

　　① 墨西哥的市比较小，辖区人口从几千到数万不等，大致相当于我国的镇。

还获得了平等参与政治生活的公民权利。作为一个有独特利益的社会集团，他们如何进行政治参与？他们是否有自己的政治组织？他们在墨西哥政治系统和权力结构中的地位如何？这些问题都关乎墨西哥政治体系的稳定性。

第一节　强总统制与官方党的霸权体制

美国的宪政体制对墨西哥的影响很大，总统制即是一例。但墨西哥总统正式和非正式的权力极大，要远远超过他的美国同行。墨西哥《宪法》规定总统为国家元首，由直接选举产生；在三权制衡体系中，总统起着核心作用，权力超过立法和司法机构。《宪法》第71条规定，墨西哥总统有权直接向议会提交议案。自20世纪30年代以来，墨西哥议会通过的绝大多数法案是由总统提出的，这包括几乎所有的有重大影响的法案，而且总统提交的法案几乎全部通过了。《宪法》并没有赋予总统建议修改《宪法》的权力，可是实际上墨西哥总统却多次提交《宪法修正案》并得到通过。宪法赋予总统广泛的任命权，包括最高法院法官、内阁成员、外交使节、高级军官等，同时也给予国会以相应的权力来制衡这种任命权的实施，但实际上这种制衡却从来没有实现过，在1995年之前总统可以任命或撤除任何内阁成员的职位而无须经过议会的批准。最高法院对总统只具有很小的独立性。事实上，直到1994年，墨西哥议会的大多数议员候选人都是由总统指定的，并且议员卸任后的政治前途也都掌握在总统手中。墨西哥实行联邦制，《宪法》给予州相对独立的地位，规定州长由直接选举产生。但是，从20世纪30年代以来，几乎所有的州长候选人都是由总统决定的。根据《宪法》第76条第5款，参议院有权罢免州长、解散州政府。所以总统在控制了议会之后，就可以决定现任州长的废立。那么，墨西哥的总统何以有如此大的权力，能够凌驾于三权分立、地方分权的宪法原则之上呢？秘密就在于，墨西哥的总统事实上还是强大的官方党"革命制度党"（Partido Revolucionario Insititucional）的领袖。

革命制度党成立于1929年，最初称国民革命党（PNR），1938年改称墨西哥革命党（PRM），从1946年起改为革命制度党至今。从1929年到1994年，官方党在总统选举中保持不败记录，并且一直在国会两院中占据绝对多数。1988年之前，参议院中只有一个席位曾经属于反对党，至今官方党仍占据3/4的多数。众议院的情况也是大同小异，1976年之前官方党议员一直占80%以上，1977年选举制度改革之后，革命制度党也能保住多数席位。所有的州长职位也都被官方党所包揽，直到1989年国民行动党（PAN）赢得下加利福尼亚州的选举，革命后的墨西哥才出现第一个非官方党的州长。截止到1996年4月，国民行动党总共控制了4个州，其他各州都在官方党的手中。① 所以墨西哥的政党制度虽然是多党制，但革命制度党在近70年里一直居于垄断地位，建立了政党霸权。该党的核心机构是党的主席和总书记领导下的全国执行委员会，在议员和州长的候选人人选上拥有否决权，而这两个职位都是由总统提名和任命的，所以总统才是官方党真正的领袖。掌握了官方党，总统就掌握了议会参众两院和最高法院，控制了各州州长，形成了墨西哥独具特色的强总统制。为什么官方党具有如此强大的力量，在各级选举中无往而不利、成就了其一党霸权呢？这就需要探索一下它内部的奥秘。

革命制度党的成功，如果用一句话来概括，就是控制民众。1929年，鉴于政治力量分裂、无序竞争导致的混乱状况，卡列斯决定组建

---

① Jeffry Weldon, "The Political Sources of Presidencialismo in Mexico", in *Presidencialism and Democracy in Latin America*, edited by Scott Mainwarry and Matthew Sobery Shugart, Cambridge University Press, 1997, pp. 244-245.

一个党，为各派政治力量提供一个协商机构，这就是官方党的起源。党内网罗了几乎所有的派系，也包括部分民众力量，主要有农民组织"全国农民党"（PNR）和劳工组织"墨西哥革命劳工联合会"（CROM）。农民党号称有 30 万党员，革命劳工联合会的力量也比较雄厚，这两个组织与相继执政的奥夫雷贡和卡列斯结成了一种恩惠庇护关系：政府向他们提供经费、向其领袖提供政府或议会内的职务等，这些组织则向政府提供政治支持甚至武力援助。官方党的主要作用在于把原来带有浓厚个人色彩的恩惠庇护关系制度化了，建立了精英之间、政府与社会力量之间进行沟通、控制的正式渠道，这是墨西哥政治制度领域里的一次创新。波尔第斯·希尔在 1930 年就任党的主席时曾说："国民革命党坦率地讲就是官方党，政府承担着革命的任务……党将是政府忠实的合作者，这就是它的使命。"① 1938 年官方党按照职团主义的原则进行了改组，分为农民、劳工、民众、军人四大部门，其中农民部以全国农民联合会（CNC）为主体，此外还有一些规模较小的农民组织。

全国农民联合会是在官方党的发动、组织下于 1938 年正式成立的。在它成立之前，墨西哥已经有一些全国或地方性的农民组织，如全国农民党等，但它们力量还不算太强大，而且互不统属，甚至相互冲突。1935 年 7 月 9 日，卡德纳斯总统在莫雷洛斯州的瓜乌特拉（Cuautla）签署了一项决定，委派国民革命党组织一个全国性的农民联合会。他指出，一些土地要求没有得到满足的农村无产者出于偏见经常会打断土地归还和分配的进程，官员和地主结成的腐败的联盟在很多地方导致了政府农业改革计划的失败，之所以产生这些情况，主要原因就在于农民缺乏组织。"我们知道在联邦区很多村社的份地极小，不能解决一个家庭的经济问题。有些份地只有一公顷半，有些只

---

① Dale Story，*The Mexican Ruling Party*：*Stability and Authority*，Praeger，1986，p. 21.

有半公顷，这远远不够，政府必须寻找解决办法。正像我在开始时所指出的那样，如果不依靠农民组织，我们就不能实现改革计划。"① 卡德纳斯还指出，在很多州存在两个或更多的农民协会组织，在墨西哥城设立总部的全国性农民组织就有八个到十个，因此卡德纳斯强调全国农民必须进行"全部统一"，集中在一个组织之内，并且内部要有严格的纪律。"如果缺乏一个能够提供合作的支持基础，政府将无法完全解决农民问题。"② 由此看来，卡德纳斯设计的这个全国统一的农民组织将具有以下功能：首先，它要消除农民内部不同利益集团的分裂，为政府的土地改革提供支持，当然还要为现政权的稳定提供支持；其次，它还是一个政治斗争机构，要同地主等其他社会阶级以及腐败的政府官员进行斗争，以推动土改和其他问题的顺利解决。这个组织的成员由所有涉及土地改革的农民组成，既包括已经得到土地的村社社员，也包括正在申请土地的农民群体。具体组织办法是：每个村社/群体选出两名代表，组成州农民代表大会，然后选出州一级委员会，并选派代表去参加全国代表大会，制定该组织的各项规章制度。

接到瓜乌特拉决定之后，国民革命党成立了专门的"农民统一组织委员会"负责此事。由于具体情况存在差异，各州的进度也不相同。1935 年 12 月，联邦区第一个召开了州农民代表大会，有 149 名村社代表参加。在随后的 4 个月里，莫雷洛斯、圣路易斯波托西、奇瓦瓦等 8 个州也相继召开了代表大会。原有的农民协会被撤销，重组后加入新成立的农民组织。在此过程中墨西哥劳动者联合会（CTM）（以下简称劳联）与农民统一组织委员会产生了摩擦。劳联是国民革命党内主要的劳工组织，它的领导人是激进的比森特·隆巴多·托雷

① El Nacional，September 8，1935，in Lyle Brown，"Cardenas：Creating a Campesino Power Base for Presidential Policy"，in George Wolfskill and Douglas W. Richard，*Essays on the Mexican Revolution：Revisionist View of the Leaders*，1979.

② Ibid.，p. 121.

达诺（Vicento Lombardo Toledano），他一直试图把墨西哥的劳工和农民都组织在劳联之内，成为一支强大的政治力量，增强独立性，摆脱政府的控制。这就与政府的目标——将劳工与农民分别组织、分而治之——产生了抵触。

1936年2月，托雷达诺倡议召开一次全国工农代表大会，讨论工农联合问题。这一倡议遭到政府和国民革命党的反对，官方党的领袖桑切斯（同时也是农民统一组织委员会的成员）于1936年2月向党内各农民组织发出一份通告，说党正在按照卡德纳斯的计划筹备统一的全国农民联合会，因此各农会不得派代表参加这次大会。托雷达诺立即进行反击，谴责政府和官方党中的一部分人企图操纵农民运动，并用来对抗劳工组织，劳联决定广泛吸纳各级农会，由自身来完成工农统一，使农民运动摆脱政府控制。但2月27日卡德纳斯明确表态："劳联必须放弃召开农民大会，因为这些人（指农民）的特殊条件，革命政府认为自己有义务去庇护它们的组织。国民革命党作为官方党，只不过按照首脑（指他本人）的指示在几个州倡议召开了几次农民大会而已。如果劳联或其他组织竭力按照自己的意图去组织农民并且和政府的努力进行竞争，那只会播下破坏的种子而不会获得成功，只会给农民内部造成分裂，这种分裂已经给工业无产阶级造成了致命的后果。"[1] 卡德纳斯的强硬态度使劳联后退了，他们放弃了召开全国大会的想法，此后他们在农民中的活动受到很大限制。

击败了劳联的竞争之后，农民统一组织委员会继续在各州开展组织工作。经过三年的努力，他们已将墨西哥大部分村社社员和农业工人工会纳入其组织之内。1938年8月8日，全国农民联合会成立大会在墨西哥城召开，代表32个州农民协会的96名代表参加了会议。会议通过的"原则宣言"宣称全国农民联合会的成立目的是"保卫农民

---

① El Universal，Febrary 28，1936，in Lyle Brown，"Cardenas：Creating a Campesino Power Base for Presidential Policy"，in George Wolfskill and Douglas W. Richard，*Essays on the Mexican Revolution：Revisionist View of the Leaders*，1979，p. 119.

的利益，寻求所有有组织的农业工人的精神和经济解放"，把村社作为国家农业政策的基石，土地资源社会化以使每一个农民都能利用它等。这个原则是和激进派政治精英的农业纲领完全相符合的。会议决定以村社、地方农会（指无地农民的组织）为基本单位，土改的所有受益者和申请者都自动成为该组织的成员；其上级组织依次是"地区委员会"、州一级的"村社和农业工人工会联盟"以及联邦一级的"全国联合会"。按照内部民主原则，上一级的领导机构由下一级的代表选举产生。为了保证组织的独立性，《宣言》草案的第 12 条规定该组织的领导人，无论是在州一级还是在全国一级，"都必须是组织的一员并且是亲自耕种土地的人"，但这条草案最终被否决。全国农民联合会立即加入了官方党，并选举了官方党的领袖桑切斯为其总书记。

这样就可以清楚地看到，现代村社制度不仅是一种土地改革方式、一种土地所有制度，同时它还是现代墨西哥农村的一种政治组织、动员和控制的方式。这样一种制度可以将一定地域内的农民组织在一起，通过向政府申请土地建立起村社；村社的全体成员自动成为官方党的成员，并通过全国农民联合会的组织渠道进行政治参与，作为一个利益集团同其他集团展开竞争，并向政府施加压力，以维护、争取应得的权利，同时向系统输送政治支持。如果村社和农民联合会内部的民主制度能够充分实施，对政府保持一定的独立性，真正代表农民进行利益综合与表达，那么制度就具有相当大的合理性。但事实上在为数众多的村社中，卡西克势力占了上风，村社民主制度遭到严重扭曲。

第二节 卡西克与村社民主制度的扭曲

按照法律规定，村社内部实行的是民主、自治制度：它的最高权力机构是社员大会，由它决定村社内部的重大事务，并选出村社委员会负责日常管理工作；该委员会还负责同市、州、联邦机构的联系，接受其指导；委员会代表全体社员参加全国农民联合会的活动；为了保证委员会的廉洁与效率，还设了监督理事会审查其工作和账目；大会有权罢免不称职的村社委员会，社员还可以向相应的行政机构，如州农业委员会、联邦农业部等提出申诉，以保证其民主权利的实施。但在实际运行中，这套制度却遭到卡西克势力的侵蚀。

卡西克体制是政治庇护主义中的一种类型。庇护主义（clientelism①）指处在不平等地位的个人或团体之间基于利益交换关系所形成的非正式的权力关系。这种关系的特点在于其不对称性、个人性和非正式性。卡西克是西班牙语"cacique"一词的音译，意为"首领、头目"。这个词源于加勒比群岛的阿拉瓦克人（Arawak），他们称自己的首领为卡西克（kassequa）。西班牙殖民者在到达新大陆之后也这样称呼当地的印第安首领。这些世袭氏族领袖的地位在殖民地初期得以维持，他们为王室和监护主收取贡赋、征发劳役、掌管司法，并享有一定的特权。他们并非王室官员，而是殖民政府与印第安人之间的政治中介。到16世纪末，卡西克的世袭地位受到挑战，一些出身低微的印第安人在监护主、教士的支持下也能取得公社内的领袖地位。

---

① Clientelism，《布莱克维尔政治学百科全书》（中国政法大学出版社1992年版，第130页）将其译为"保护主义"，本文认为"庇护主义"更能凸显恩主（patron）与被庇护者（client）之间不平等的关系，故采用此种译法。

到殖民地末期，世袭的卡西克已经基本消失了，他们的地位被村庄里的宗教领袖所替代。独立之后，墨西哥出现中央权威流失和政治地方化、军事化的混乱局面，此时的卡西克变成了地方政治老板（political boss）的同义语。美国著名学者保罗·弗里德里克对这种卡西克的定义是：在地方和当地政治中，他是一位强有力的、专横的领袖，其统治具有非正式、个人化、随意性等特征，他的权力基础由亲属、打手和依附者组成的小集团构成，威胁和暴力是其常用的手段。[1] 路易萨·帕雷将其概括为：卡西克主义是一种非正式的权力体系，这种权力是由在经济、政治结构中占据了战略位置的个人或集团来行使的。在这个直接的和个人的关系体系中，追随者对卡西克的忠诚是由亲属关系、友谊、政治及经济动力来维持的。[2] 从殖民地后期开始，卡西克已成为墨西哥乡村的重要的经济、政治势力，他们招募追随者，发展成私人武装力量，为保持或扩展自己的地盘与其他卡西克进行殊死的较量。有些卡西克在竞争中扩大了自己的势力范围，上升为考迪罗。[3] 卡西克与其追随者之间是一种庇护关系。在波菲里奥时期，墨西哥农村存在两种庇护关系：一种存在于庄园主和庄园雇工之间，另外一种存在于自由村庄（指土地还未被周围庄园完全吞并的村子）里的卡西克和农民之间。庄园从它产生的那一刻起，就与自由村庄展开了对土地的争夺。西班牙王室为了防止地方势力的膨胀，采取各种手段保护印第安村庄的土地、限制庄园的扩张。卡西克作为政府与印第安人之间的政治中介，其功能之一就在于代表村民与政府进行沟通，争取政府保护他们的土地。但 1856 年《莱尔多法》通过之后，

---

① Paul Friedrich, "The Legitimacy of a Cacique", in Marc J. Swartz, eds., *Local level Politics*, The Chicago University Press, 1968, p. 247.

② Victor Raul Martinez Vázquez, "Despojo y Manipulación Campesina", in Bartra, ed, *Caciquismo y Poder Político en el Mexico Rural*, Siglo Veintiuno, p. 149.

③ 关于卡西克和考迪罗，有些学者认为没有什么区别，可以混同。但《剑桥拉美史》第六卷中对两者做了区分，认为考迪罗是更高级别的政治势力，通常在州、全国层次上活动，卡西克则为地区（regional）、地方性（local）的政治势力。

自由派政府就放弃了这种保护，到迪亚斯统治期间村庄土地流失越发加剧了。由于政府不再保护印第安人的土地，卡西克就基本丧失了这方面的中介功能；有些卡西克甚至还与庄园主相互勾结，侵占村庄的土地，再加上他们囤积居奇、操纵价格、放高利贷等行为，就使得很多卡西克丧失了传统的合法性。在 1910 年革命中，农民不仅要求"土地与自由"，而且还喊出了"杀死卡西克"的口号。① 但是，革命并没能消灭卡西克体制，而是促成了一些新的变化，这对现代村社制度影响甚大。

20 世纪 30 年代以来，对墨西哥卡西克体制的研究十分稀少，这种情况直到 70 年代才有所改变。主要原因在于国际学术界一直把卡西克同专制、隔绝、无知以及交通、信息交流的不发达联系在一起，认为它只能存在于革命前和革命后很短的一个时期之内，是一种随着经济发展、国家整合的加强自然而然就会消失的历史现象，这使得学者忽略了对卡西克的研究。但是，60 年代末 70 年代初诸如保罗·弗里德里克（Paul Friedrich）等人类学者对墨西哥乡村的研究又使人们重新发现了卡西克的存在。1975 年雷伊斯·埃洛雷斯（Reyes Heroles）指出了卡西克在墨西哥政治体系中的中介地位，此后对卡西克的研究开始增多。② 一些政治人物也对卡西克现象提出批评。在 1972 年革命制度党的全国代表大会上，党的主席宣布要坚决反对新老卡西克，还提出了一些具体措施。③ 墨西哥总统洛佩斯·波迪略（Lopez Portillo）在其竞选演说中承认，那些在 1910 年之前就在压迫墨西哥

---

① Gilbert M. Joseph. ，"The Fragile Revolution: Caclque Politics and Revolutionary Process in Yucatan"，in *Latin American Research Review*，Vol. 30，No. 1，1992，p. 39.

② Luis Roniger，"Caciquismo and Coronelismo: Contextual Dimensions of Patron Brokerage in Mexico and Brazil"，in *Latin American Research Review*，Vol. 22，1984，pp. 76-77；Gilbert M. Joseph，"The Fragile Revolution: Cacique Politics and Revolutionary Process in Yucatan"，in *Latin America Research Review*，Vol. 20，1994，p. 39；Roger Bartra，*Caciquismo y Poder Político en el México Rural*，Siglo Veintiuno，1982，p. 7.

③ Roger Bartra，*Caciquismo y Poder Político en el México Rural*，Siglo Veintiuno，1982，p. 2.

农村的幽灵——卡西克仍然没被消除。[①] 1987 年冬天，墨西哥总统候选人、卡德纳斯总统的儿子夸德莫克·卡德纳斯在阐述他的农村政策时也提出要反对卡西克。[②] 卡西克在墨西哥农村的存在十分广泛，墨西哥著名学者罗杰·巴尔特拉（Roger Bartra）及其同事对普韦布拉州部分地区的卡西克现象做了研究，并指出他们的研究对全国的农村地区都具有普遍意义。辛普森、托马斯·本哈明（Thomas Benjamin）、科斯·布鲁斯特（Keith Brewster）、德拉贝亚（De La Peña）、施克尔（Schryer）等人对墨西哥乡村不同时期、不同地域的研究都揭示了卡西克的广泛存在。[③]

关于卡西克与村社民主政治制度的关系，在著名社会学家艾森斯塔特（S. N. Eisenstadt）主编的一本有关政治庇护主义的著作中，收录了美国学者苏珊·考夫曼·珀索的一篇题为《墨西哥：庇护主义、职团主义和政治稳定》的文章，作者在文中提出：现代墨西哥乡村的卡西克势力存在于官方党的农民组织之外，他们的追随者都是无组织的农民；而且官方党的农民组织"全国农民联合会"构成了卡西克的制衡力量，因而政府在与卡西克的力量对比中处于优势地位，使得卡西克不得不与政府进行合作，从而加固了政治稳定的基础。因为全国农民联合会主要是由村社成员构成，这种观点就意味着村社已经摆脱

---

① Gilbert M. Joseph，"The Fragile Revolution：Cacique Politics and Revolutionary Process in Yucatan"，in *Latin America Research Review*，Vol. 20，1994，p. 40.

② Luisa Pare，"The Challenge of Rural Democratization in Mexico"，in Jonathan Fox，*The Challenge of Rural Democratization：Perspectives from Latin America and the Philippines*，Frank Cass & Co. Ltd. ，1990，p. 95.

③ Roger Bartra，*Caciquismo y Poder Político en el México Rural*，Siglo Veintiuno，1982，p. 38；E. N. Simpson，*The Ejido*，*Mexico's Way Out*，The University of California Press，1937，p. 23；Thomas Benjamin，*A Rich Land，a Poor People：Politics and Society in Modern Chiapas*，the University of New Mexico Press，1989，p. l24；Keith Brewster，"Caciquisimo in Rural Mexico During the 1920s：the Case of Gabriel Barrios"，in *Journal of Latin America Studies*，Vol. 28，1996，pp. 105-128；Guillermo de la Peña，"Poder Political，Poder Regional"，In *Poder Regional en México*，edited by Jorge Zepada Patterson，El Colegio de México，1986，pp. 43-48；Frans Schryer，*Ethnicity and Class Conflict in Rural Mexico*，Princeton Univ. Press，1990，pp. 23-45.

了卡西克的控制，而且二者是在政治领域里相互制约的不同的社会利益集团。① 这种观点在国际学术界已有一定影响。② 但是对墨西哥革命后出现的新卡西克势力的考察证明这个观点是错误的。

卡西克属于庇护主义诸多变形中的一种，庇护主义分为传统庇护主义（纵向型）和现代庇护主义（横向型）两大类。传统的庇护主义具有个人及感情的特征，恩主的权威往往带有浓重的克里斯玛色彩，被庇护人则表示忠心与臣服；现代庇护主义较注重实在的利益，恩主操纵政治机构和组织，利用、分配公共资源，被庇护人被纳入组织之内，主要通过投票加以报答。③ 珀索把墨西哥的新卡西克归入传统庇护主义，但将其划入现代庇护主义更为妥当，因为新卡西克势力已经渗透进了革命后建立起来的制度和机构中，通过制度所赋予的政治权威和公共资源来获取个人利益、维持其庇护关系，并且构成政治系统的一个重要组成部分，为系统的稳定和维持做出了重大贡献，对村社制度的渗透则是农村卡西克势力发挥其功能的基础。对墨西哥新卡西克势力的产生和运作做一个历史的考察即可发现这一点。

以出身而论，墨西哥 1910 年革命后涌现出来的新卡西克大致可以分为两类。第一类属于原庄园主势力的残余，他们或是以各种方式逃过了土地征收，或是在失去土地之后转入商业和农产品加工业，与农业生产仍然保持密切的关系。他们的经济实力比较雄厚，在此基础上他们与其雇工、佃户、分成农等建立了庇护关系。他们还与上层政治人物相联系并取得其庇护，结成一个自上而下的庇护关系网，并由此进入国家机构，掌握了正式的政治权力。普韦布拉州萨卡帕科斯特拉市的

① Susan Kaufman Purcell, "Mexico: Clientelism, Corporatism and Political Stability", in S. N. Eisenstadt, *Political Clientelism*, *Patronage and Development*, SAGE Publications Ltd, 1981.

② Luis Roniger, "Caciquismo and Coronelismo: Contextual Dimensions of Patron Brokerage in Mexico and Brazil", in *Latin American Research Review*, Vol. 22, 1984, p. 67.

③ 参见〔英〕戴维·米勒、韦农·波格丹诺主编《布莱克维尔政治学百科全书》，邓正来译，中国政法大学出版社 1992 年版，第 131 页。

卡西克胡安·米格尔·萨拉萨尔为我们提供了一个很好的例证。

萨拉萨尔是当地的大地主，拥有 1500 公顷土地和一个酿酒厂。当革命来临时，他投靠了该州的"考迪罗"巴里奥斯。[①] 在这位大人物的保护下，萨拉萨尔不仅保住了他的土地和其他资产，还控制了该市的政治权力。1929 年他加入了卡列斯的国民革命党，1930 年他去世后，他的养子里拉继承了他的权力和地位。从 1930 年到 1950 年间，此人两度任市长，并做过联邦众议员和州议员，通过恩惠庇护关系他手中控制了一批村社。

第二类卡西克，也是最重要的一类，是"农民卡西克"（agrarian cacique）。他们出身于普通农民，都是在革命和土地改革中获得了威望，确立了卡西克的地位。在 1910 年革命的暴力阶段及其后的一个时期里，庄园主还没有被完全清除，他们仍然控制着大量的债役雇农，并且组织了私人武装"白卫队"（guarda blanca），迫害起来反抗的农民。他们还能得到一些上层人物的支持：革命政府迫切需要广泛发动农民进行土地改革，并为政府提供政治支持，这就在客观上为农民卡西克的出现提供了契机。正是他们推动了土改的进行，但也是他们为村社制度的扭曲埋下了伏笔。约瑟夫对 1918—1924 年间尤卡坦州革命和土改过程的研究可以说明这个问题。[②]

1918 年的尤卡坦州被认为是全墨西哥反动势力最强的地方，但在菲里贝·卡里洛·布埃尔托（Felipe Carrillo Puerto）的领导下，到 1924 年尤卡坦的土改已经走在全国最前列，只有革命的中心莫雷洛斯州的土改成绩能与之媲美。为什么在短短几年内会发生如此剧烈的变化呢？关键就在于卡里洛建立了一个遍布全州的卡西克网络。1915 年

① 在 1910 年革命中，一些地方考迪罗虽然不认同革命的意识形态，但为了保住自己的地盘和权力，他们也加入了革命军队。他们中的很多人成为地方行政、军事首脑，拥有自己的庇护关系网络，很多庄园主在他们的保护下逃避了土地征收。这也使革命后的墨西哥呈现出复杂的政治局面，多种异质的制度、角色、政治取向交织在一起。

② Gilbert M. Joseph, "The Fragile Revolution: Cacique Politics and Revolutionary Process in Yucatan", in *Latin America Research Review*, Vol. 20, 1994, p. 45.

阿尔瓦拉多将军率领一支革命军队进入尤卡坦，摧毁了迪亚斯时期的乡村控制体系，导致了乡村政治权力的空白。农村中开始出现一些地方"强人"（strong man）领导的武装团伙，他们大多出身低微，有些是为了土地而战，更多的则沦为匪帮，甚至去为庄园主卖命。卡里洛是这些"强人"当中的一员，但他受到社会主义思想的影响，是土地改革的坚定的拥护者，因此得到阿尔瓦拉多将军的支持，由卡西克成长为地方考迪罗，并受命去组织、发动农民进行土地改革。但是卡里洛遇到了很大的困难：当时尤卡坦的自由村庄几乎全部消失了，绝大多数土地和农民都处在龙舌兰种植园的控制之下；无地农民被债务束缚在种植园里，种植园主尽量使他们与外界隔绝；龙舌兰的耕作特性使得农民缺乏协作和组织；印第安农民的一些文化特性也增加了组织工作的难度。因此，尽管卡里洛组织了一批专职的鼓动者并训练了一些乡村教师去动员农民，但收效甚微，农民对他们持怀疑态度，一些鼓动者甚至被庄园主势力所杀害。于是卡里洛开始利用乡村"强人"的势力来发动农民、推动土地改革。这些人使用暴力为他清除反对派，暗杀了一些庄园主、工头。他们鼓动甚至强迫农民加入官方农民组织"抵抗同盟"，效果十分明显。到1922年底尤卡坦州共成立了417个地方农会，成员达7.3万人，一年之后达到8万人，是全国同类团体中最大的一个，土改也随之推广开来。在这个过程中，这些"强人"填补了农村的权力真空，成为"新卡西克"。作为回报，卡里洛让一些卡西克进入州议会，让另外一些担任市长和抵抗同盟基层组织的领袖，这样卡西克就被纳入了正式的政治机构之中。当时的一家报纸评论说："目不识丁的玛雅枪手竟然在议会里拥有席位，粗鲁的杀人犯在街上走来走去，还坐谢菲尔德牌的汽车，简直无法无天了！"[①] 这正反映了一批新卡西克的崛起。这些卡西克具有一些共同的

---

① Gilbert M. Joseph，"The Fragile Revolution: Cacique Politics and Revolutionary Process in Yucatan"，in *Latin America Research Review*，Vol. 20，1994，p. 53.

特征：都来自农村下层；将自己的恩惠庇护关系带入正式的政治机构，喜欢任用亲戚、朋友；倾向于使用暴力，但有时也会打出意识形态的招牌；是当地农民与政府之间的"中间人"（middleman）。卡里洛本人在这些方面表现得十分典型，他在尤卡坦州政府内安插了142名家族成员，三个哥哥分别任州警察头子、抵抗同盟主席和市长，经常使用暴力打击反对派。他手下的卡西克也是如此，并且还有种种非法行为，如在土改中占有最好的村社土地、使用社员的无偿劳动、勾结中间商进行垄断等。而卡里洛为了保持他们的政治忠诚，对这些行为也相当纵容。依靠这个卡西克网络，卡里洛发动、组织了尤卡坦州的玛雅农民，推动了土地改革的进行。所以革命和土地改革并没有消灭卡西克势力，而是赋予了他们新的合法性，一批新卡西克涌现出来，取代了传统卡西克的地位。

在革命后的墨西哥，庄园主的势力依然很强大，国家缺乏足够的人力物力资源去动员、组织农民与之对抗，推行土地改革。即便是卡德纳斯总统也不得不求助于各州的地方强人，与他们结成联盟，以推动土地改革、保持政治稳定，因此借助卡西克推动土改、施加政治控制就成为国家唯一的选择。同时，由于军事考迪罗的逐步衰落，地方卡西克也失去了传统的庇护者。作为一种地方势力，他们也需要借助外部资源来巩固其统治地位，这种相互需要促成了国家与卡西克的结合。由此卡西克以农民领袖的身份控制了村社、官方党、地方政府的领导地位，在新制度的框架内建立了政治庇护关系，成为墨西哥自上而下的庇护体系的一个重要组成部分。

在墨西哥的等级庇护关系网络中，相对于上层政治精英而言，乡村卡西克是被庇护者；对于村社农民，卡西克则是恩主，一部分农民是其追随者。墨西哥学者玛丁内斯·巴思克斯对密斯加瓦拉村社（Mixquiahuala）的个案研究可以使我们对这个体系的运作有一个深刻的了解。①

卡西克对村社制度的渗透，首先表现在对村社领导机构的控制上。在1910年革命中，密斯加瓦拉村的农民马尔科斯·加尔沃组织了一支个人武装，并在土地改革中发挥了一定作用，因而提高了个人声望。成立村社后，他被选为村社委员会的主席，从此进入了正式的政治机构，并把他的追随者也带入了村社委员会，连监督理事会也被他的亲信所占据，这就破坏了村社内部各机构之间的制衡机制。为了保住领导职位，他无限期的推迟社员大会的召开。在村社内部他有一批忠实的追随者，有一些是与他有血缘关系的亲属，有些则属于教亲。由于天主教文化的影响，在墨西哥的乡村流行教亲关系，穷人往往请求有权势的邻人做其子女的教父，教父在道义上对这些孩子负有教导、帮助的责任。卡西克由于其优越的政治、经济地位，往往成为很多人的教父，这种教亲关系通常也就发展成庇护关系。卡尔沃在村社内就有近80个教子/女，几乎都成为他的追随者。另一部分追随者是用经济利益收买来的，例如在分配土地时给予某些社员的土地比其他人更多、更好，以此来扩大追随者的队伍，巩固他的地位。另外，由于卡尔沃的领导地位，一些公共设施如水渠、桥梁的建设也被标榜为他的政绩，博得了部分社员的好感，所以卡尔沃在村社内部也还有一定的民众基础。对那些心怀不满、不予合作的社员，卡尔沃则极尽打击、迫害之能事，所使用的手段包括诽谤、威胁、剥夺土地、纵火、监禁、酷刑以至暗杀等。由于拥有一批追随者，再加上暴力威胁等手段的运用，卡尔沃就能对村社社员进行有效的政治动员。在密斯加瓦拉村社内部的选举大会上，所有的候选人都是由卡西克事先决定好的，社员没有其他选择，只能投赞成票。所以革命后出现的新卡西

---

① Martinez Victor Raul Martinez Vazquez, "Despojo y Manipulacion Campesina: Historia y Estructura de Dos Cacicazgos del Valle del Mezquital", en Roger Bartra, Eckart Boege, Pilar Calvo, Jorge Guitierrez, Victor Raul Martinez Vazquez, Luisa Pare, *Caciquismo y Poder Politico en el Mexico Rural*, Siglo Veintiuno Editores, Mexico, Espana, Argentina, Colombia, 1982, pp. 170-194.

克通过土地改革确立了他们在村社内部的领导地位，并利用正式的制度、机构所赋予的公共资源加强了他们的权力。卡西克在位的时间都很长，有时长达十几年、几十年，甚至代代相传。卡尔沃任村社委员会主席就长达十几年（1933—1948 年）。

卡西克在攫取了村社的领导权之后，就成为官方党农民部（CNC）基层组织（往往与村社合为一体）的当然领导人。他所控制下的社员以及村社内的无地农民（往往是社员的后代）是他最重要的政治资源，每逢地方和全国性的选举的时候，他都能组织大批农民去参加投票；当高层官员来访的时候，他可以组织农民前去迎接，并应官方党或政府的要求组织政治集会；等等，以此卡西克就确立了他政治中间人的地位。全国农民联合会在市一级及选区一级的委员会一般都处于几个卡西克的掌握之中。卡西克对选举的控制相当有效，在密斯加瓦拉所在的选区，官方党直到 20 世纪 80 年代初都没有丢掉过任何一次选举，只有一回例外，有一个投票站的选票全部为在野党国民行动党所得。经过调查发现，原来带领农民前来投票的卡西克是个文盲，把国民行动党和官方党的徽章搞混了。对于卡西克在选举中的作用，马丁内斯的评价是："卡西克在选举体系中通常都扮演决定性的角色。"[1]

除了进入官方党之外，卡西克还渗透进了市政府、州议会等国家机构。由于官方党的政治霸权，市长的人选通常是由州长最后决定的，然后走一走选举的过场，但州长会事先征求地方卡西克的意见，在卡西克或他们推荐的亲信中确定最终人选。卡尔沃就曾两度当选市长、一届州议员。进入更高层次的政治机构之后，卡西克就掌握了更多的资源。卡尔沃当选后把他的亲信安插到市政府内，操纵市预算，

① Victor Raúl Martínez Vázquez, "Despojo y Manipulación Campesina: Historia y Estructura de Dos Cacicazgos del Valle del Mezquital", en Roger Bartra, Eckart Boege, Pilar Calvo, Jorge Gutiérrez, Victor Raúl Martínez Vázquez, Luisa Pare, *Caciquismo y Poder Político en el México Rural*, Siglo Veintiuno Editores, México, España, Argentina, Colombia, 1982, p. 184.

并选派可靠的人担任教师，以避免民主政治思想的传播；利用市警察机构镇压反对派，并同州政府以及联邦政府建立了更密切的关系等。掌握的公共资源愈多，卡西克也就愈有能力扩大他的恩惠庇护网络。卡尔沃的势力范围超越了密斯加瓦拉，扩展到该市北部的所有村社，他也由一个地方卡西克（local cacique）变成了地区卡西克（regional cacique），并成为各地方卡西克的恩主。这样就形成了农村社区金字塔形的权力结构：自上而下依次是地区卡西克，地方卡西克，广大村社社员、小农和无地农民。

村社内部权力结构一般可分为三种类型：第一种为一个卡西克独揽村社内的所有权力，整个村社都在他的控制之下，这也是最普遍的一种类型；第二种为两个或三个卡西克共同分享村社权力，通常在他们内部有一定分工，分别执掌内部领导、对外联系、暴力活动等；第三种类型存在一个卡西克和一个强有力的副手，两者往往有血缘关系。卡西克权力的继承通常是在一个"政治家族"里进行的，"家族"由卡西克及其最亲密的追随者组成，一般有5—15人。他们之间通常有血缘关系，拥有相同的父姓，或有姻亲关系，或是通过教亲、收养等纽带联系起来。在老卡西克即将去世的时候，"家族"里最能干、最有野心的人被选出来接替他的职位。有时继承会引起内部纷争，导致"家族"分裂。

卡西克不但垄断了村社政治权力，而且还贪婪地为自己及其小集团攫取经济利益。他们经常使用的方式包括剥夺、强租社员土地，掠夺、低价购买社员的收获物，控制水资源和信贷等等。剥夺社员土地在墨西哥村社中是一种很常见的现象，在密斯加瓦拉村社，等那些拥有良田的社员把土地平整好、锄完草之后，卡西克就会把枪手派过去，让社员马上放弃自己的土地，否则就会使用暴力。有的社员试图反抗，但他们不是被勒死，就是被打得弹痕累累，暴尸于荒郊野外，很多人被迫放弃了土地，这时卡西克就会以弃耕为由宣布剥夺他们的土地，然后据为己有或是分给其他追随者，以获取他们的支持。强租社员土地在墨西哥特别普遍，卡西克会使用暴力威胁和各种经济手段达到目的，如截断社员的水源、不给社员贷款等。卡西克还强迫社员把收获物低价卖给他们庇护的中间商，从中获利。卡西克还经常抢夺社员的农产品，密斯加瓦拉的社员抱怨说："卡西克有几辆卡车，他们看见哪儿有麦秸就给拉走，经常一点钱都不给，他们这样做已经有好多年了。"[1] 在墨西哥，农业灌溉用水是归水利委员会统一掌管的，卡西克渗透到其地方分支机构中，控制了水源。他们给其追随者优先供水，并利用此权力要挟其他社员。他们还控制了村社银行的贷款，一部分自己使用，另一部分转贷给其他社员，收取高额利息。他们还低价雇用社员为其劳作，有时甚至根本不付报酬。卡西克用这些方式聚敛了大量财富，并用来贿赂政府官员、收买反对派、扩大庇护网络，从而进一步加强了他们的政治地位。

对新卡西克势力的出现及其运作机制的考察表明，在1910年革命后的墨西哥，卡西克及其庇护网络并非像珀索所说的那样，是处于官方党的农民组织之外的政治力量。恰恰相反，他们构成了官方党的农民部的基础。在革命及随后的土地改革中，新卡西克起到了动员、组织农民的作用，从而获得了政治合法性，取代了传统的卡西克。由此他们控制了新建的村社领导机构，并利用村社制度赋予的权力巩固、扩展了庇护关系，其政治中介作用适应了新体制的要求，成为墨西哥一党霸权、总统集权体系的主要支柱。

近年来的研究表明，庇护主义是一种世界性的政治现象，在第三世界国家的农村政治中尤为突出。[2] 但是，与那些没有经历过革命的

---

[1]　Victor Raul Martinez Vazquez, "Despojo y Manipulación Campesina: Historia y Estructura de Dos Cacicazgos del Valle del Mezquital", en Roger Bartra, Eckart Boege, Pilar Calvo, Jorge Guitiérrez, Victor Raúl Martínez Vázquez, Luisa Pare, *Caciquismo y Poder Político en el México Rural*, Siglo Veintiuno Editores, México, España, Argentina, Colombia, 1982, p. 179.

[2]　Rene Lemarchand, "Comparative Political Clientelism", in Eisenstadt, edited, *Political Clientelism. Patronage and Development*, 1981, p. 10.

国家如巴西、哥伦比亚、菲律宾相比，墨西哥农村的庇护主义又有自己的特色。在巴西等国，传统的庇护关系即大地主和小自耕农、佃农、分成农的恩惠庇护关系得以保存，大地主依然把持着乡村的政治权力，由于他们控制了大量的农民选票，因而在选举政治中举足轻重，足以与城市的政治势力相抗衡，因而形成亨廷顿所谓的"政治的乡村化"现象，即国家政治的中心向农村转移。但在墨西哥，革命已经基本消除了大庄园主和考迪罗的政治影响，革命后形成的卡西克势力是地方性的、分散的，无力与中央权力相抗衡，受城市精英的制约并依附于他们。新卡西克在推动土改、打击考迪罗势力以及保持政治系统的长期稳定等方面都做出了历史性的贡献，但它作为政治庇护主义的一种形式，破坏了村社民主、自治的制度，又成为村社农民进行民主政治参与的障碍。

第七章

村社农民与政治稳定

　　从 20 世纪 30 年代到 80 年代中后期，墨西哥经历了高度的政治稳定，官方党的一党霸权几乎未遇到任何严峻的挑战，这在整个拉丁美洲是独一无二的。应该说，村社农民对系统的稳定和维持做出了基础性的贡献。

　　在各级选举中，墨西哥的反对党在城市和工业化程度较高的地区得到的支持较多，而官方党在农村则占据了绝对的优势。[①] 美国学者阿麦斯对 1952—1967 年的六次全国性选举所做的统计分析表明，在工业化程度较高的联邦区、下加利福尼亚等州，官方党的得票率在 65%—70%；在以农业为主的塔瓦斯科、恰帕斯、伊达尔格等州，官方党的得票率则高达 95% 以上。[②] 在 1979—1988 年间的议会选举中，在以城市为主的选区官方党的平均得票率不超过 50%，但在以农村为

　　① Joseph L. Klesner, "The Evolving Party System: PRI, PAN, and PRD", in Laura Randall eds., *Changing Structure of Mexico: Political, Social, and Economic Prospects*, M. E. Sharpe Inc., 1996; Jose Luis Reyna, *An Empirical Analysis of Political Mobilization: The Case of Mexico*, Cornell University Press, 1971, pp. 116, 134-135, 144.

　　② Barry Ames, *Bases of Support for Mexico's Dominant Party*, University of California, 1970, pp. 179-186.

主的选区，这个数字达到了 76％。① 选举是将官方党的统治、精英的继承合法化的主要手段。长期以来，全国农民联合会是官方党内最大的部门，1940 年村社社员已达 160 万，1950 年为 219 万，1960 年为 232 万，到 80 年代末这个数字已上升到 350 万左右。1940 年，修改后的选举法给予女性以选举权，这样村社内的选民不仅包括社员，还要加上其配偶及成年子女，全国农民联合会所能控制的选民总数就大大增加了。另外，村社农民参与投票的比率很高，兰斯伯格（Landsberg）在对拉古纳地区的 480 名社员做了调查之后，发现 86％的社员至少参加过一次州和联邦选举。② 卡洛斯（Carlos）对 31 个村社的研究表明，在其中 20 个村社里，有超过 81％的社员参加了最近的选举，只有 3 个村社的参与率在 60％以下。③ 费根（Fagen）和托希（Tuohy）所做的类似的研究也得到了相近的结果。④ 庞大的选民队伍、很高的投票参与率再加上对官方党的党派倾向，就使得村社成为一党霸权的最为稳固的基础。

村社农民为什么会进行如此积极的政治参与呢？是否土改激起了他们对官方党的拥戴之情，从而促使他们在长达几十年的时间里自觉、自愿去投官方党的票呢？这个问题值得考察。米格代尔从意大利和委内瑞拉的经验中得出结论，认为土地改革对农民只具有短暂的激励作用，不能保证他们长期的政治行为。⑤ 事实上在墨西哥的农村有很多农民并没有把土改当成政府的恩惠，他们认为土地本来就是属于

① Ann L. Craig and Wayne A. Cornelius, *Houses Divided: Parties and Political Reform in Mexico*, Yale University Press, 1997, p. 87.

② Henry A. Landsberg, "The Limits and Conditions of Peasant Participation in Mexico: A Case Study", in Willianm P. Glade and Stanley R. Ross, eds., *Criticas Constructivas del Sistema Político Mexicano*, University of Texas, 1973, pp. 87-88.

③ Manuel L. Carlos, *Politics and Development in Rural Mexico*, Praeger Special Studies, 1974, p. 82.

④ Richard R. Fagen and William S. Tuohy, *Politics and Privilege in a Mexican City*, Prentice-Hall, 1970, p. 88.

⑤ 参见［美］米格代尔《农民、政治与革命：第三世界政治与社会变革的压力》，李玉琪、袁宁译，中央编译出版社 1996 年版，第 181 页。

自己的，而且是萨帕塔带领他们从庄园主手中夺回来的。[①] 阿尔蒙德等人在 60 年代初对墨西哥政治文化做了调查，当问及政府对他们的生活是否有影响时，66％的墨西哥人回答没有影响，23％的人说有一些影响，只有 7％的人认为政府对他们的生活有很大影响。关于这种影响的性质，只有 58％的人认为是正面影响。也就是说，只有不到 1/3 的墨西哥人认为政府有影响力，而且其中还有一半人认为这种影响是有害的。[②] 科内留斯（Wayne A. Cornelius）[③] 对墨西哥农民的政治效能感（the sense of political efficacy）的研究表明，在被调查的农民中，约有 1/3 的人认为自己对政府的行为没有影响，政治对他们来讲难于理解；一半以上的人认为他们的选票对政府几乎没有或完全没有影响。[④] 墨西哥人的政治信任感也普遍较低，89％的城市和农村的调查对象认为少数人手里集中了大量的权力，但并没有用来为大众服务。大多数墨西哥人对政治和政治家有强烈的不信任感，多达 2/3 的调查对象相信官员们更加注重私人利益，不去帮助人民，这种不信任感在下层民众当中更为普遍。[⑤] 这样就出现了一个矛盾：民众（包括村社农民）并不信任当局者，村社农民又缺乏政治效能感，认为自己不能通过投票施加什么影响，那么他们为什么还要去投官方党一票呢？答案就在于，有一种机制在操纵着农民的政治参与和不参与，它就是在墨西哥村社中广泛存在的卡西克机制。卡西克机制是社会角色、社会组织之间不平等的权力分配方式，在这种结构中最大的受益

① Lynn Stephen, "Pro-Zapatista and Pro-Pri", in *Latin American Research Review*, Vol. 32, No. 2, 1997, pp. 41-68.

② Gabriel A. Almond and Sidney Verba, *The Civic Culture: Political Attitude and Democracy in Five Nations*, Princeton University Press, 1963, p. 13.

③ Wayne A. Cornelius, *Politics and the Migrant Poor in Mexico City*, Stanford University Press, 1975, p. 85.

④ Ann A. Craig and Wayne A. Cornelius, "Political Culture in Mexico: Continuities and Revisionist Interpretations", in Gabriel A. Almond and Sidney Verba, eds., *The Civic Culture: Revisited*, *Sage Publications*, 1989, p. 363.

⑤ Ibid., p. 375.

者是庇护者及其核心的小集团，其他成员实际上处于被剥削和被利用的地位。这种机制同国家法律所规定的村社民主制度相比，其不公正和不合理的性质是显而易见的。那么为什么卡西克机制能够长期、广泛存在于村社之中呢？恐怕这个问题的答案深深埋藏在墨西哥的历史、文化、制度和生产力发展的状况之中。

第一节　卡西克的中介功能

作为一种农村地方政治结构，卡西克体制有其特定的功能，为自己提供了存在的理由。由于农村卡西克在墨西哥政治系统中所处的位置，决定了它主要发挥的是政治中介功能。

上文已经提到，墨西哥的卡西克在 1910 年革命及其后的土地改革中具有了新的功能，即动员、组织农民参与土改及帮助政府平定武装叛乱等，这就在农村权力结构中奠定了他们的地位，与政府建立了合作关系。在革命后的国家重建过程中，这种结构不但得到容忍，而且被结合到正式的政治机构之内。很多农村卡西克在市政府、州甚至联邦议会、全国农民联合会的基层组织担任过职务，在任期结束后，通常由其最亲密的追随者来接替这些职位，他们构成了墨西哥的等级庇护主义网络中的一部分。在墨西哥，由于官方党能保证选举的胜利，所以总统拥有对所有重要职位的任命权，连法律规定应由选举产生的各州州长都是由总统任命的，这些人又依次去任命下层的职位，从而构成一个垂直的庇护网络。① 地区卡西克通常托庇于州长和其

---

① J. Purcell，"With All Due Respect"，in *Latin America Research Review*，Vol. 34，No. 1，pp. 200-210.

他高层官员，同时他们向下又庇护着各村社中的卡西克。因此，卡西克利用这种庇护关系，把持了政府的基层机构和官方党的基层组织，他们处于农民与上层政治机构之间，主要起政治中介的作用。

从州长及其他高官那里，卡西克可以得到向上流动的机会和一些公共资源。如果得到州长的赏识，他们可以做市长、州议员、国会议员、官方党地方委员会或州委员会的领袖，而且他们的违法行为也会得到庇护。作为回报，卡西克必须动员他的控制范围之内的农民去参加官方党的集会、在高级官员来访时组织隆重的迎接仪式、参加各种官方典礼；他还负责向农民宣传官方的意识形态，增加农民对官方党和政府的认同；最重要的是，他要组织农民参加选民登记，在各级选举中确保官方党的胜利；此外，他还得疏导、抑制农民的利益要求，把它们控制在短期的、具体的范围内，以免政府的负担过重，起到了戴维·伊斯顿所说的政治系统"守门员"的作用；卡西克的另外一个重要职责是压制农民的反政府行为、防止独立农民组织的出现。

直到 20 世纪 70 年代初，乡村卡西克都很好地完成了以上职能，此后虽有所削弱，但还没有完全失去控制。其中特别突出的是其组织政治参与的功能，通常是卡西克本人或他指派专人来负责这件事情，并备有卡车等交通工具。而且对这种活动的参与情况卡西克都有记录，参加者会或多或少得到一些物质回报，缺席者则成为打击报复的对象。一位村社社员在接受调查时说："我知道官方党是为那些富人和有权的人服务的，像我们这样的人景况一年比一年糟，可我还是得去参加游行，还得高喊万岁，因为他们给我 5 个或 10 个比索和一顿饭。如果卡车来到门口时你拒绝参加，那你就成了农民联合会的敌人，麻烦也就来了。"① 上面已经提到，1917 年之后墨西哥实行的是

---

① Judith Hellman, *Mexico in Crisis*, Holmes & Meier Publishers Inc, 1988, p.130.

土地国家所有制，村社委员会有权剥夺社员的土地（最终剥夺须经总统批准），因此卡西克在控制了村社委员会之后，就可以此为工具，胁迫社员听命于己，否则就利用种种借口剥夺他们的土地。此外，他们往往还控制了官方银行的低息贷款、灌溉水源等其他公共资源。米格代尔曾指出，在地主控制的农村里，地主掌握的资源愈稀缺、范围愈大、垄断程度愈高，则他对农民的控制就愈有效。[①] 同样道理，卡西克在控制了最为稀缺的诸种资源后，也就牢牢地掌握了村社的政治权力，形成了对社员的政治控制。当村社中出现反对势力时，卡西克就会不遗余力地进行镇压。恰帕斯州卡兰萨市的一名社员讲述了他们的经历："1973 年一些学生到了我们这里，开始发动农民建立独立组织，晚上我们秘密的去散发传单，都是揭露卡西克罪行的。卡西克带着人在街上巡逻，有时他们带着枪躲在墙角里，等着伏击我们。"卡西克的这些职能，使得他们成为当代墨西哥政治体系中不可或缺的一部分。1972 年，官方党的主席艾洛雷斯（Reyes Heroles）在一次演讲中说："我们党内有些积极分子认为卡西克是我党权力的一个组成部分，反对卡西克是一个错误，等于拆自己的脊梁骨。我不相信这个话，没人能依靠卡西克的支持建立统治，如果有人认为可以这样，那他就是卡西克的支持者。可以说卡西克体制具有某种功能，但它在我们的时代注定要消失得无影无踪。"[②] 可是这种斗争从来没有真正展开，因为这样就意味着要对党做彻底的民主改造。官方党和政府的上层人物已经习惯于"和那些处在社会结构中的战略位置的人（指卡西克）打交道，并确信他们能向党提供支持"。反对卡西克不但要失去现成的政治工具，而且建立农民的民主组织要冒很大的政治风险。所以从官方的角度来看，卡西克体制在维持整个系统的稳定和生存方面

---

① 参见［美］米格代尔《农民、政治与革命：第三世界政治与社会变革的压力》，李玉琪、袁宁译，中央编译出版社 1996 年版，第 27—28 页。

② Wayne A. Cornelius, *Politics and the Migrant Poor in Mexico City*, Stanford University Press, 1975, pp. 163-164.

起着难以替代的作用，他们不愿意失去它。

除了这些对官方党和政府上层的职能以外，卡西克为了有效地维持其统治，还必须为农民提供一些公共服务。因为农民对官僚机构缺乏必要的了解，信心不足，而且饱受官僚拖沓、冷漠的办事作风之苦，不愿意也不知道如何与他们打交道。卡西克这时就来发挥他的政治中介作用。他们不但与官员有交往，还同律师、工程师、农业技术员等人建立联系，从而比较容易得到一些建议和好处，也能为村社争取到一些公共资源，并且这种交往能力本身也成为卡西克个人魅力的一部分。在弗里德里克的个案中，佩德罗就为他的村社争取到了电力、自来水，连村旁的公路也被他吹嘘成自己的政绩。他还负责调解社员之间的纠纷。佩德罗上过学，对《农业法》及相关法律条文很熟悉，是本地少有的"法律专家"，在同周围村社发生土地纠纷时，这种知识就显得特别有用。而且佩德罗能说会道，经常在集会上发表演说，这也增加了他的个人魅力。卡西克在政治体系中的中介功能、个人能力等因素，使之满足了政治系统稳定农村的要求，并部分迎合了农民的一些需要，因而巩固了自己的地位。一位研究者在 20 世纪 60 和 70 年代对墨西哥农村做了长期的田野调查之后得出的结论是：村社农民对卡西克体制很少反抗，即使有一些骚动往往也以失败告终。①

---

① Vicente Padgett，*The Mexican Political System*，Houghton Mifflin Co.，1976，p. 159.

第二节　反抗卡西克的结构性障碍

我们已经看到，墨西哥农民在政治文化方面的一些特征，以及政治系统的某些结构性因素，为卡西克体制的存在和延续提供了肥沃的土壤。但同时我们也知道，一个社会的文化并非同质性的，而是多种矛盾因素的混合体。从冲突理论的角度来看，任何社会分层体系之中都隐藏着利益的冲突，也就蕴含着可能的反抗。为了消除潜在的威胁，政治系统对民众的组织和动员强加了一些结构性的限制，这就是墨西哥的一党专制和职团主义体制。

农民是很难组织起来的，与城市居民相比，农民的分布很分散；他们的生产、消费多以农户为单位，农户之间的相似性很大，往往缺乏合作的基础；农民受教育的程度普遍较低，缺乏社会化、政治化的渠道，因而自觉意识不强，这都不利于农民的组织化，因而他们通常需要外界力量的帮助才能建立起自己的组织。在墨西哥威权主义、庇护主义的政治体系内，农民就很难得到这种帮助，因为从 30 年代中后期起，官方党就确立了它的霸权地位，各反对党的主要功能就是帮助政府维持其合法性，真正的反对党无一例外都遭到了政府的遏制和镇压，这种状况一直延续到 80 年代。

1910 年革命后，墨西哥出现一些左翼政党，主要有国家农民党（Partido Nacional Agrarista）、国家劳工党（Partido Nacional Laborista）和东南社会主义党（Partido Socialista Sureste）等，官方党建立之后，就竭力把它们纳入自己内部，或使用同化其领袖等方式对其加以控制。从 1917 年到 30 年代中期，墨西哥的政党体系是多元化的，很多地区或全国性的政党具有较大的自主性。在 1933—1938 年间，官方党把大多数城市工会组织和农民（以村社农民为主，也包括准备向政府申请土地的农民）统一在自己麾下，造成了一党独大的局面。墨西哥共产党建立于 1919 年，在整个 20 年代，它基本上是作为秘密组织在活动，工作重心是进行劳工和农民的发动和组织，在拉古纳地区和西北、东南各州有较大影响。到卡德纳斯时期它正式登记，成为公开活动的政党。它支持政府的农业改革和石油、铁路等部门的国有化政策，在"社会主义教育"运动中也发挥了重要影响，但 1940 年之后它开始受到政府的打击。1946 年政府为了限制反对党的活动，对选举法进行了修订。新选举法规定，政党必须是全国性的组织，标准是：至少拥有 3 万名成员、其范围至少要覆盖 2/3 以上的州，每个州至少拥有 1000 名以上党员。墨西哥共产党由此失去了其正式政党的地位，活动也受到极大限制。

1947 年，老资格的劳工领袖文森特·隆巴多·托雷达诺因对政府政策不满，从官方党中脱离出来，成立了民众党（Partido Popular），其纲领中要求更大范围的国有化、更加彻底的土地改革和真正的人民民主等。民众党也曾经到甘蔗种植、加工区和棉花种植区去发动村社社员和农业雇工。1949 年，托雷达诺创建了墨西哥工农联合总会（UGOCM），号称拥有 30 万会员，其中包括拉古纳地区的集体制村社社员。工农联合总会的目标非常明确：在革命制度党之外建立强大的民众政党，重新恢复墨西哥政府的革命倾向。阿莱曼政府立即使用各种手段打击这个新组织，劳工部拒不承认工农联合总会在劳动合同谈判中的调解者地位。在科迪纳斯总统任职期间，国会修改了《农村信贷法》，禁止拉古纳地区村社信贷总社的运作，因为它加入了工农联合总会。在米却肯等州，工农联合总会的领导人和组织屡次遭到政府的打压。后来，工农联合总会在锡那罗亚和索诺拉州得到扩张，与那里的村社组织建立了联系。1958—1960 年，另一位从革命制度党退出的领导人哈辛托·洛佩斯在索诺拉、锡那罗亚、奇瓦瓦、纳亚里特和科利马等州领导了大规模的夺地运动，成千上万名无地农民和农业雇工参加。占地者往往很快就被军队驱散，成果并不显著。在官方党的打击和同化政策下，这个党始终难有大的作为，从 60 年代中期之后它就放弃了自己的立场，开始支持政府和官方党的政策，并在选举中为官方党效力。

在 40 年代和 50 年代，莫雷洛斯州的一些村社在鲁文·哈拉米略（Ruben Jaramillo）的领导下成立了莫雷洛斯农业工人党（PAOM）。哈拉米略曾经参加过萨帕塔的农民起义军，后来成为革命制度党全国农民联合会的地方领导人。他反对卡马乔总统（1940—1946 年）和阿莱曼总统（1946—1952 年）"向右转"的政治倾向，对土地改革步伐的放慢十分不满。于是他开始领导农民侵占地主的土地，后来又组织了农业工人党，准备竞选州长，在官方党的阻挠下哈拉米略的竞选失败。1952 年，他领导一批农民组织加入新成立的恩里克斯党。这个党的领导人米格尔·恩里克斯·古斯曼原本是革命制度党内一个持激进立场派别的领袖，后脱党成立自己的组织，准备竞选总统。但恩里克斯党不久就被镇压并解散。次年，哈拉米略的兄弟波菲里奥·哈拉米略（也是农民运动领导人）被政府军杀害，他本人也被逮捕，在前总统卡德纳斯的帮助下才得以出狱。1958 年他组建了一支游击队，以武力支持无地农民的夺地斗争。1962 年，哈拉米略及其妻女被政府军枪杀。

1968 年成立的劳工革命党（Partido Revolucionario de los Trabajadores）把主要精力放在城市工人的组织上，其发展也遇到了重重困难。1973 年成立的社会主义劳工党（Partido Socialista de los Trabajadores）则基本上是一个追随官方党立场的非独立政党。而且，应予指出的是，这些左翼政党的规模都小得可怜，在历次总统选举中得票总额通常不超过 1%。因此，从 30 年代起在长达 40 年的时间里，根本没有强有力的左翼政党在农村与官方党展开竞争，因而村社农民也难以得到外界的思想和物质支持。

在 70 年代中期以前，墨西哥农村的独立农民组织很少。政府一官方党—卡西克势力使用各种手段遏制它们的发展。农民领袖和积极分子经常受到迫害，监禁和酷刑很普遍，很多人甚至被暗杀。政府有限的公共资源分配都是通过全国农民联合会的渠道进行的，有时农民追随独立农民组织举行抗议活动，但享受斗争成果的却是那些依附于全国农民联合会的农民，这对独立组织的发展很不利。另外，独立农民组织缺乏经费，活动也受到限制。70 年代之前的独立农民组织主要有墨西哥工农联合总会（UGOCM）和独立农民中心（CCI）。独立农民中心成立于 1959 年，创办者为阿方索·卡尔松，革命制度党全国农民联合会下加利福尼亚州领导人。科罗拉多河引发的土地盐碱化严重损害了当地村社社员的利益，但州政府和全国农民联合会都不予理睬。卡尔松回应了社员们的诉求，成立了这个独立农民组织。独立农民中心还吸收了由拉蒙·丹索斯·帕罗米诺领导的农民团体。帕罗米诺是索诺拉州的乡村教师和墨西哥共产党党员，他领导的团体致力于推动土地改革和农村基层组织的民主化。1963 年，独立农民中心、工农联合总会及其他十一个独立农民组织一起组成了独立农民联合会，发动了大规模示威游行，并推出自己的候选人参加大选、州长选举和联邦议会选举。独立农民组织的壮大引起了政府的不安。从 1964 年起，镇压开始加强，联合会内较激进的领导人帕罗米诺（Palomino）等人先后被政府逮捕并长期监禁，温和派的阿方索·卡尔松（Alfonso Garzón）等人乘机掌握了领导权。从 1965 年起，卡尔松开始在政府内任职，独立农民联合会也失去了它往日的战斗性。

不仅如此，官方党内部的职团主义体制也构成了一个巨大的障碍。1929 年，卡列斯建立了国民革命党（PNR），当时党内结构比较混乱，既有地方考迪罗的派系，又有行业性的、跨地域的工会、农会组织，其中地方考迪罗的影响非常大。1938 年，总统卡德纳斯将国民革命党易名为墨西哥革命党，并进行了改组，原来的地域划分被打破，代之以行业/阶级划分。党内分为农民、工人、军人、民众四个部，1940 年军人部被取消。这次改组的一个目的是以垂直的行业结构来削弱地方考迪罗的权势，同时另一个重要目的则是以此将农民与工人这两大阶级分割开来，因为这两者如果结合起来，就会拥有太多的社会资源（农民人口众多，工人则占据了关键的行业并有高度的组织），形成"尾大不掉"的局面，使政府难以驾驭。尽管受到一些工人领袖的激烈反对，这项政治策略仍然得到了严格的执行。有的工会试图组织农民，结果遭到卡德纳斯的严厉谴责，未能获得成功。另外，由于党内存在庇护主义传统，官员不是由党员选举，而是由上级委任，这使得党内精英缺乏打破这一成规的动力。官方党的这一原则被自始至终贯彻下来，造成墨西哥农民与工人长期分离。

综合来看，由于威权主义政府的高压政策及其他一些原因，墨西哥缺乏强有力的左翼政党、独立农民组织，再加上官方党内的职团主义体制，都不利于农民的政治社会化和政治组织向积极的方向发展。

曾经有很多学者认为，卡西克只会出现在那些贫困、闭塞的落后地区，随着经济的发展和社会的进步，卡西克现象自然而然就会消失。[①] 墨西哥在40—60年代之间经历了高速经济增长，但70年代及其后的一系列实证研究都证明了卡西克在农村的广泛存在，甚至连一些城市中也出现了卡西克现象。那么卡西克体制与经济发展到底是什么关系呢？本文认为它们之间既非简单的正相关，也非简单的负相关，而应视经济发展中收入分配的状况而定。如果在经济发展的过程中收入分配比较平等，农民能从中受益，改善其经济、社会状况，那就有利于抑制、消灭卡西克势力；反之，如果只有增长而无发展，农村仍然贫困落后，那就为卡西克体制的延续提供了有利的社会环境。在墨西哥，收入分配的不均等是显而易见的。根据家庭收入统计，在1950—1975年间，占墨西哥家庭总数20％的最贫困的家庭只得到了总收入的5％左右，而且呈逐年下降的趋势，而最富有的20％的家庭

---

① Paul W. Drake, "Mexican Regionalism Reconsidered", *Journal of Inter-America Studies*, 1970, 12 (3); Jacques Lambert, *Latin America: Social Structures and Political Insttiutions*, University of California Press, 1967, p. 132.

得到了总收入的 60％以上，到 1975 年已经增加到 66.4％。基尼系数在 1950 年就高达 0.50，1975 年更升高到 0.58，收入之不均等堪称世界之最。[1] 到 90 年代中期，仍有 50％的墨西哥人生活在贫困线以下，其中 70％为农村人口，总数约为 3000 万（墨西哥总人口为 8100 多万），约有 1000 万农村居民被墨西哥政府确认为"极端营养不良"。1960 年有一项关于社会边缘性的调查，结果表明：农村人口中文盲率占 52％，而在城市中相应的比率为 24％；有 51％的农村人口吃不到面包，在城市中为 13％；在农村 51％的人口吃不到肉、鱼、牛奶和鸡蛋，在城市中只有 13％；有 23％的农村人打赤脚，而在城市中只有 6％。这些数据形象地揭示了城乡之间巨大的发展差距。[2]

经济贫困和教育的落后首先限制了村社农民在社会化方面的渠道和机会，使他们难以摆脱传统文化和政治、经济结构中的某些不利因素的限制，去主动的反抗卡西克的统治。另外，即使他们克服了文化和结构的障碍，经济和教育的落后使得他们的反抗活动难以开展。例如，普韦布拉州一个村社的农民想要到州农业机构那里去控告当地卡西克的不法行为，他们就得雇一辆卡车，在那里待上四五天，才能得到官僚们的口头承诺。要想让他们付诸行动，农民们还得送上一笔"好处费"才行。再加上官僚们一贯的拖拉作风，就使得农民的成本更加高昂，难以负担。如果农民卷入诉讼，他们还得花一大笔钱去雇请律师；因为不懂法律，他们经常上当受骗。一位农民领袖曾说："我们这儿的社员大部分都是文盲，不知道去争取他们的权利，如果别人成心骗他们，那简直太容易了，那些律师就经常这么干。"和卡西克们相比，农民拥有的资源就太贫乏了，这使得他们几乎无法抵抗卡西克的经济诱惑、制裁和暴力压制。所以那种认为随着国内生产总

---

① Lamartine Yates, *Mexico's Agricultural Dilemma*, The University of Arizona Press, p. 45.

② Pablo González Casanova, *Democracy in Mexico*, Oxford University Press, 1970, pp. 72-73.

值的增长卡西克就会自然消失的观点是完全错误的，不公正的分配为卡西克的延续提供了有利条件。

第三节　政治文化：卡西克生长的沃土

说起卡西克机制的历史根源，可能最先被想起的就是墨西哥1910年革命。但应该注意，卡西克的起源早于革命，它是革命之前就已存在于印第安村庄里的一种传统的权力结构，革命非但没有摧毁它，反而给它注入了新的生命力。在革命之前的墨西哥乡村，庄园与印第安村庄长期共存，庄园主的势力范围一般在村庄之外，村庄内部的权力结构是以卡西克为主导的，它们分属两个系统。米格代尔所描述的拉丁美洲的情况，如地主牢牢控制着农民的一切经济社会活动、农民在清偿债务之前不能离开庄园等，其实只适用于庄园主与其债役雇农之间的关系，在所谓的"自由村庄"里，则是另一种情况，卡西克是本社区中最有权势的人。[①] 与委内瑞拉的情况做一个对比，就可以清楚地发现墨西哥的特色。

在20世纪40年代，委内瑞拉也进行了一次土地改革。在改革之前，委内瑞拉大部分农民没有固定的居所，处于流动状态，他们属于刀耕火种的拓荒者，靠开垦小片的无主土地为生，等地力耗尽之后再继续迁移。1963年的调查表明，43%的农民在3个以上的地区居住过。庄园主大都是不在地主，对农民的控制很少，国家的触角也没有伸展进来，农民内部也没有发展起庇护关系。所以在30年代激进的

① 参见［美］米格代尔《农民、政治与革命：第三世界政治与社会变革的压力》，李玉琪、袁宁译，中央编译出版社1996年版，第28—29页。

民主行动党发动农民、组织农会的时候，农会内部发展起来的是一种比较民主的组织结构，农会领袖由选举产生并且经常轮换。农会与政党之间有密切联系，但没有隶属关系。[①] 这些组织特征都使得农会成为农民利益的真正代表，与墨西哥的卡西克机制形成了鲜明对照。所以说卡西克机制是传统的社区权力结构在变化了的历史环境中的延续和加强。

历史在变化，但很多东西却在长时段里保持了其本质特征，文化就是这样一种东西。卡西克机制之所以历久不衰，自然也有其深刻的社会文化背景。目前对拉美政治文化的研究还比较少，尚未充分展开。其原因可能有两个：其一，国的政治文化由于阶级、种族、性别、地域等差别而呈现出多种形态，这使得学者很难做出明晰的、有意义的概括；其二，由于解释范式的不同，对政治行为的解释往往到经济关系和政治结构中去寻找答案，文化因素受到忽视。对墨西哥政治文化的研究也是如此。这些为数不多的研究大致可分为两派：一派属于较早期的研究（约在 1968 年之前），以田野观察、新闻报道、精英访问等材料为基础，主要关注那些对现代化发展不利的民族心理特征。较晚近的另一派研究以美国的政治社会学学者为主，采用对目标人群（有的范围很广，遍及全国，有的则集中于某个社区）的问卷调查、分析的方法，侧重于政治态度与政治行为之间的关系。[②] 但两派的研究都注意到了墨西哥政治文化中一些具有共通之处的因素，如"大男子主义"（machismo）和"权威人格"（authoritarian personality）等。"大男子主义"意味着崇尚力量、强暴专横、欺压弱小。这体现在对"chingar"一词广泛的使用上。墨西哥学者奥科塔维奥·帕斯（Octavio Paz）对此有一个经典的描述："chingar 在南美的一些地

---

① John R. Mathiason and John D. Powell, *Participation and Efficacy*, The University of Arizona Press, 1972, pp. 45-54.

② Gabriel Almond and Sidney Verba, *The Civic Culture*: *Revisited*, Sage Publications, 1989, pp. 346-347.

方意味着侵扰、指责、责备。它是一个有侵犯意义的动词……在墨西哥它有数不清的含义……但在这多重含义中它最终带有侵略的意味。这个词强调暴力、从自我出发去强加给别人，冲突是它的固有之义。这个词有性的含义却不表示具体的性行为：一个人 chingar 女性并不是去真的占有她，chingar 就是指对别人施加暴力。这个词是阳性的、积极的、残忍的。承受这种行为的人是消极的、懒惰的，而施加它的人是积极的、侵犯性的。侵略者是男子汉，被侵略者属阴性，是纯粹被动的。Chingar 是邪恶的、灵敏的、有力的，它就像一头困兽，把我们的世界变成了丛林：商业中隐藏着猛虎，学校和军队里潜伏着雄鹰，我们的朋友里面就有饥饿的狮子。在这个侵略成性的世界上，暴力和猜疑笼罩着一切，没有人会敞开胸怀、奉献自己。唯一的价值就在于男子气概、个人力量和强迫别人屈服的能力。"[1] 这是一种崇尚暴力和冲突的价值观，是大男子主义的核心。专长于墨西哥政治文化研究的美国学者帕吉特（Padgette）认为，大男子主义是当代墨西哥所有权威关系的基本特征之一，任何人想树立其权威，都必须显示其力量、展示其男子气概，然后才能获得别人的承认。他还认为，这种价值观导致了人际冲突和不信任，对墨西哥的社会组织方式有很大影响，表现在个人之间的联盟往往需要血缘（核心家庭、扩展家庭）、亲密的友谊（幼年伙伴、同学等）及教亲关系等为基础，在政治上易结成以庇护主义为特征的帮派，不容易结成以阶级、职业为基础的广泛的政治联盟。[2]

塞缪尔·拉莫斯（Samuel Ramos）侧重于梅斯第索人（印第安人与西班牙人的混血后裔，在现代墨西哥绝大多数人都属此人种）的心理特征，他发现在墨西哥社会中存在一种根深蒂固的自卑感，它起源

① Octavio Paz, *The Labyrinth of Solitude: Life and Thought in Mexico*, New York, 1961, p. 75.

② Vincent Padgett, *The Mexican Political System*, Houghton Mifflin, Co., 1976, pp. 63-70.

于西班牙人的征服，以及梅斯第索人所受到的来自西班牙人和印第安人两方面的排斥。这使得梅斯第索人缺乏自己的终极价值，他们试图模仿西班牙人、法国人甚至北美人，但又无法完全认同。这种自卑感使他们既不相信自己，又不相信别人，在同其他人接触时高度敏感，对自己过分关注，不顾及他人。"他的自卑感导向极端的个人主义，不同程度上损害了个人对共同体的感情。不可否认的是，在墨西哥合作行动的意愿和集体规范的约束很弱，我们的生活是散漫的、混乱的，这对我们的社会团结造成了明显的损害。"[1] 这种心理就使得墨西哥很难出现积极的政治组织活动。与美国、英国、德国、意大利等国的公民相比，墨西哥人对政治俱乐部、组织、团体的参与要少得多，这恐怕与梅斯第索人的心理特征不无关系。这种对国民性格的观察可能发现了政治文化当中的一些本质现象，具有一定的说服力。但这种研究来自主观印象，缺乏实证基础。后来美国学者弗洛姆和麦考比（Fromm and Maccoby）对墨西哥农民的"权威主义人格"做了实证研究，得出了一些有意义的结论。"权威主义人格"是由批判学派的著名理论家 T. W. 阿多尔诺（Adorno）提出的，其内涵包括：保守主义（强烈拥护保守的、中产阶级的价值观）；权威服从（对团体内的权威表示无保留的服从）；权威侵犯（对那些冒犯保守价值观的人进行谴责、惩罚的倾向）；权力与强硬（关注控制—服从、强—弱、领导者—追随者的关系；认同强权人物；对力量与残忍的过分肯定）；破坏性与愤世嫉俗（泛化的敌意）等。这原本用来探讨德国纳粹兴起的文化渊源。研究墨西哥的学者对此略加修改，用来解释墨西哥人际关系、领袖—追随者关系和社会组织的特定形式，研究主要关注权力关系（控制与服从）、泛化的敌意、对反对意见的不容忍以及宿命论等。弗洛姆和麦考比的《一个墨西哥村庄的社会特征》是这一系列研

---

[1]　Samuel Ramos，*Profile of Man and Culture in Mexico*，University of Texas Press，1962，p. 128.

究中最详尽的一部。

1963 年弗洛姆和麦考比对莫雷洛斯州一个村庄里所有年满 16 岁的男性和年满 15 岁的女性（共 406 人）做了调查，使用的方法有历史资料收集、参与观察、标准问卷调查等。他们所得出的结论是：在社会政治关系方面，该村 49％的人具有"服从性格"，即"缺乏希望，对未来的看法完全是宿命的，感到没有能力去改变事物，屈服于自然与神力，认为年轻人对长者、妇女对男人、穷人对富人都应该持服从态度"；另有 36％的人具有"权威性格"，这种人又可分为两类，其中一类占 20％，他们认为传统和习俗应该受到尊敬，传统的等级权力结构应该加以维持，另一类占 16％，他们尊重有权力的人和使用暴力的人，并且认为由于力量的差异所造成的不平等是正当的；仅有 7％的村民表现出了民主的倾向。[①]

以上几种观点都曾受到一些非难，但多数学者也承认它们的确道出了墨西哥农民政治文化中一些真实成分。[②]"大男子主义""权威人格""民族自卑感"等观点的共同之处在于，它们揭示了农民对暴力和传统的崇拜与服从，卡西克的权威很大程度上就是建立在这两者之上的，这使得卡西克的统治比较容易为村社农民所接受。从另一个角度来看，具有这种人格的农民一旦掌权，马上就会变成另一个卡西克，而且这样的农民很难建立民主的政治组织，以反抗卡西克的统治。科内留斯对墨西哥城市贫民的研究也发现，具有"权威人格"的居民更倾向于接受城市卡西克的领导，去参与他们组织的投票及其他政治活动。[③]伊图里亚卡（Iturriaga）、斯科特（Scott）、拉尼斯（Ranis）等学者

---

① Erich Fromm and Michael Maccoby, *Social Character in a Mexican Village*, Prentice Hall, 1970, pp. 89-110.

② Roger D. Hansen, *The Politics of Mexican Development*, The Johns Hopkins University Press, 1974, p. 194.

③ Wayne A. Cornelius, *Politics and the Migrant Poor in Mexico City*, Stanford University Press, 1975, p. 96.

也表达了相似的观点。[1]

卡西克之所以能得到村社农民的承认，还与卡西克通常所具有的"传统的"合法性有关。马克斯·韦伯把权威的来源分为三种：传统型、个人魅力型和法理型。为什么卡西克具有传统型合法性呢？这是因为新老卡西克之间的权力交接往往发生在家庭或家族内部，形成了一种家族统治的传统。弗里德里克对米却肯州一个村社的研究提供了一个很好的案例。

在这个农村社区中，从19世纪70年代起就是卡索（Caso）家族掌握了最高权力，到1950年佩德罗·卡索成为卡西克时，这个家族的统治地位已经保持了近80年。卡索家族最早的一代在迪亚斯时代开始担任村庄的代表，在1910年革命中，该家族的很多人都参加了武装斗争，有一些人为之丧生。1919年，当时的卡西克，也是佩德罗的叔叔，被地主谋杀。一年之后，他的另一个叔叔，布里莫·塔比亚在家族和朋友的支持下对当地的农民运动进行了整合，成为一位强有力的地方农民领袖，佩德罗也参加了他的组织。几年后塔比亚被杀，村庄的领导权落入两个卡西克的手中，其中一个是佩德罗的叔叔，另一个是他的舅舅，佩德罗成为核心小集团中的一员，并开始担任公职，直到他成为正式的卡西克，他已是这个家族的第六位权力继承人。在近80年里，卡索家族的人或他们的姻亲一直掌握着社区的权力，这已经形成了一条规则，村民们对此表示承认。正如一位社员所说："只有卡索家的人才配统治我们。"[2] 长期的家族统治，是卡西克体制的一个突出特征，也构成了其合法性的一个来源。

综上所述，墨西哥的新卡西克在革命和土改斗争中树立了权威，

---

[1]　José E. Iturriaga, *La Estructura Social Cultural de México*, México, Fondo de Cultura Economica, 1951, p. 234；Robert E. Scott, *Mexican Government in Transition*, University of Illinois Press, 1959, p. 93；Peter Ranis, *Five Latin American Nations：A Comparative Political Study*, The Macmillan Company, 1971, pp. 167-176.

[2]　Paul Friedrich, "The Legitimacy of a Cacique", in Marc J. Swartz, ed., *Local Level Politics：Social and Culture Perspectives*, Aldine, 1968, pp. 256-261.

并占据了村社中的领导职位，他们利用公共资源、服务、暴力威胁、经济制裁等手段确立了庇护主义的统治方式，为墨西哥长期的政治稳定做出了不可或缺的贡献；农民消极的文化特征和心理状态，使他们易于接受这样一种行为模式，而且政治系统的结构安排也有利于巩固卡西克的地位，所以墨西哥农村的卡西克体制得以长期延续，成为系统中不可或缺的一部分。但是，这种结构安排毕竟不能改变系统不平等的性质，冲突终究是要爆发出来的。

第八章

个案分析：卡西克机制的微观画卷

卡西克机制是墨西哥政治、经济体系中普遍存在的现象，但由于各地区情况各异，卡西克个人特征各不相同，不同地方的卡西克机制便呈现出不同的特点。本章根据一批墨西哥学者所做的田野调查，展示四个农村卡西克的具体运作情况。[①]

第一节　密斯加瓦拉村社：地方卡西克的成长史

密斯加瓦拉村社是传统农业区，居民的经济活动、与外部社会的关系、政治社会问题等都围绕土地展开。在殖民地初期，这里的主要

---

① 4个案例摘编自：Jorge Gutierrez，"Comunidad Agraria y Estructura de Poder"，Eckart Roege y Pilar Calvo，"Estructura Politica y Clases Sociales en Una Comunidad del Valle del Mezquital"，Victor Raul Martinez Vazquez，"Despojo y Manipulacion Campesina：Historia y Estructura de Dos Cacicazgos del Valle del Mezquital"，en Roger Bartra，Eckart Boege，Pilar Calvo，Jorge Guitierrez，Victor Raul Martinez Vazquez，Luisa Pare，*Caciquismo y Poder Politico en el Mexico Rural*，Siglo Veintiuno Editores，Mexico，Espana，Argentina，Colombia，1982.

经济、社会组织为印第安公社，土地共有。由于疫病等因素的影响，这里人口锐减，后来重组为密斯加瓦拉等三个较大的村落，仍然保持了公社传统，并与西班牙庄园主展开了土地争夺。在大庄园制逐步形成后，公社土地遇到了前所未有的威胁。从1765年起，附近的乌鲁阿帕庄园开始侵占公社土地。独立之后，土地争夺依然持续。1846年，政府承认了乌鲁阿帕庄园对公社土地的占有，只给公社留下零星的小片土地。但因为当地印第安人在内战中积极支持华雷斯总统，他们又得以收回被庄园侵占的土地。到迪亚斯当政时期，情况再次反转，政府又做出了对庄园有利的判决，农民再次失去土地，很多人沦为债役雇农，生活状况非常悲惨。经历过那个时期的老人回忆说：债役雇农们的生存都成问题，他们经常要向工头下跪，乞求一份工作和几个玉米饼，还时常被工头毒打。"当我被打得头破血流时，我只能向我的母亲哭诉。但我们能去哪儿呢？离开庄园就会被饿死。没有人会帮我们，政府里都是他们（庄园主）的人。我们就盼着有人带领我们造反，一起反抗。"土地的高度集中、债役雇农的微薄工资、农民的极端贫困、庄园主的暴虐和政府的专横不断引发农民的反抗，但都遭到庄园主的残酷镇压。"他们（庄园主）有人有枪，把领头闹事的人抓住后就竖着埋到土里，一直埋到脖子，然后骑马去践踏，让那些人死得很惨。"1910年革命爆发后，萨帕塔的队伍来到这里，很多当地农民参加了起义军。1915年，起义军把土地从庄园主手里夺了回来，还给了农民，并成立了密斯加瓦拉村社。在分地过程中，农民们态度不一。有些人仍然害怕庄园主会回来报复，不敢接受土地。有些农民首领带领大家分地，但同时也把最肥沃的土地据为己有，甚至自己家里年龄幼小的孩子都能分到一块好地。后来，围绕土地的争斗日益激烈，村社内部分成不同的帮派，为争夺土地相互厮杀，很多人遇害。1928年后，名叫马尔克斯·卡尔沃的农民首领逐渐得势，把其他派别赶出了村社。

卡尔沃建立了自己的武装组织，还与州里的一些官员结成了政治盟友。以此为基础，他开始巩固、扩大自己的势力，并逐步形成了一张"密实"的权力网络。他利用自己的关系渠道为一些村社社员向上级机构反映问题，在土地分配中故意向一部分人倾斜，为自己派别的成员争取国家村社银行的贷款，与水力资源部接洽为村社争取水利工程项目，在村社内争取到越来越多的支持。1933 年，他当选为村社委员会主席。在这个位置上他得到了更多资源来运作自己的网络。他利用村社委员会取得了多项政治、经济权力：可以承认或否认某人的社员法律地位和权利；可以剥夺社员的份地及重新分配土地；操纵社员的选票；利用社员的法律权利等。他开始着手剥夺一些反对他的社员的土地。这些社员受到死亡威胁，不得不逃离村社。然后卡尔沃宣布这些社员弃耕，依法没收其土地。有些社员拒绝放弃自己的土地，结果遭到卡尔沃手下的暗杀。这些夺来的土地被分配给其他社员，得到这些恩惠的人自然变成了他的追随者。到收获季节，他会指派一些商人到田间地头去低价收购社员的农产品，拒绝收购者会遇到种种非难。有时他甚至直接抢劫社员的收获物。他控制了灌溉用水，其手下能得到优先供给，对其他社员则经常擅自提高水价牟利。卡尔沃掌控着村社银行的贷款，效忠于他的人能得到优惠贷款，其他人必须付出额外的高息才能得到贷款，更多的人根本得不到任何贷款。他有时还会把贷款转用到自己的生意上牟利。卡尔沃还用停止提供灌溉用水、终止贷款等手段强迫社员把最肥沃的土地转租给他或他的手下，导致了土地的重新集中。卡尔沃还用各种借口向社员征收罚款，甚至监禁一些社员，收取贿赂后才放人。他还从村社的公共工程中获利甚多。在建设水利工程、道路、供电设施的过程中，国家拨款和社员们的集资款都成了卡尔沃窃取的目标。不仅如此，这些水渠、道路和供电线路优先通往卡尔沃和他亲信的土地。他还低价雇用村社社员和无地农民在自己的田里干活，所付的工资远远不及国家规定的最低标准。

在政治领域，卡尔沃同样活跃。自 1933 年当选村社委员会主席后，他就采用各种方法延长任期。他向社员发放小恩小惠，用停止贷款、剥夺土地等方式威胁那些不合作的社员，并无限期推迟社员大会的召开。按法律规定，村社委员会必须每 3 年改选轮换，但卡尔沃却在这个职位上盘踞了 15 年，直到 1948 年才离任。他还操纵了村社监督理事会的任命，使得村社内部的监督机制完全失效。市长职位也是卡尔沃觊觎的目标。这可以帮助他与州和联邦政府建立密切关系，控制市政府预算和更多公共工程项目，在市政府机构中安插家庭成员和亲信，掌握警察、监狱等镇压机构，也有更多机会收取贿赂。卡尔沃最终当选市长，除了达成上述目的之外，他利用这个职位扩展了他在基层的网络。他得以在密斯加瓦拉村社之外的农村中培养了"代理人"，担任各村社的领导职务，把他的势力范围扩大到了该市北部的所有村庄。卡尔沃向州政府官员行贿，这些官员默许他在村社里的所作所为，阻止村社社员对他的申诉和控告，拖延处理村社内部的种种不正常情况，并把卡尔沃推荐的人安排到州政府相关部门工作。他与时任州长罗霍·戈麦斯建立了良好关系，后者给予他充分支持。卡尔沃还与水力资源部建立了良好关系，并在国家农业委员会安插了自己的亲信。他还通过贿赂手段与司法机构建立关系，一方面阻挠异见社员对自己的司法控告，另一方面用法律手段打击对手。在与市、州、联邦更高层次的机构互动时，卡尔沃也必须做出回报，其中最重要的是提供选票和其他种类的政治支持。在各种政治选举中，他应州长的要求组织社员去投票，并参加各种政治集会。

村社农民在反抗卡尔沃的斗争中处于不利地位。他们缺乏经济资源和财力去诉诸政治和司法渠道，也缺乏教育，对自己的合法权利并不了解。有的农民表示："我们没有和他们（法官、官员）打过交道，看到他们的时候手脚都不知道往哪儿放，紧张得要命，不知道该怎么说，经常把该说的话都给忘掉。"当地一些企业主、商人、市政府官员也不满卡尔沃的所作所为，但他们通常不会公开与之对抗，也没有和农民结成联盟。卡尔沃的卡西克网络已经实体化、制度化了，并且已经拥有坚实的政治和经济基础，成为墨西哥政治、经济体系的一部分。

第二节　希马潘：一个矿业中心的卡西克网络

希马潘市是伊达尔哥州的一个矿业中心，出产铅锌矿石。从19世纪起该地即向国外出口矿石，但饱受国际经济波动之苦。1910年革命期间，这里没有发生大规模的战斗，本地的大庄园一直保留到1936年，其中一些占地达几千公顷。1934年起，当地农民开始组织动员，反抗庄园主长期以来的欺凌，很多庄园主逃亡。在这个过程中，卡西克莱昂纳尔·塞迪略脱颖而出。塞迪略是本地农民运动的领袖，曾在几位革命将领的麾下作战。他领导开展了夺地运动，给起义农民分配土地，赢得了当地农民的拥戴。不久后，他受到上层征召，离开希马潘去担任联邦众议员。于是他指定自己的亲信、战友阿尔图罗·马丁内斯作为政治继承人。马丁内斯年轻时便参加革命队伍，与几位将领和政客建立了良好的私人关系。在被任命为希马潘市市长后，他用强硬手段巩固了自己的地位。

30年代末，第二次世界大战爆发，美国军工企业对铅锌矿的需求急剧增加，为希马潘的发展提供了机遇。但当地的农民运动仍在继续发展，农民武装和庄园主势力的战斗尚未平息，阻碍了矿业发展。在军队将领和一些政客的支持下，马丁内斯率领自己的追随者镇压了当地的农民武装，为矿业开发铺平了道路。新卡西克和矿主（多为以前的庄园主）一道塑造了新的政治格局。

作为当地的卡西克，马丁内斯在村社社员等农民阶层与州政府、联邦政府之间起着中介作用。由他来代表农民进行利益表达，并把上层的答复和社会项目带给农民，包括农业贷款、基础设施建设项目等等，以此来换取农民的支持。他还建立了一整套控制机制：在希马潘市的每个村社、村庄都有他的代理人，少则一名，多则数名，最偏远的地方都不例外。这些人都被安插在村社及农会的领导岗位上。这些代理人或曰小卡西克惯用的一个控制手段是不给村社社员颁发土地产权证书。他们伙同上层机构故意延长这些证书的办理程序，在几十年的时间里都不给社员证书，这就让社员时刻面临份地被剥夺的风险，只能服从卡西克的指令。他们还利用各种手段分化村社里的反对派，让这些反对派内部四分五裂，不能把矛头指向卡西克。此外，马丁内斯一直保留着一支私人武装，负责镇压那些抗议和反叛活动。如果私人武装不敷使用，他还会动用警察，甚至请求军队支援。马丁内斯身边还有一个顾问、助手班子，负责组织各种大型政治活动，如集会、庆典、选举造势活动等，还会帮他起草演讲、申请等各种文稿。这些人与他都有血缘关系、干亲关系、政治同盟关系或经济关系，都是他的亲戚、朋友或生意伙伴。跟下层民众悲惨的生活相比，这些人待遇优厚，享有各种特权，因而对马丁内斯忠心耿耿。

马丁内斯支持采矿业的种种非法行径并从中取利。在他的庇护下，矿主们以优惠条件取得采矿所需的土地、水资源等，对于这些土地的拥有者如村社社员、小农等，他们只支付少得可怜的费用。如果这些社员胆敢反抗，他们就会受到威胁、监禁甚至杀害。矿工们的工会组织活动受到阻挠，他们的工资往往比法定最低工资还要低。患了矽肺病和肺结核的工人会被解雇，得不到任何补偿。作为庇护这些非法行为的回报，马丁内斯从矿主那里收取贿赂。当其他投资者来希马潘考察时，还会受到马丁内斯的阻挠，因为他担心更多的投资会提高当地的工资水平，并影响他的权力。"当那些工程师来做可行性调查时，他们想知道当地有没有富余的劳动力，会有很多失业的人过来向他们申请工作。但这些工程师往往第二天就走了，因为马丁内斯给他们塞钱，并表示不愿意再见到他们。"

　　马丁内斯还通过其他手段非法敛财。他以低价垄断森林采伐权，出售矿业所需的木材、木炭等，获利超过百万比索。他控制着当地公共工程的发包事宜，从中收取回扣，并通过经销建筑材料获利。他还无偿征用当地农民为他的工程劳动。马丁内斯还直接插手采矿业。他与当地一位矿主合伙开发一座铅锌矿，在获得暴利后却拒绝给合伙人分红。在被告上法庭后，他又动用自己的政治关系拖延案件的审理，最后不了了之。他操控官方银行贷款，作为恩惠分配给自己的追随者，并收取回扣。他还随意寻找借口拘押农民，以收取罚款。马丁内斯用这些手段聚敛了大笔财富，并用以巩固他的权力。他三度担任希马潘市市长，控制这个地方长达30年。他的影响力已经超出希马潘市，延伸到邻近的几个市。连续两任州长文森特·阿吉雷、卡洛斯·拉米雷斯都是他亲密的"合作伙伴"。在确定这些市的市长候选人时，州长会专门与他商讨。凡是与希马潘有关的事宜，州政府都会事先向他咨询。

　　在希马潘市，对马丁内斯的反对之声也不绝于耳，农民、矿工、矿主、教师等群体都曾加入反对行列。但当地农民的抗议缺乏组织，往往不能持续。矿工组织曾向全国性的工会组织求援，但当这些组织的代表来希马潘进行调查时，他们会被马丁内斯的手下迎接到当地最好的宾馆（归马丁内斯所有）。在给予最好的接待后，他们还会收到昂贵的礼物甚至现金。其他机构如劳工部、财政部的代表也会得到同样待遇。因此，虽然这些代表会向工人们做出承诺，但事情不会有任何实质性进展。对于这些抗议者，马丁内斯会采取种种手段进行打击，包括诽谤、人身威胁、解雇、剥夺土地、纵火、监禁、酷刑、暗杀，有时也会用金钱、升职等方式予以收买、同化。这些方式行之有效，希马潘市长期受到马丁内斯的控制。

第三节　莫里约市的卡西克团伙

伊达尔哥州的莫里约市拥有 3 个村庄，土地所有制类型包括村社所有制、私人所有制（包括大地产和小地产）以及残存的公社土地所有制。这里土质肥沃，拥有灌溉条件的土地可以成为高产农田。那些没有灌溉系统的土地往往作为牧场使用。这里有几处资本主义大农场和大牧场，没有受到革命和土地改革的冲击，发展较好。但包括村社在内的小农经济则陷于长期停滞。由于人口增长很快，在革命后的几十年里，这里出现了大量过剩劳动力。他们中的一小部分离开故土，迁移到墨西哥城或其他城市。其余大部分是季节性流动的劳动力，农闲时外出务工，农忙时回家乡务农。

这里主要的卡西克名叫萨瓦蒂诺·卡莫特拉，他崛起于革命后的派系纷争之中。20 世纪 30 年代，莫里约出现几股政治势力。其中一股得到参议员阿努尔夫·卡布雷拉的支持，试图夺取这里的控制权，与其他派别发生火并。当地的主要派别是由卡西克吉尔伯特·巴亚尔多领导成立的，但不久后巴亚尔多在莫里约市区遭伏击身亡。卡莫特拉当时正在他身边："我走在他身后，看到一个枪手向他开枪，他应声倒地。我带了滑膛枪，马上开枪还击，打倒了他们其中的一个，乘机逃跑，他们在背后追杀。这时我们的人赶到，向那些枪手开火并击退了他们。"巴亚尔多虽然死了，但他的势力还保留下来，继续同参议员卡布雷拉的手下战斗。卡莫特拉退出巴亚尔多派，保持中立，并得到敌对双方的接受。此时另一位参议员德罗萨尔作为官方党的代表介入调停。为防止事态恶化，他挑选卡莫特拉作为市长人选，得到两派认可。在德罗萨尔和卡莫特拉的斡旋下，两派争斗逐渐平息，并都进入官方党内部协调其争端。卡莫特拉主政到 40 年代末，之后挑选了阿达维尔托·科尔冬和阿马德奥·圣贝尼托作为政治继承人。科尔冬是当地一位采石场主和小农场主，在卡莫特拉的提携下进入当地政坛，两度担任市长，后担任革命制度党莫里约市选举行动书记、农牧技术学校联谊会会长和市财政局局长。圣贝尼托在卡莫特拉的指导下开始从政，几乎担任过市政府里所有职位，后任革命制度党莫里约市委员会主席。莫里约市的另一位重要人物是拉米罗·卡瓦略，他来自当地另外一个政治派别，在科尔冬之后任市长，并担任当地革命制度党道德、公民、物质改善委员会主席。这三人与幕后的卡莫特拉以及其他几位重要人士组成了当地的政治权力核心集团，他们轮流担任该市各个重要的政治职位，如市长、执政党市委员会主席及各部门负责人和主要社团领袖，负责维持该市的政治秩序。他们从州长、革命制度党州委员会接受指令。同时，他们对市内的村社和其他村庄进行政治控制：操纵村社委员会选举，以保证对村社社员的政治控制；任命基层法官、村社社会代表、选举投票站管理委员会、革命制度党基层组织负责人，确保对农村政治事务和选举的控制，使执政党的意志能从最高层直达社会最底层。这个小集团内部也存在争议和分歧，但在选举等重大事务上他们总能保持团结一致。正如圣贝尼托所说："以前我们在一些问题上有矛盾，也曾经进行过殊死较量。但现在一切都结束了，我们都是党的成员，是一个大家庭，都为莫里约市共同工作。"卡莫特拉和这个小集团一起决定市级和村社一级的政治事务，特别是提名各重要岗位的候选人。市长候选人和州议员候选人也由他们提出，之后上报到执政党州领导委员会进行会商。一俟人选决定，他们就将指令传达到各村社，由村社卡西克组织农民进行投票，最终加以落实。村社社员等农民阶层在整个过程中都没有发言权，他们能做的就是为执政党投出自己的一票。这个体系运转良好，直到 20 世纪 70 年代，反对党在莫里约市从来没有赢得过任何一次选举。

第四节 圣贝尼托：一个普通村庄（非村社）的卡西克

圣贝尼托村位于伊达尔哥州圣萨尔瓦多市，主要产业为农业，作物种类包括西红柿、苜蓿、玉米、辣椒、豆类等。这个村庄不是土改后成立的村社，居民以小自耕农为主，60％左右的农户拥有的土地不足1公顷，另有33％的农户拥有的土地为1—5公顷。其余的15人中，12人的土地为5—20公顷，另3个人的土地约为100公顷。在这里，占地3公顷以下的农户很难维生，必须靠兼业经营来获取更多收入，圣贝尼托85％的居民处于这种境地。当地剩余劳动力较多，很多人去墨西哥城或越境到美国去打工。

按照经济地位划分，圣贝尼托村居民可以分为农场主、农民、农业工人及其他。农场主只占极少数，指的是那些拥有较大地产的居民。有3人的土地为100公顷左右，经营牧场并种植苜蓿，生产高度机械化。有人在其他地方还有地产。但他们游离于村庄之外，不参与村庄事务，与村里人并不相识。另外一些中等农场主属于村庄成员。他们一般拥有20公顷左右的土地，主要用于种植经济作物如苜蓿和西红柿。收获物一般卖给中间商，最终销往墨西哥城周边地区。他们当中有五六个人就是本地的中间商。这些农场主的生产基本上实现了机械化，农忙季节大量使用农业工人，也使用少数长期雇工，负责灌溉、农产品清理等工作。工作报酬以现金形式支付，只对灌溉者实行收获物分成制。他们通常能得到银行贷款，因为他们经济状况良好，而且有土地等资产作为抵押。他们人数虽然不多，但在村庄里经济、政治地位最高，属于影响力最大的群体。

农民群体比较庞大，又可以细分为富农、中农和贫农。富农一般拥有 8 公顷左右的土地，使用雇佣工人和家庭劳动力，本人也参加劳动；以种植经济作物为主，也种植玉米供家庭消费；较多使用农业机械，有时会从其他人那里租种一些土地，以取得规模收益。这个群体的经济地位有上升的希望，在村庄里拥有较大的政治影响。中农多拥有 3—4 公顷土地，他们通常不种植那些需要较多投资的经济作物，而以玉米、豆类为主，主要供家庭消费。偶尔使用雇佣工人，以家庭劳动力为主。他们难以从银行得到贷款，只能求助于私人信贷，如那些更富有的邻居或卖种子、化肥的商人等，月息高达 8%。中农是一个勉强维生的群体。贫农拥有的土地不到 3 公顷，占到该村农户的多数。他们中的很大一部分人要靠打零工补贴收入，因为土地收入不足以维持家庭温饱。每周耕种自己土地的时间通常为 2—3 天，其余时间作为雇佣工人劳动。他们只种植玉米等自我消费的作物，有时会把土地出租。农业工人也是一个人数众多的群体，他们通常也有一小块 1 公顷左右的土地，但主要经济来源是出卖劳动力，土地收入作为补充。他们收入微薄，因为本地劳动力充足，而且农忙季节会有大批外地劳工涌入，压低了工资水平。他们当中有些人会到墨西哥城务工，但多为年轻的未婚者。他们急切地希望在土地改革中获得土地，成为真正的农民。因此，在与邻村的土地纠纷中，他们积极参与，希望尽快收回本村失去的土地，在他们中间平均分配。但 30 年之后土地斗争毫无进展，他们中的大多数人已经失去信心。圣贝尼托村的居民还包括教师等专业人士和一些小商小贩等。

圣贝尼托村最重要的公共机构是法庭，由一名调解法官、助理法官、助理和 5 名法警组成，调解法官由村民大会选出。调解法官是村庄最高政治权威，管理各种政治活动，诸如村民大会、选举新法官、选举村庄其他公共机构等。村民理事会也是一个重要机构，负责村庄公共基础设施建设，如学校、公路、教堂等，由主席、书记、司库和两名助理组成。此外理事会主席还兼任村庄的社会代表。圣贝尼托村还有一个根据古老传统设立的职位：非正式社会代表。这个角色由传统的公社长老演化而来，得不到上级机构的正式承认，但在村里有较大影响，其主要职能为保管村庄档案、参与组织调解法官选举等。圣贝尼托村还自设了一个计划委员会，负责协调由不同机构负责的公共事务和工程，主席由调解法官兼任。村庄另一个重要职位为水务管理员，负责灌溉用水的分配使用。圣贝尼托村村民在竞争这些公共职位时逐渐分为两派：一派以罗森多·费尔南德斯为首，主要代表中农、贫农和农业工人的利益；另一派由富农、农场主和教师组成，代表了不同的集团利益。费尔南德斯是一位卡西克，他的地位也来自对土地的争夺。20 世纪 30 年代初，圣贝尼托村与邻村发生土地纠纷。在两村之间有一块 400 公顷的荒地，最初被指定给圣贝尼托村作为成立村社的土地，但被邻村占领并取得了州农业机构的承认。费尔南德斯代表村民去市、州、联邦各级机构活动，试图恢复圣贝尼托村的土地权利，得到村里大部分贫农和农业工人的拥护。他因此当选水务管理员，掌握了水资源分配权，并由此积累了更多的政治、经济资本，3年后当选村民理事会主席，成为村民与各级政府机构之间的媒介。与其他卡西克一样，他也负责组织村民为革命制度党投票。费尔南德斯在这个位子上干了 15 年之久，并在离职之前指定了他的继任者。但土地问题久拖未决，他便带领村民加入了执政党内一个比较激进的农民组织——独立农民中心（CCI）。这个组织虽然也没能帮助圣贝尼托夺回土地，但给了该村其他好处，如铺设电话线、赠送打字机和学校用的桌椅等。费尔南德斯也得以巩固了他的政治地位。到 60 年代中期，新任市长与圣贝尼托的对手村庄关系密切，拒绝了圣贝尼托的土地要求，二者关系恶化。圣贝尼托村村民开始拒交税款，市政府则停止为该村办理婚姻、出生、死亡等民事登记。费尔南德斯甚至策划圣贝尼托脱离该市、加入附近另一个市。但村内的反对派利用了这一风波，一些富农和农场主联合起来，与市长建立联盟，把费尔南德斯赶下了台。

第九章

谁之过：农民反抗与政治波动

在那些正处于现代化进程之中的国家里，由于城市化的发展，农村人口越来越少。通常众多的人口是农民最重要的政治资源和砝码，这样一来，农民的政治重要性就降低了。墨西哥也经历了一个迅速的城市化的过程，在 20 世纪 30 年代农村人口占到 80％，到 1970 年这个比例已经下降到 30％左右。那么墨西哥的农民在政治上是否也变得无足轻重了呢？答案并不那么绝对。农民人口的比重虽然减小了，但他们的绝对数目却一直在上升。更重要的是，由于社会动员的扩大，农民的自觉意识和组织能力增强了，因而对政治稳定仍有着不可忽视的影响。

第一节 20 世纪 70 年代以来农民运动的新局面

由于经济增长放慢和日益恶化的收入分配，从 60 年代末开始，墨西哥政局开始动荡，1968 年对学生运动的镇压更激起人们对"革命政府"的怀疑和不信任。20世纪70年代以来，针对政府的抗议加剧了，官方党的势力在衰退。1964年的选举中，革命制度党能在85%的选区占绝对优势。到80年代中期，这个比例已经下降到35%。[①]在以往的总统选举中，官方党的候选人通常都能得到80%以上的选票，但在1988年，当选的萨利纳斯总统的得票率只有51%，官方党在地方和议会选举中也遭到前所未有的挫败。农村不再是官方党最可靠的基础，独立农民组织大量增加，侵地事件、农民反政府的游行示威此起彼伏，全国农民联合会对农村的控制明显削弱了。

农村局势为什么会有这么大的变化呢？是卡西克—官方党的控制网络瓦解了吗？应该说不是，卡西克的势力仍然广泛存在，原因主要在于无地农民的增多及其组织能力的增强导致了墨西哥农村政治格局的新变化。根据村社制度，社员不能将他的土地分割继承，所以他的子女中只有一个人可以继承他的份地，其他人则要重新去申请土地。从法律上讲，每一个墨西哥农民，只要他符合一些基本条件，如年满18岁、居住在农村社区、没有土地，那么他就可以向政府申请土地。只要有无地农民，就会有土地改革。所以墨西哥的土改不是那种暴风骤雨式的变革，而是注定要长期延续。但是，土改虽然被写在宪法上，但不一定就会被提上政策日程。虽然很多农民去申请，可是得到土地的却为数甚少。

墨西哥的土地改革自1917年开始，到1992年结束，共延续75年。纵观整个过程，可以发现它具有起伏不定的特征。卡德纳斯时代是墨西哥土地改革史的巅峰时期，他任职期间共分配了1800万公顷土地，受益农民达81万。但在他之后，墨西哥政府的政策取向便开始向右转，分配土地的数量也急剧下降。卡马乔总统（1940—1946年）只分配土地720万公顷，随后的阿莱曼总统（1946—1952年）更

---

① Ann A. Craig and Wayne A. Cornelius, "Political Culture in Mexico: Continuities and Revisionist Interpretations", in *The Civic Culture: Revisited*, Gabriel A. Almond and Sidney Verba, eds., Sage Publications, 1989, p. 260.

少，只有 461 万公顷。科尔第内斯总统（1952—1958 年）只分了 618 万公顷，马特奥斯总统（1958—1964 年）自称是激进左派，可也只分了 885 万公顷土地。奥尔达斯总统期间（1964—1970 年）分配的土地最多，达 2472 万公顷，可是他分配的土地质量最差。埃切维里亚总统在任期间（1970—1976 年）共分配了 1274 万公顷土地，在他之后土改实际上就已经终止了。[①] 在这些年里，约 300 万农民接受了土地，成为村社社员。可是这一时期墨西哥农村人口增加很快，远远超过了社员增长的速度。到 1960 年时，墨西哥已有无地农民 340 万左右。据 1980 年的统计，在 730 万劳动力中，有 500 多万人就业不充分，其中无地农民占 400 多万。[②] 这些人多为村社社员的子女，他们中的有些人在父辈的土地上劳动。可是由于村社农民缺乏技术进步，在一定土地上只增加劳动力这一种生产要素的投入很快就会出现"内卷化"现象，即劳动的边际产量迅速下降，甚至为零。在这种情况下，无地农民甚至社员自己都要外出寻找工作机会。德怀特于 1979 年对瓦萨卡州几个村社的调查表明，65％的男性社员至少曾经外出打工一次，72％的社员家庭至少有一个孩子在墨西哥城居住，70％以上的男性社员有一个或更多的兄弟在墨西哥城务工。[③]

无地农民中一部分人离开农村，到城市去寻找工作。第三世界国家在工业化初期一般先发展劳动密集型产业，这样可以利用其人口众多的禀赋优势，降低成本，另外还可以增加就业，转移农业人口，形成工农业之间的良性互动关系。可是墨西哥的工业化从 40 年代起就呈现出资本密集型的特征。从 40 年代中期到 70 年代末，墨西哥基本上实行的是"进口替代"的工业化战略。一方面，为了培育国内工

---

① 高波：《农民问题与当代墨西哥的政治稳定》，《拉丁美洲研究》1998 年第 3 期，第 26—27 页。

② Dana Markiewicz, *Ejido Organization in Mexico：1934-1976*, University of California Press, p. 29.

③ Billie Dewalt, *Modernization in a Mexican Ejido*, Cambridge University Press, 1979, pp. 220-221.

业，国家建立贸易壁垒，阻挡外国产品的进入；另一方面，由于工业化处于初级阶段，大部分资本货和中间产品还需要进口，于是国家又采取一系列措施，降低这些产品的进口价格。这包括实施比索的多种汇率，使进口资本货变得便宜，进口资本货可以免税等等，这些措施都使得进口机器设备的成本大大下降。如果以 1945 年资本相对成本（劳力成本/资本成本）的指数为 100，1950 年该指数已下降到 69，1960 年更下降到 47，到 1964 年只有 36 了。也就是说，在这 20 年里，拿机器的价格与工人工资相比，机器的价格以年均 5% 的速率下降，机器以低廉的价格驱逐了雇佣劳动力。一方面，使用机器的成本越来越低；另一方面，在企业主看来，雇佣工人比机器更麻烦，他们会要求增加工资、提高福利，如果得不到满足就会罢工，因此企业主有双倍的动力去购买机器来替代工人。在 1945 年，制造业每生产 1 万比索的附加值需要 9.6 人/年，到 1965 年只需要 2.8 人/年。在工业产值高速上升的同时，劳力产出比却以年均 6% 的速度下降。[①] 从 1940 年到 1970 年，墨西哥的工业只吸收了新增劳动力的 10%—15%，1970—1980 年只吸收了 11%，这使得工业无法吸收农业中的过剩劳动力，因而在农村形成了一支失业大军，使得土地问题越发突出了。

墨西哥过剩农业劳动力的另一个去向是美国，主要是到美国西南部的农场充当季节性的农业工人。第二次世界大战期间，由于美国劳动力短缺，一度有 150 万墨西哥劳工涌入美国。在 50—60 年代，这个数字在 30 万—40 万之间浮动。从 70 年代初开始，进入美国的农业工人大幅度上升，达到 100 万人左右，其中 95% 属于非法入境。[②] 这样美国就为墨西哥起到了"减压阀"的作用，部分减轻了土地问题的压力，但不能解决根本问题。

---

① Rene Villarreal，"The Policy of Import－Substituting Industrialization：1925—1975"，in James M. Malloy，*Authoritarianism in Mexico*，University of California Press，p. 77.

② Susan Walsh Sanderson，*Land Reform in Mexico*：*1910-1980*，Academic Press，1984，pp. 135-137.

　　墨西哥大部分农业剩余劳动力的出路是到私人大中农场去打工。由于农业工人的数目太大，也由于"功能二元主义"的影响，农业雇工的工资被压得很低。从 1950 年到 1960 年，农业工人的平均年收入从 850 比索降到了 700 比索，到 1969 年已经降到 499 比索。84％的农业工人在一年中只能工作半年，其他时间找不到工作。工资如此之低，几乎不能维持他们个人的生存，更不要说支撑整个家庭了。另外，随着私人农场进一步机械化，他们的工作机会也越来越少。

　　如果能够彻底执行"耕者有其田"的制度，墨西哥农村还可以吸纳更多劳动力就业。但墨西哥政府的政策导向却自相矛盾：一方面，试图为越来越多的无地农民分配土地；另一方面，又保护了"新大地产"的兴起。新大地产主要有四个来源。首先，很多大庄园成功逃避了土地征收。庄园主或是把耕地改为牧场，或是把土地的产权分散到每个家庭成员或是亲朋好友的名下，有时甚至贿赂官员，隐匿不报，因而很多大地产得以保全。其次，自 1940 年以来，政府在北部、西北部大量投资，兴建灌溉工程和水利设施，开发了大面积的优质灌溉田。这些土地以很大的单位面积卖给私人投资者，受益者多为政府高级官员和军队将领。1963 年 10 月，一个独立农民组织在一次会议上揭露，在下加利福尼亚、索诺拉、西那罗亚、奇瓦瓦、瓜维拉、塔毛利巴等州，出现很多占地在 500—1000 公顷甚至 2000 公顷的农场。[①]再次，村社中的卡西克利用职权和暴力，强占社员的份地。在对伊达尔哥州村社的调查中，人们发现有些村社的土地占有出现严重的两极分化。某个村社 90％以上的社员家庭拥有的土地在 4 公顷左右，而该村的卡西克占有的土地竟达 200 公顷之多。[②] 最后，利用各种手段租

─────────

　　① Jesus Silva Herzog, *El Agrarismo Mexicano y la Reforma Agraria*：*Exposición y crítica*, Fondo de Cultura y Economica, p. 453.

　　② Eckart Boege y Pilar Calvo, "Estructura Política y Clases Sociales en Una Comunidad del Valle del Mezquital", en Roger Bartra, Eckart Boege, Pilar Calvo, Jorge Gutiérrez, Victor Raul Martínez Vazquez, Luisa Pare, *Caciquismo y Poder Político en el México Rural*, Siglo Veintiuno Editores, México, España, Argentina, Colombia, 1982, p. 131.

用村社社员的土地，这种情况多发生在灌溉区。据 1958 年在索诺拉州的调查，由于缺乏资金、农产品价格不利等原因，约有 38％ 的村社农民已经把他们的土地出租给了外来的投资者。到 1962 年，这个比例已经达到了 63％。到 60 年代中期，已有约 80％ 的社员失去了对份地的控制，成为在自己的土地上劳动的雇佣工人。[1] 1960 年全国性调查展示了一幅令人吃惊的图景：0.5％ 的农业经营单位控制了全国 30％ 的耕地、39％ 的灌溉田、43.8％ 的农业机械总值和 37.6％ 的总资本；在另一端，50％ 的农户只拥有全国耕地的 10％、1.3％ 的农业机械和 5.4％ 的总资本，没有任何灌溉田。[2] 这种状况一直没有明显改善。在土改的进程中又伴随着土地的重新集中，这真是一个巨大的讽刺。

由于工资水平的不断下降，农业工人受到了最残酷的压榨，但是他们又没有其他选择：资本密集型的工业化不能给他们提供足够的工作机会，大量的农村移民挤在城市边缘的贫民窟里，找不到固定的工作，生活条件也极其恶劣；美国只能接纳一部分劳动力，而且非法越境也越来越困难。对他们来说，从政府那里申请一小块村社土地，是维持生存的最可靠的手段。可是申请土地太困难了，很多农民等待了几年甚至几十年也没能得到土地。1940 年到 1970 年大部分总统分的土地很少，根本跟不上无地农民增长的速度。从 40 年代中期开始农民就开始了争取土地、加快土改进程的斗争，但这些斗争大多数是分散的、自发的，组织很差，没形成什么气候。在 1970 年之前，规模较大的独立农民组织只有三个，即在 1945—1962 年间活动在莫雷洛斯州的哈拉米略运动、成立于 1949 年的"墨西哥工人、农民总联合会"和 1963 年建立的"墨西哥独立农民联合会"。它们都领导过一些抗议活动和夺地斗争，但在国家和地方卡西克的镇压、同化之下，这

---

① Cynthia Hewwit de Alcantara，La Modernización de la Agricultura Mexicana：1940-1970，Siglo Veintiuno，p. 195.

② Ibid.，p. 110.

些组织或解体，或被全国农民联合会纳入自己麾下，失去了为无地农民进行利益表达的功能。

达伦道夫提出，冲突性利益群体的出现需要一些必要条件：技术条件，即领袖的出现和意识形态的形成；政治条件，即一定的政治开放空间；社会条件，即社会成员之间相互沟通的程度。① 自 70 年代以来，墨西哥也大体具备了这些条件。原因主要有两个：到 60 年代末，由于经济增长趋缓、通货膨胀、大众生活水平下降和长期以来收入分配的两极分化，墨西哥的政治不满已经积累到了很危险的程度，城市中爆发了大规模的抗议活动。1968 年在墨西哥城的三种文化广场，军警开枪镇压游行的学生，伤亡达上千人，政治动荡初露端倪。1970 年埃切维里亚总统上台后，为了平息政治不满，开始向民众主义复归，提出"共享发展"和"政治开放"的口号，鼓励农民组织起来，争取自己的利益，放松了对独立农民组织的镇压。另外，在 1968 年的镇压之后，学生运动中的主流派开始反思，他们认为墨西哥左派的传统策略是错误的，社会主义人民党和墨西哥共产党都因为缺乏与工人、农民的联系和内部不民主受到指责，所以这些学运领袖倡导一条新的斗争道路：到农村去发动农民，成立民主的大众组织，群众运动的日益政治化会导致资本主义国家权力的解体。于是在 70 年代初，有几千名学生深入农村，开始政治动员和组织工作。在这种有利的形势下，墨西哥的农民运动呈现出新的气象：一批新农民组织涌现出来，并且逐渐汇聚成地区性、全国性的联盟组织。1979 年，东南部几个州的 11 个独立农民组织召开会议，决议把争取土地、促进土改的斗争进行到底，并成立了"阿亚拉计划全国联盟"（CNOP）；1976 年成立了"农民、农业工人独立委员会"（CIOAC），也以争取土地为斗争目标；"全国自治农民组织联盟"（UNORCT）成立于 1985 年，是 25 个

① 参见［德］达伦道夫《工业社会中的阶级和阶级冲突》，第 182—189 页。转引自约翰逊《社会学理论》，国际文化出版公司 1981 年版，第 475—480 页。

地方农民组织的联合体,它的目的是指导、协调农民组织争取更公平的价格、信贷和其他资源的斗争。在这些组织的领导下,农民的抗议活动激增。据不完全统计,1971—1973 年间,在瓜那华多、米却肯等三个州就发生了 600 起侵地事件。1975—1976 年间,在西那罗亚、瓦萨卡、尤卡坦等六个州都发生了侵地事件。70 年代中后期,农民侵地运动已经遍及全国。而且这些独立农民组织越来越多地与左翼政党联合起来,参加各级选举。到 80 年代后期,那些原来构成官方党选举基础的农业州,如恰帕斯、格雷罗、米却肯、瓦萨卡、塔瓦斯科、贝拉科鲁斯等州已经被左翼反对党所控制,这对官方党的统治地位和墨西哥现行的政治体制构成了重大威胁。

综观 70 年代以来墨西哥独立农民组织的形成及其活动,可以发现以下几个特征:

第一,大部分独立农民组织主要组成部分是无地农民,它们以争取土地、促进土地改革为首要目的。在三个全国性独立农民组织中有两个——阿亚拉计划全国联盟和农民、农业工人独立委员会——属于这种情况,全国自治农民组织联盟的目标主要是争取更好的生产、经营条件,成员以村社农民为主,但它内部的核心组织——亚基、马约集体村社联盟原本也是无地农民成立的组织,进行了激烈的侵地活动,1976 年埃切维里亚总统授予它们村社土地之后,它们才转变了斗争目标。

第二,这些组织基本上都实行了内部民主。全国性组织由其内部各成员组织选出的代表组成,它们之间是一种较松散的联盟关系,内部事务要由各成员组织协商决定;在各成员组织内部也实行民主机制,领导人由选举产生,并定期轮换。这种内部民主的形成与激进知识分子的指导有密切关系,它们都信奉毛泽东思想中的"群众路线",在发动农民时特别强调普通农民广泛参与组织的内部事务,经常组织讨论,批判农民中的卡西克倾向,由于它们的宣传教育以及实际政治活动的影响,农民的政治文化有所转变。恰帕斯州的一个独立农民组织（OCEZ）中的农民在评价大学生阿尔波勒斯时说："他来这儿是为了提高我们的自觉性，他让我们明白了这场斗争，并且使我们相互尊重。"一些女性成员说："以前我们只知道在家里干活，从来没想过要参加这些活动，但他告诉我们应该加入进来，我们的参与也有价值，是他让我们觉醒了。"这些都表明了一种公民文化正在替代原有的臣民文化，这将对墨西哥的政治产生深远的影响。

第三，这些农民组织还与其他行业的民众组织进行沟通、联合，以扩大影响。他们和工人组织、教师工会等联合进行大规模的、全国性的游行示威活动，并参与一些政党的竞选活动，这表明农民组织已经突破了官方党的职团主义体制的限制，力量也大大增强了。

第四，这些独立农民组织基本上都是在官方党—卡西克控制网络的薄弱地带成长起来的。40 年代以来，尽管土改进行得比较缓慢，但毕竟还有一部分农民能得到土地，其他无地农民还抱有希望，所以官方党对他们还有一些吸引力。到 1976 年之后，土地改革实际上已经中止了，全国农民联合会也丧失了它的主要功能，不能再表达无地农民的利益、促进土改的进行，所以它在无地农民中的影响力大大衰减了，很多无地农民游离在官方党的控制网络之外。另外，纳艾特（Knight）、鲁文（Jeffry Ruben）等学者都提到墨西哥国家的"不完整性"（incompleteness），他们认为墨西哥国家像一块"瑞士奶酪"，存在漏洞和薄弱点，在农村有些地方官方党—卡西克的控制力量并不强，有时甚至不存在，恰恰就在这些地方一些主要的独立农民组织发展了起来。恰帕斯州南部的拉坎通森林地区，也是萨帕塔民族解放军的发源地，就是这样一个地方。这里原来无人居住，到 50 年代有一些拓荒者在此定居，后来有许多被卡西克驱逐出村社的社员也聚居到这里，到 1970 年时人口已超过 3 万，1980 年接近 8 万之多。因为山高林密、交通不便，官方党的势力并没有伸展到这里。信奉"解放神学"的教士最早对这些农民进行了组织和教育，他们把此地分成几个教区，宣传教义并训练了第一批农民领袖。20 世纪 60 年代末一批大学生来到这里进行政治动员和组织工作，他们的努力卓有成效，建立了较大规模的独立农民组织，其中一些还加入了阿亚拉农民联盟。他们的主要目的是争取更多土地，活动方式多样，既与政府谈判、协商，有时也付诸直接行动，如游行示威、静坐、绝食、侵地、占领政府建筑物等。他们当中的一个武装自卫组织发展成后来的萨帕塔民族解放军，在 1994 年发动了反政府的暴动。"伊斯莫斯工人、农民和学生联盟"（COCEI）是墨西哥最强大的地方农民组织之一，成立于 70 年代初，1981 年它与墨西哥共产党结盟，赢得了胡奇坦市的市长竞选，这在当时是在墨西哥建立的第一个左翼地方政府。胡奇坦市也是官方党的一个薄弱点，这里是萨波特克族的聚居地，在革命时期卡西克查理斯掌握了当地的政治权力，虽然他服从政府的意旨，但官方党并没有在此地建立分支机构。60 年代中期查理斯去世，这里出现一个权力真空，这为"工人、农民和学生联盟"的建立创造了契机。

所以在 40 年代到 70 年代之间，在官方党—卡西克体制的控制之下，墨西哥的广大农村基本上保持稳定，村社农民及其家庭成员所输送的大量选票，为现行政治制度的合法化奠定了基础。但 70 年代之后，由于土改进程的缓慢、官方农民组织抛弃了土地改革的路线，无地农民的数量大增，于是在官方党—卡西克网络的薄弱地带兴起了一批独立农民组织，它们动员了大批无地农民，采取直接行动、参与竞选等策略，而且还向村社地带渗透，因而削弱了官方党—卡西克控制网络，并动摇了墨西哥现行政治制度的基础。由此看来，土改缓慢进行乃至国家最终对土改的中止，是导致农村深刻政治变革和墨西哥政治不稳定的主要原因，那么是什么因素阻碍了土改迅速、彻底地进行呢？一种可能的情况是，申请手续十分繁杂，要经过测量、统计人口，再层层审批，直至总统最后签署分地的命令，才算大功告成，这个过程需要很多时间。但关键并不在这里，拿卡德纳斯时期与后面几位总统相比，申请手续并没有变得更加复杂，但分配土地的速度却大大放慢了。是否因为已经没有土地可分了，才导致土改的中止呢？答案也是否定的。据估算，到 80 年代中后期仍有 2000 万—3000 万公顷的土地已经由总统批准征收但仍未执行，此外还有超过法定限额的土地 1500 万公顷。[①] 那么根源到底在哪里呢？要回答这个问题，就必须对墨西哥国家的性质做一历史的考察。

第二节　革命已死

对于这个问题，有些学者从国家自主性的角度进行了探讨，但本文认为"国家自主性"这个概念往往会形成误导，容易使人忽视不同的当局者及其政策倾向的变化，即国家本身的变化。因此，本文的重点在于考察 20 世纪 30 年代后期以来墨西哥国家与各主要社会阶级（特别是资产阶级）、利益集团以及国外势力的关系的演变，来说明有关的农民问题。

诺拉·汉密尔顿对卡德纳斯时期国家与社会的关系做了研究后指出，在这一时期内，特别是击败了卡列斯集团后，卡德纳斯为首的激进主义者与民众阶级（农民、劳工）结成了一个"进步联盟"并占据了主导地位，积极推动土地改革和村社制度扩展。[②] 但是值得指出的是，虽然卡德纳斯打出了社会主义教育的旗号，但他及其追随者都没有把社会主义当成一种现实的和可行的选择，而是把它当作社会发展的远景。对于资本主义，卡德纳斯等人打算运用国家的调节能力将其

---

① Cynthia Hewwit de Alcantara, *La Modernización de la Agricultura Mexicana*：*1940-1970*，Siglo Veintiuno, p. 201.

② Nora Hamilton, *The Limits of State Autonomy*，Princeton Univ. Press, 1989, p. 191.

"人道化"，减轻对工人的剥削，而不是去消灭它。因此，在这一时期国家仍然采取了很多措施来促进资本积累，其中包括对墨西哥金融体系的完善，建立了外贸银行和其他官方银行，并对商业银行投资、购买其债券，国家还特别立法禁止银行职员参加罢工等抗议活动。但这一时期国家激进的意识形态引起了私营企业界的恐惧，国家的调节措施被他们认为是消灭资本主义的第一步，土地问题因涉及产权也受到他们的敌视。对商业银行及其他企业的暴利征收特别税的法案，更是引起了激烈的反抗，最终未能通过。① 到卡德纳斯执政末期，国内外私人资本动员了所有经济、政治资源来对抗国家的激进主义，其手段有削减投资、资本外逃、资助极右翼的法西斯组织辛纳基党和金衫党。在北部的蒙特里集团的号召下，还成立了一个正式的右翼政党——国家行动党，美国开始抵制墨西哥的石油，并在酝酿进一步的贸易封锁。在这种形势下，卡德纳斯不得不挑选了"温和"的卡马乔作为继承人，国家放弃了原来的激进立场，高举经济自由主义原则的"保守联盟"占据了主导地位。这一派在政策取向上倾向于鼓励资本积累、亲美国，村社制度的生产潜力遭到贬抑，因而土改的速度也大大放慢，对村社的投资也大幅度减少，农业资源都被集中到资本主义农场的发展上，全国农民联合会原来是作为村社社员和无地农民的政治组织成立的，但此后则成为国家控制农民的工具，农民、劳工的独立组织被压制，这意味着民众的政治要求在输入过程中受到了阻碍。这种情形从卡马乔一直延续到奥尔达斯总统时期（1964—1970年），在所谓的左翼总统马特奥斯期间也没有大的改变。

所以自40年代以来，墨西哥私人资本的权力在日益上升，这表现在以下一些方面：在1940—1946年间，墨西哥的固定资本投资约占国内总产值的8.6%，其中私人投资占4.2%，还占不到一半；但

---

① 参见高波《农民问题与当代墨西哥的政治稳定》，《拉丁美洲研究》1998年第3期，第28页。

在 1947—1953 年间，私人投资已占到 64%，此后直到 1970 年，这个比例一直在 70% 左右；而且从 1950—1959 年间，美国在墨西哥制造业的直接投资从 1.33 亿美元增加到 3.55 亿美元，其增幅在整个拉美是最快的；在同一时期内，美国资本已占到墨西哥制造业的 47%，而在拉美其他国家，这个比例一般在 17% 左右；到 60 年代末，美国在墨西哥制造业的私人投资已经达到 8.9 亿美元。[①] 在这一时期，墨西哥的制造业产值迅速上升，是墨西哥经济中增长最快的部门，是经济增长的龙头。这一系列的数字说明，国内外的私人投资已经是墨西哥经济发展的主要动力，因而私人企业主掌握的资源增加很多，他们的经济影响力也越来越大。并且由于邻近美国、政府缺乏监管等原因，墨西哥的资本具有很强的流动性，很容易抽逃到国外，这更增强了私人资本的力量。据艾雷迪亚的研究，从 40 年代到 60 年代，墨西哥的经济活动一直操纵在少数几个私人大财团的手中，他们同政府的关系很密切。[②] 而且私人企业家的组织很好，几乎每个行业的企业主都有自己的组织，如工业家联合会（CONCAMIN）、银行家联合会（ABM）、农牧业协会（CNA）等，这些组织一般都控制在该行业最大的几家公司手中，像墨西哥商会（CANACO）有 10 万会员，但领导权却掌握在 5 家最大的公司手中。有些学者认为，私人资本与政府是一种"利润联盟"关系，但艾雷迪亚指出，这种观点认为资产阶级的政治行为的性质、范围以及国家与他们的关系都是既定的事实，不会变化，从而缺乏动态的眼光。其实在 1940—1982 年间，国家与私人资本的互动模式是：少数大资本家代表整个资产阶级对国家的政策施加影响，一般国家在制定重大政策、立法之前都会征求他们的意见，两者之间有通畅的沟通渠道。可是一旦民众主义联盟在国家内占

---

① Roger Hansen, *The Politics of Mexican Development*, The Johns Hopkins Univ. Press, 1974, pp. 50-58.

② Blanca Heredia, *Profits, Politics and Size: the Political Transformation of Mexican Business*, Preager, pp. 278-284.

了主导地位，往往会对这种渠道有一定的限制，一些政策可能会威胁到私人资本特别是大资本的根本利益。这时资产阶级就会进行广泛的政治动员，运用各种经济、政治手段进行反抗，其中最有效的手段当属减少投资和资本抽逃，这样会使经济增长乏力，引发经济甚至政治危机，迫使国家改变其政策取向，把权力交回到"保守联盟"的手中。随着国家的保守化，资产阶级的经济、政治特权会重新得到确认和维护，这时他们就会停止动员，继续与国家保持密切的关系。① 这种"危机—动员—和解"模式在激进的卡德纳斯和埃切维里亚时期表现得最为明显，1970 年埃切维里亚提出"分享发展"的战略，准备改善收入分配。对已经陷入困境的农业经济，他提出了一个雄心勃勃的村社发展计划：三年内把 1/3 的个体制村社改造成集体制村社，并进行大量投资，以促进村社农民的技术进步，摆脱危机。系列改革方案的实施需要巨额财政支出，但墨西哥国家却在这方面存在很大的限制：自 40 年代以来，为了促进私人投资，国家对资本收入实行低税收政策，这使得墨西哥的税收水平极低，和世界上其他收入水平相近的国家相比它排在最后，在拉美国家中也是最低的，低收入者承担了大部分的税收，这也是"世界上最不公平的一种税收制度"。一方面为了增加税收，另一方面也为了调节收入分配，埃切维里亚政府准备进行税收改革：征收高额累进税，取消财产匿名制等。但这个法案遭到资产阶级的强烈反对，出现大规模的资本抽逃。1975 年所有的私人企业主组织还联合起来成立了"企业家协调理事会"（CCE），来协调整个资产阶级对国家的反抗。增税最终没能成功，政府只能求助于外债和通货膨胀政策，通胀率上升到 42％，引发了经济动荡，导致了改革计划的夭折。

其后的波蒂略政府马上与私人资本进行了和解，在农村问题上则

---

① Blanca Heredia, *Profits, Politics and Size: the Political Transformation of Mexican Business*, Preager, pp. 291-295.

宣称要停止土地改革。在他任内墨西哥发现了储量极为丰富的油田，石油出口换回了大量的外汇，出现所谓的"石油繁荣"。在"石油美元"的支持下，波蒂略政府的活动空间增大，财政支出也大大增加，但农业投资的主要受益者并非村社农民，而是资本主义农场。这一时期外债激增，达到800亿美元，在石油价格下跌后，墨西哥立刻陷入了外债危机。在此后的经济调整中，墨西哥政府受到国际货币基金组织的制约，其政策导向以新自由主义为指导，掀起了一股私有化的浪潮。到80年代后期，苏东剧变导致的国际形势的变化，以及坚定的新自由主义者萨利纳斯的执政，使墨西哥激进派政治精英完全失势，官方党的政治纲领日趋接近右翼政党国家行动党，官方党内的左翼从党内分裂出来，另起炉灶，组织了左翼政党，这其实代表着墨西哥国家内部自由派与激进派分裂局面的结束和自由派的得势。所以在1992年萨利纳斯总统修改了宪法第27条，正式废止了土地改革，同时取消了对村社土地所有权的限制或曰保护，代表了一个新时代的开始。

纵观30年代末期以来墨西哥国家与社会各集团、阶级的关系，国家内的自由派/保守派精英与国内外资产阶级的联合占了上风，他们推行的是促进资本积累、限制土改和村社制度发展的政策，这导致了国内外资产阶级经济权力的日益增长。官方党—卡西克体制对村社社员和无地农民的控制，又削弱了农民的政治影响，所以在为时甚短的激进时期，促进土改和村社发展的政策遭到"保守联盟"的联合抵制，最终也未能推动土改迅速、彻底地进行，也没能改变村社农民技术落后的二元格局，所以导致了70年代以来无地农民和部分村社农民的反抗，从而动摇了墨西哥的政治稳定和现行政治体制的基础。

第十章

国际比较:农民如何发挥政治稳定作用

为更好地理解农民作为现代化进程中政治稳定器的作用,这里把其他几个拉美国家的政治动荡与墨西哥的政治稳定做一比较,深入探讨农民在消除大庄园主影响、制衡军队势力方面发挥的重要作用。这些国家都没有发生过农民革命。其中,哥伦比亚是作为传统地主集团引发农村动荡的典型,秘鲁是进行了土地改革但没有成功组织农民的典型,巴西则是农民受压制而军队没有约束的典型。

第一节 哥伦比亚:强大的地主和弱小的农民

在殖民地时期和独立初期,哥伦比亚的大庄园也和墨西哥及拉美其他国家的庄园一样,靠侵占印第安村社土地、强制剥削印第安人劳动力得到扩张。从 19 世纪后期开始,国际市场对哥伦比亚咖啡等经济作物的需求迅速扩张。哥伦比亚咖啡出口量从 1913 年的 100 万袋

（每袋60公斤）上升到1930年的近300万袋。尽管遭遇大萧条和价格下跌，咖啡出口量却继续上升。1937年达到400万袋，1943年达到500万袋，1953年已经超过600万袋。[①] 咖啡出口量在半个多世纪的时间里扩大6倍，势必引起土地、劳动力等要素价格和政治、社会环境的急剧变化。

"咖啡出口大潮"引发了对山区坡地和中西部山谷地带进行大规模垦殖的浪潮，很多垦殖者是来自其他地方的无地农民。庄园也进一步扩展，圈占了大量荒地、公共土地和部分印第安村社土地。这里的小垦殖农和农业工人进行了初步的组织和动员，抗议庄园的扩张和庄园主对咖啡销售渠道的垄断。人口的稀少（据不完全的人口普查，1928年全国人口为790万，1938年达到840万，1950年为1160万[②]）以及可供开垦的荒地较多，减弱了农民动员的压力和动力。当一部分农民可以转移到新开垦出来的土地上种植咖啡的时候，他们的斗争精神削弱了。因此，在进入20世纪的时候，哥伦比亚的农民动员水平远远不如墨西哥那么高涨，传统的上层统治阶级仍然能够掌控局面，他们的政治机器——自由党和保守党——轮流执政以应对时局的变化。1927年，社会主义革命党（即后来的哥伦比亚共产党）成立并开始在农村展开活动，取得一定进展。此后20年里，随着咖啡出口的继续扩大，哥伦比亚的土地占有趋于更加集中。在所有拥有土地的人里，55%是耕种两公顷以下的小土地所有者，他们的土地只占耕地总数的3.5%；中等规模的土地所有者占有地阶层的35%，人均拥有15公顷土地，占全部耕地的20%；占地100公顷以上的大地主只占土地所有者的10%，但他们拥有的土地却占到耕地总量的76.5%。[③] 此外还有大量的无地农民。自由党试图进行社会改革，以争取城乡劳工组

---

① 参见〔英〕莱斯利·贝瑟尔主编《剑桥拉丁美洲史》（第八卷），中国社会科学院拉丁美洲研究所译，当代世界出版社1998年版，第591页。

② 同上书，第590页。

③ 参见〔英〕莱斯利·贝瑟尔主编《剑桥拉丁美洲史》（第六卷）（下），中国社会科学院拉丁美洲研究所译，当代世界出版社2001年版，第436页。

织的支持、抵消共产党人的影响。在自由党执政期间（1930—1946
年），对大地产的征税增加，国会还通过了《土地改革法》，规定那些
在无主土地上耕作的垦殖农（佃农和分成农）可以向政府申请土地的
所有权。其实，这些土地已经被庄园占有，只是还没有取得产权证书
而已。因此，这部法律招致了庄园主的强烈反对，并导致了自由党内
部的分裂。豪尔赫·埃列塞尔·盖坦是自由党较激进一派的领导人，
40年代中期，他创建了民众主义联盟——全国革命左派联盟，试图组
织更大规模的农民运动。但保守党赢得1946年大选，终止了自由党
开启的社会改革，农民刚刚获得的土地产权被宣布为非法，这激起了
广泛的暴力活动，盖坦也在一次抗议活动中被暗杀。1946年，墨西哥
的卡德纳斯改革已经完成，传统大庄园主势力已经被清算，执政党把
农民阶级纳入党内，政治已经进入稳定轨道。但在哥伦比亚，上层集
团中的激进派动员、团结农民的尝试失败，两国的发展道路出现决定
性的差异。也是从这一年起，哥伦比亚进入持续20年的大规模"暴
力时期"，共计20万人在血腥的斗争中失去了生命。

这一时期的暴力可分为几种不同的类型，其中主要类型为"庄园
主的复仇"。位于南托利马省查帕拉尔市的斗争是哥伦比亚这段历史
的一个缩影。1880年前，查帕拉尔市的经济支柱是畜牧业大庄园。随
着咖啡价格的上涨，畜牧庄园逐步转化为咖啡种植园。大批被剥夺了
土地的印第安人来到这里，他们开垦荒地，也开始种植咖啡。1932—
1942年，这里的咖啡产量翻了一番。面对这些新增加的财富，当地庄
园主宣布这些新开垦的土地属于自己所有，并通过对咖啡销售渠道的
垄断来控制这些垦殖农。1936年以后，这里的一些教师、垦殖农和农
业工人与哥伦比亚自由党、共产党或者盖坦的全国革命左派联盟建立
了联系，成立了许多农会组织。这些组织发动了针对地主的抗议活
动。1936年《土地改革法》颁布后，农会又支持垦殖农申请土地产权
证书。此后几年里，土地法院向这些垦殖农颁发了1500份土地证书。
庄园主们依托保守党和地方法官对这些农民进行打击报复，官方银行

拒绝给农民发放贷款，并拖延支付收购农民产品的款项。庄园主还建立了私人武装"白卫军"，对垦殖农们滥施暴力，把他们从土地上赶走。1946年，保守党赢得大选，庄园主们更加有恃无恐，查帕拉尔的暴力活动升级，农民组织也决心进行武力反抗。1949年年底，武装警察向一些垦殖农村庄发起进攻，焚烧房屋并抓捕农民，8名自由党员被杀。1950年4月，当地的自由党人（以农民为主）发动了一次小规模起义，解救了被关押的人员。农会开始组织武装自卫团体，并从哥伦比亚共产党那里得到了武器和军事训练等支持。一位名叫伊绍罗·约萨的农会领导人组建了一支规模较大的游击队，经常与军队和警察交火。1951年，约萨率领游击队来到山区的埃尔戴维斯地区，建立了较为巩固的根据地。1952年，哥伦比亚得到美国提供的军事援助，开始大规模围攻埃尔戴维斯。次年，这个游击根据地被清除，不少游击队成员分散到其他地区，继续进行武装斗争。

哥伦比亚的农民游击队有广泛的群众基础，受到农民的支持和拥护。埃尔戴维斯根据地被摧毁后，反而有更大、更多的根据地建立起来。在南部托利马省的马格达尼亚、东北部考卡省的里奇奥多、昆迪纳马克省的特肯达马和苏马帕斯，游击队占领了更多领土，成立了所谓的"农民共和国"。他们建立了自己的生产关系和制度，拥有自己的警察、军队和司法机构。最大的马格达尼亚"农民共和国"占地5000平方公里，居住着4000户居民，成为独立的国中之国。农民力量的壮大有可能促进哥伦比亚的农民问题得到一个较好的结果。但美国出于冷战的需要，向哥伦比亚政府施加了巨大压力，同时也提供了巨额军事援助，以消灭"共产主义代理人"。从1964年起，哥伦比亚政府军向各"农民共和国"发动了猛烈攻势。在马格达尼亚行动中，军方出动装备精良的军队，并配备了数十架战斗机和直升机，摧毁了马格达尼亚根据地。到1965年，其他"农民共和国"也相继被政府军攻陷。

"农民共和国"的陷落标志着哥伦比亚农民武装斗争的衰落，同时也透露出一个新的、重要的信息：现代军事技术的快速发展和美国的介入使农民的武装斗争越来越难以取得大范围的成功。也即是说，农民革命的胜利前景更加暗淡。受此影响，农民也就丧失了一个关键的政治筹码，政治能力也遭到相应的削弱。1966 年后，哥伦比亚全国佃农协会（ANUC）兴起，试图用和平方式来实现获取土地、信贷、基础设施等的一揽子目标。1968 年，全国佃农协会的成员已经达到 60 万人。到 1971 年，会员已经接近 100 万。在取得初步进展后，全国佃农协会开始碰壁。1970 年后，无论保守党还是自由党政府都对庄园主集团的要求给予更大关注，基本终止了土地改革，无地农民的诉求遭到漠视。全国佃农协会内部较激进的一派开始组织抗议活动，要求废除大地产。但抗议活动先是被政府压制，接着庄园主的"白卫军"、政府军和警察便展开了对农民的大屠杀，哥伦比亚再次进入"暴力时期"。之后，部分无地农民前往哥伦比亚与委内瑞拉边境的无人地带进行拓殖，一定程度上释放了土地改革的压力。另一部分无地农民的斗争则与"4·19 运动""革命武装力量"等游击队活动甚至贩毒集团掺杂在一起，造成了持续至今的农村叛乱及暴力问题。

哥伦比亚是目前唯一仍存在较大规模游击队活动的拉美国家，而大范围的暴力冲突爆发于 20 世纪 40 年代，持续半个多世纪，造成几十万人丧生，几百万人流离失所。《百年孤独》中所描写的大屠杀不是虚构的场景，而是一再发生于这块土地上的惨烈暴行。究其根源，农民问题、土地问题是最深层的原因。与墨西哥一样，国际市场对农产品的需求带来了农业扩张和土地的稀缺，人口的快速增长又加剧了对土地的争夺。与墨西哥不一样的是，哥伦比亚没有经历过墨西哥 1910 年革命那样的扫荡，传统庄园主势力和土地占有的高度集中保留了下来，咖啡种植虽然把他们转变成了资本主义种植园主，但却进一步增强了他们掠夺土地的动力。他们还掌控了国家机器，形成了强大的保守力量。与墨西哥农民相比，哥伦比亚农民的组织、动员程度要逊色不少，更为分散和弱小。但他们的生存愿望同样强烈，斗争意志同样坚决。这就形成了农民问题的哥伦比亚模式：农民与地主之间大范围、持续、分散的暴力对抗，以及农民难以避免的失败命运。即便如此，在双方激烈的斗争过程中，哥伦比亚失去了政治稳定。

第二节　秘鲁模式：有土改但没稳定

国际市场的需求和人口增长是影响现代秘鲁农民问题的两个主要因素。首先来看人口因素。由于西班牙人的征服，秘鲁曾经历了极其剧烈的人口下降。据估计，被征服之前的秘鲁约有 900 万人口。由于疫病和暴力等因素的影响，半个世纪后这里的人口就锐减至 130 万。到 17 世纪初，秘鲁人口降至谷底，仅有 60 万人，此后经历了一个缓慢回升的过程。到 19 世纪末，秘鲁人口才增长到 260 万。因此，在独立后的第一个世纪里，人口对土地的压力并不大，地主们最大的困扰是劳动力短缺。因此，他们实行了奴隶制、债役雇农制等强制劳动制度。但从 20 世纪 30 年代起，秘鲁开始出现所谓的"人口爆炸"：1940 年人口已翻番，达到 600 万；到 1970 年几乎翻了两番，达到 2200 万。从 20 世纪初开始，秘鲁开始感觉到人口压力。

其次来看国际市场的需求。与其他拉美国家相比，秘鲁形成了更为典型的初级产品出口导向型经济。从 1840 年到 1880 年，秘鲁经历了独立以来第一次出口繁荣——鸟粪繁荣。同期，农产品出口也开始兴起，高原地区主要是羊毛出口，来自英国的需求比较强烈。羊毛商人使用欺诈手段使印第安农民背上无法还清的债务，趁机夺取他们的土地。南部普诺地区的印第安农民发动起义，反抗土地侵占。但起义仍然是孤立的，没有蔓延到更广大的地区，最终遭到政府的镇压。到

19世纪末20世纪初，养牛业在高原地区兴起，皮革、牛肉、黄油、奶酪和牛奶既向国外市场出口，也用于满足利马等城市的新兴需求，占地广阔的大牧场兴起。美国资本和秘鲁国内资本一起进入高原地区，对印第安村社土地的侵占继续扩大。

这期间，沿海地区的甘蔗种植园和棉花种植园也发展起来。由于得天独厚的自然条件，秘鲁的甘蔗种植没有季节限制，成本低于加勒比和巴西的甘蔗种植园，因此得到快速发展。秘鲁北部的长绒棉也是世界上最优质的长绒棉之一，广受国际市场欢迎。由于人口仍然稀少，甘蔗和棉花种植园的发展受到劳动力供应不足的限制，而且高原农民受到庄园的束缚，那些居住在村社里的农民也不愿意到遥远而陌生的沿海地区打工。和鸟粪产业一样，种植园只能依靠黑奴和来自中国的"苦力"提供劳动力。太平洋战争（1879—1885年）之后，来自德国、英国、意大利的投资猛增，种植园的规模急剧扩大。不仅沿海地区的小地产主被迫出让自己的土地，大种植园还扩张到高原地区，其目的仅是获取那里的廉价劳动力。剥夺高原农民的土地并迫使他们去种植园工作，是沿海种植园扩张的重要手段。到20世纪30年代初，约有6万农业工人在200多个棉花种植园工作，在80个左右的甘蔗种植园里约有2万农业工人，在600多个水稻种植园里约有3万劳工。

这一阶段的发展造就了秘鲁新的统治阶层：寡头集团和外省考迪罗集团。寡头集团即通常所谓的"40家族"（如果降低财富标准，可以包括200个左右的家族）。他们的经济基础是沿海的甘蔗、棉花、水稻种植园、大牧场以及矿业和新兴的金融业，对中央政府的政策有决定性影响。比寡头集团低一级的是新兴考迪罗集团，他们在太平洋战争之后替代了传统的考迪罗，通常集庄园主、省长和地方军事领导人身份于一身，集中了地方的经济、政治和军事权力，此外还拥有私人武装。层次更低一些的考迪罗通常被称为"加莫纳尔"（camonal），类似于墨西哥的传统卡西克，他们与农民的利益完全对立。新的统治阶层以大地主为主体，在这一轮的出口繁荣中积累了财富。他们的扩张引起农民的反抗。20世纪20年代出现大量农民暴动，反抗庄园和种植园的扩张，试图夺回被侵占的土地，农业工人的罢工也频频发生，但都遭到寡头集团和考迪罗集团的联合镇压。

1929年爆发的大萧条对绝大多数拉美国家来说都是一个转折点，很多国家从出口导向型经济转向工业化。进入50年代时，推行进口替代型工业化已经成为这些国家的主导性政策。但秘鲁是个例外，它凭借多样化的自然资源禀赋继续推进初级产品出口模式。到60年代末期时，秘鲁出口结构发生重大变化：农产品出口占总出口的比例从高峰时期的50％—60％降到16％左右，以铜矿、铁矿等为主的采矿业迅速发展，上升到55％，鱼粉和鱼类出口升至25％左右。农业出口的份额虽然下降了，但绝对量仍在上升。因此，同一时期的土地集中也呈上升趋势。在沿海地区，181名大地主占有绝大多数土地。在高原地区，1233个大庄园控制了近80％的耕地或牧场。总的来看，秘鲁3/4的可耕地掌握在0.5％的人手中，土地占有高度集中。[①] 农民的抗争有所增长，但动员水平不算太高。沿海农业工人的组织水平提高，阿普拉党（秘鲁最早出现的民众主义政党之一）在其中发挥了重要作用，它麾下的秘鲁糖业工人联合会、秘鲁全国农民联合会把这些农业工人纳入了自己的组织。但是，阿普拉党对动员山区农民不感兴趣。在他们的理论中，农民是封建落伍者，全盘无产阶级化不仅是不可避免的，而且是完全必要的。对于农民的土地要求，阿普拉党根本不感兴趣。因此，工会运动的要求局限于提高工资、改善生活和劳动条件等方面。在两次大罢工遭到镇压之后，农业工人的工会运动逐渐沉寂。另外一个群众性政党秘鲁共产党也与阿普拉党观点相似，虽然其创建者和早期领导人何塞·卡洛斯·马里亚特吉非常重视农民的

---

① 参见［美］克里斯蒂娜·胡恩菲尔特《秘鲁史》，左晓园译，中国出版集团东方出版中心2011年版，第219—225页。

作用。马里亚特吉曾提出,秘鲁的革命进程需要农民的参与,这不仅因为农民人数众多,而且村社土地所有制还是社会主义的初级形式。但马里亚特吉英年早逝,秘鲁共产党似乎逐渐忘记了他的理论,没有在动员高原农民方面做出实质性的努力。

从 20 世纪 50 年代开始,高原农民的反抗意识加强,出现一些地区性农民组织。1958 年成立的贡本希翁省农民联合会拥有 1 万余名会员,其斗争目标在废除庄园劳役和征收庄园土地之间摇摆。在普诺省出现农民工会阵线和秘鲁基督教工会运动,受共产党影响的秘鲁农民联合会也对农民运动起到了支持作用,中部和南部山区出现上百起农民占领庄园土地的事件。但这一时期的农民运动仍然是分散的,没有形成全国性的农民组织。农民的斗争性不强,很多农民选择向首都利马移民,结果形成了拉美最大规模的贫民窟。到 1970 年时,秘鲁大多数人口已经居住在城市里,城市人口约占 70%。但是,受古巴革命和游击中心主义的影响,60 年代初期秘鲁高原出现左翼游击队活动,给政府造成了压力。1963 年上台的贝朗德政府宣布开始进行土地改革。但在寡头集团的阻挠下,这次土地改革只分配了 16 万公顷土地,基本上没有什么社会效果。

1968 年 10 月,胡安·贝拉斯科将军领导的军事政变推翻了贝朗德政府,进行了较为彻底的土地改革。贝拉斯科的军政府带有激进色彩,希望找到一条介于共产主义与资本主义之间的发展道路,即用"自上而下的社会主义"代替"自下而上的社会主义"。通过土地改革,军政府希望实现政治与经济的双重目标:改变秘鲁高度不平等的土地占有格局,削弱寡头集团的经济基础,得到农民的政治支持;预期的农业繁荣还将为日益膨胀的城市提供充足的廉价食品,产生的出口收入和利润还将推动工业化发展。在改革中,大地产被允许保留150 公顷水浇地(牧场和林地的征收起点更高),其余一律被征收,军政府以债券形式予以补偿。从 1969 年到 1977 年间,约 900 万公顷土地被分配给 36.9 万个农户家庭。但最需要土地的群体——农业临时工和季节工——被排除在土地改革之外，这样的农村劳动者在当时约有 25 万人。大部分土地不直接掌握在农户手中，而是成立农业合作社，实行集体经营。合作社的管理人员也不是由农民选举产生，而是掌握在政府委派的人士手中。为了从政治上控制农民，贝拉斯科政府成立了秘鲁农民联合会和全国农业联合会，旨在重建政府与农民的关系。军政府还成立了一个类似于政党的组织"全国社会动员支持系统"（Sistema Nacional de Apoyo a la Movilización Social），希望以此汇合农民、工人等民众阶层的支持，成立一个庞大的政治联盟，剥夺阿普拉党等民众主义政党的影响力，为军政府提供巩固的政治基础。但是，仅仅数年之后，这个精心设计的土地改革体系遭遇失败，所设想的目标一个都未能实现。集体制的农业合作社具有与生俱来的内在缺陷，即"搭便车"问题：工作质量难以监督考核，往往会导致"大锅饭"和激励缺失，从而丧失经济效率。由于合作社管理人员都是政府委派的外来者，这个问题更加严重。合作社非但不能产生推动工业化所需的利润和外汇，就连粮食自给的目标都不能实现。土改首先在经济层面上失败了，继而在政治层面上也受到挫折。无论是秘鲁农民联合会、全国农业联合会还是全国社会动员支持系统都没能把土改中受益的农民组织起来。这与墨西哥的经历恰成对照：墨西哥的现代村社制度在经济上也是失败的，但在政治上却获得了相当大的成功。秘鲁与墨西哥的差异比较明显：墨西哥的农民控制体系使用的是"内生"要素，而秘鲁则是"外生"因素。墨西哥的新卡西克体制基本上是在 1910 年革命中形成的，在村社中具有合法性基础和必要的追随者，且与整个政治体系已经融为一体，所以能够发挥控制、动员、组织等各项功能，为政治稳定奠定基础。但在秘鲁就大不一样，从其农村发展史可以看出，秘鲁的高原村社和沿海种植园都不存在类似于卡西克的微观机制，传统型的加莫纳尔与农民严重对立，没有成为军政府推动土地改革和组织农民的工具。全国动员支持系统基本上是一个外来的官僚机构，无法与基层农民顺利对接。由于缺乏适用的组织机构与载体，贝拉斯科军政府虽然进行了大刀阔斧的土地改革，但仍然遭遇了惨痛的失败。政府与农民之间仍然存在一条难以逾越的鸿沟。无论在土改前还是在土改后，秘鲁都没有任何政治力量能够与农民结成同盟，所以政治就像一艘"无锚之船"，饱受军事政变、农民叛乱和各种类型的游击战争之苦。

对秘鲁20世纪政治史的简单回顾就可以让我们看清这一点：1915年，军队推翻吉列尔莫·比林赫斯特总统。1932年，阿普拉党人起义遭镇压，5000人遇害。1948年10月，阿普拉党人发动叛乱，得到军队响应，民选的布斯塔曼特总统被迫退位。随后，奥德里亚将军建立军事独裁，直到1956年才被民选的普拉多政府所取代。1962年，阿普拉党领袖阿亚·德拉托雷赢得大选，但选举结果马上被军方否决，德拉托雷被军政府所取代；一年之后，军政府才还政于民。1968年，军人再度接管政权，贝拉斯科将军执政到1975年，被弗朗西斯科·贝穆德斯将军发动的政变推翻，直到1980年才还政于民。1980年，"光辉道路"恐怖组织兴起并迅速蔓延，在其鼎盛时期，他们控制了全国三分之一的国土面积，70%的地区进入紧急状态。到90年代初"光辉道路"被平定的时候，遇难者多达7万余人。1992年，选举上台的藤森总统与军队联手发动了一场"自我政变"，解散了拒不合作的国会，司法机构和地方政府也被关闭，直到藤森颁布了新宪法之后，国家机构才重新开始运转。

把秘鲁与墨西哥的情况进行对比，大致可以得到如下结论：如果进行土地改革并获得经济上的成功，当局者就容易得到农民的衷心拥护，就可以把农民结合到执政党中去，发挥稳定器的作用；如果土地改革在经济上未获成功，就需要某种政治机制来控制农民，才能把土改的政治效用发挥出来，保持政治稳定；如果两者都不具备，就会出现秘鲁式的政治动荡；在农民问题没有解决的前提下，秘鲁农民大批流入城市，形成了极为庞大的城市贫民群体，错过了解决发展问题的历史时机，使得国家发展问题几乎成为无解之题。

第三节 巴西模式：没有土地改革的政治动荡

在巴西的政治史上，农民向来是沉默的一群。而巴西也是拉美国家里为数极少的没有进行过土地改革的国家，这在拉美地区大国里面是绝无仅有的。这非但不意味着巴西没有农民问题，反而说明这个国家的农民问题最为严重。巴西的农民问题非常特殊，其根源在于这个国家的特殊国情。

巴西的人口构成与其他拉美国家大相径庭。在印第安时期，与中部美洲（墨西哥和中美洲地区）和安第斯高原的灿烂文化相比，巴西属于土著文明的边缘地带。在欧洲人到达前夕，印第安人的数量大约为 250 万（比较保守的估计为 100 万）。① 他们的文明发展水平也相对较低，处于农业文明的初级阶段。在葡萄牙人征服和殖民时期，土著人遭到极其残酷的屠杀，再加上大规模疫病的影响，人口迅速减少，几近灭绝。直到独立前夕，经过近百年的缓慢恢复，印第安人口数量才达到 80 万左右。在几乎整个殖民地时期，巴西的支柱产业是甘蔗种植和蔗糖出口，主要的劳动力是来自非洲的黑人奴隶，奴隶制一直延续到 1888 年才被废除。因此，巴西相应地缺乏拥有土地的印第安村社和农民，也很少保留印第安社会的组织结构等传统因素。当咖啡种植园在 19 世纪中后期起兴起的时候，又集中分布于地广人稀的南部数州。所以，国际市场需求的增加在巴西并没有引发对农民土地的大规模剥夺。而且当时农民的主体是刚刚被解放的奴隶，他们获得了

---

① 参见［英］莱斯利·贝瑟尔主编《剑桥拉丁美洲史》（第二卷），中国社会科学院拉丁美洲研究所译，经济管理出版社 1997 年版，第 39 页。

自由，整体状况比以往有了质的改善。因此，当墨西哥革命风起云涌的时候，巴西的农村非常平静。

自 19 世纪末期奴隶制废除之后，巴西农村的经济、社会、政治关系发生巨大变化，逐步形成了新的经济组织形式和政治参与形式。被解放的奴隶成为依附于种植园的佃农或分成农，他们为种植园提供劳动，获取微薄的工资，并从种植园主那里得到一小块土地，生产一些供自己家庭消费的粮食作物。和西班牙语国家的庄园类似，种植园主提供的高利贷、开办的商店会让这些农民背负上沉重的债务，从而把农民束缚在土地上。在此经济基础上形成了巴西著名的"上校体制"（coronelismo）。上校体制指大地主（以种植园主为主）与农民（农业工人、佃农、分成农）之间形成的政治庇护体制，"上校"称谓来自地主在地方辅助性军事组织（国民警卫队）中获得的头衔。与墨西哥的卡西克相似，巴西的上校们也起着基层政治掮客的作用。他们控制自己种植园以及附近的农民，为州寡头集团（由更有影响的大地主、出口商等组成）提供政治支持和选票，从寡头集团那里他们可以得到州里的官职、贷款、工作岗位、司法上的庇护、有利的经济政策、基础设施建设项目等。同时，他们也为农民提供种植园里的工作、小额贷款、使用土地的权利、司法庇护，并调节农民之间的纠纷，充当农民子女的教父，为农民提供一些指点和建议等。在圣保罗、米纳斯基拉斯和南里约格兰德等州，上校们被结合到当时的重要政党——共和党——之内活动，其政治行动得到更好的协调，他们控制下的人群不仅包括农民和农业工人，还有小地主、小商人、教师等专业人士等。在东北部和北部的一些州里，这些地方军阀之间冲突不断，不时爆发武装斗争。他们与盗匪团伙、政党组织之间的关系也比较复杂。从全国层次来看，上校体制为州一级的地方势力提供了基础，助长了巴西政治的地方化和军事化。20 世纪 30 年代以后，随着中央政府力量的上升，上校拥有的私人武装遭到裁抑。但多党制的发展为上校体制提供了更大的弹性和空间，他们与不同的政党结为盟友，长期生存下来。

　　巴西的上校体制与墨西哥的卡西克体制又具有明显差别。首先，上校们都是地主，而且通常是大地主。卡西克的来源更加多样化，地主很少，多数为农民、乡村教师等下层人士，他们在墨西哥革命中的一个重要功能是在政府和执政党的领导下打击庄园主、推进土改。但巴西的上校们却是保护种植园和土地集中的保守力量，他们的政治势力都用来维护现状、反对土地改革。所以巴西的基层政治结构带有反农民、反土改的特色。其次，墨西哥的卡西克被结合到执政党革命制度党内，具有体系上的一致性。但巴西的上校们不同，他们与不同政党、政治势力结盟，更加分散。因此，总的来说，巴西的上校体制发挥了保守的作用，降低了农民组织、动员的水平。

　　从人地关系的角度看，相对于其广阔的领土来说，巴西的人口向来不算多，对土地的压力不大。在1889年巴西共和国宣告成立的时候，这个国家只有1430万人。此后巴西进入人口高速增长阶段，对土地的压力逐渐增大。到1920年，人口已经达到2700万。到1950年，在短短30年里，巴西人口再翻一番，接近5400万。仅仅20年之后，也就是1970年，巴西人口已经接近1亿，堪堪又翻了一番。第二次世界大战之后，随着发达国家进入经济发展的又一轮"黄金时期"，国际市场对农产品的需求随之扩张，巴西的农产品出口也水涨船高。到60年代，巴西已经是世界主要的咖啡、糖、可可、棉花的生产国和出口国之一，耕地面积也迅速扩大。但是，出口增长带来的收益集中在种植园主手中，农民的情况在恶化。土地占有更加集中，占农场总数1.6％的大地产拥有50％以上的耕地，而且最肥沃的土地都集中在大地主手中。占农场总数22％的小地产仅拥有0.5％的耕地，此外还有大量的无地农民。1960年的一份报告如此描述农民的状况："4000万农村人口像贱民一样自生自灭，他们当中仅有4％的家庭拥有土地。他们要忍受长期的饥饿和慢性病，文盲率达到70％。在东北部，农民的预期寿命仅有 27 岁。"①

　　但即便在这种情况下，巴西农民的组织、动员水平仍然很低。最大规模的农民组织出现在巴西东北部的甘蔗种植区。第二次世界大战之后，国际市场的扩张使巴西的甘蔗种植园和蔗糖生产结构发生了重大变化。蔗糖生产过程中的一些环节向中南部转移，东北部的甘蔗种植园和糖厂进行了重组。在这个过程中，佃农和分成农的小块土地被种植园主收回，变成领取微薄工资的农业工人，境况恶化。1955 年，在社会党州议员弗朗西斯科·胡里昂的领导下成立了"伯南布哥州农牧民协会"。这个协会在伯南布哥州取得了一定影响，在帮助农民争取租佃权方面取得了进展。天主教会的神父们在米纳斯基拉斯州等地的农业工人中组织了工会，维护工人权利。但这些组织只具有地方影响，并且在 60 年代初便陷入分裂和衰落。古拉特政府（1961—1964 年）提出了土地改革的倡议，试图把农民结合到他的民众主义联盟之中，但迅即被寡头集团与军人联盟推翻。此后，军政府长期执政，用暴力镇压农民的土地要求，巴西农民再次回归沉默。80 年代以来，除了传统的农产品出口外，巴西又出现了大豆、橙汁的出口繁荣，进一步巩固了农产品出口大国的地位。但土地占有的集中继续发展，根据 1988 年的统计，占全国总人口不到 5％的大地主拥有全国 66％的耕地，一半以上的巴西人营养不良。② 无地农民的占地运动不时爆发，但都遭到大地主私人武装的镇压。

　　表面上看，巴西似乎是一个没有严重农民问题的国家，这是由它的独特历史进程所决定的：巴西缺少印第安传统和组织形式；殖民地时期的农村劳动力以黑人奴隶为主，本身不拥有土地，也就没有其他国家出现过的现代化早期的土地剥夺浪潮；再加上上校体制所发挥的保守作用等，这些因素都延缓了巴西农民问题的爆发。此外必须强调

---

① ［美］布拉德福德·伯恩斯：《巴西史》，王龙晓译，商务印书馆 2013 年版，第 354 页。
② 同上书，第 409 页。

的是，巴西的大地主集团异常强大。从早期的甘蔗种植园主到后来的咖啡种植园主，再到种植大豆的大地主，这个集团一直拥有很大的政治影响力，没有随着工业化进程遭到削弱，这在拉美国家当中也非常罕见。因此，巴西的农民问题经历了长时期的累积，不仅扭曲了工业化进程，而且对政治稳定产生了非常不利的影响，即军人干政问题。由于始终没有把农民结合到政治体系中来，巴西形成了军队独大的现象。1930—1964 年，巴西一直处于军事政变的阴影之下。通过政变上台的瓦加斯总统在 1945 年被军队驱逐，民选政府成立。1954 年，通过选举再次上台的瓦加斯在军事政变的威胁下自杀身亡。1964 年，军队发动政变，推翻了古拉特总统，并从此走上前台，一直统治到 1985 年。

结　　论

　　现代村社制度对墨西哥当代政治发展的影响十分显著。在革命刚刚结束的时候，早期的村社农民为消灭考迪罗势力、建构新的政治制度提供了有力的保障。在此后长期的政治稳定中，村社农民更是发挥了基础性的作用。但是，这种作用是在政府—官方党—卡西克网络的控制之下产生的。在革命和土地改革中，墨西哥乡村传统的权力结构"卡西克体制"获得了新的生命力，卡西克占据了村社的领导职位，在村社内建立了庇护主义群体，并托庇于上层精英，成为官方党的基层领袖、地方政府官员和议会议员，形成了自上而下的、层级式的控制网络，其具体运作的方式为：卡西克利用制度、暴力等手段压制村社农民的利益要求和反抗，控制他们的选票，为官方党输送支持，维持精英集团的统治和现行政治系统的生存，而卡西克则得到上层的庇护，得以维持其权力地位，正是这种体制为墨西哥的长期稳定奠定了基础。但是，政府—官方党—卡西克控制网络使得村社农民在政治上"非动员化"（demobilized）了，这削弱了他们作为一个冲突性利益集团本应具有的力量，其严重后果表现在两方面：一方面，村社经济得不到国家应有的支持，绝大多数公共资源向资本主义农场倾斜，妨碍了村社农业的现代化，也使村社农民深陷于贫困之中；另一方面，土改进展缓慢，伴随人口增长出现大量无地农民，他们游离于乡村控制网络之外，难以维生，在外界因素的动员下，逐渐成为政治动荡的源泉。

村社经济的落后不能简单地归结为村社制度本身的缺陷，而应该到更大的政治、经济环境中去寻找其根源。在政府—官方党—卡西克网络的控制下，村社农民的利益被忽视，要求受到压制；当代墨西哥资本主义的发展模式使得国内、国际资本的经济权力和政治影响力都在不断膨胀，自由主义意识形态的地位也在逐步上升，从 40 年代以来已隐然取代了革命意识形态的官方地位，这都导致了国家政策倾向的右转，这就使村社农民得不到急需的经济、技术支持，从而未能实现向现代农业的转变。因此，从表面上看，村社没有对墨西哥的工业化做出显著的贡献，但实际上农民却遭到残酷的压榨。村社农民经营的失败有着更深远的社会后果，一方面，收入分配差距拉大和农村的普遍贫困是潜在的动乱之源；另一方面，它造成国内市场狭小，限制了"进口替代"工业化的发展空间，畸形的消费结构加深了畸形的生产结构，最终造成了工业化的停滞和经济危机。

本书开篇部分引述了三种关于政治稳定的理论，无论是李普塞特"好事一块儿来"的理论还是亨廷顿、奥唐奈、普雷维什"现代化引发政治危机"的理论都犯了一个共同的错误，那就是没有区分现代化的类型。按照不同的标准，现代化可以分为不同的类型。本研究使用的分类标准有两条，即平等与自由。平等指的是一个社会中经济、政治权力相对平等的状态。自由则侧重经济自由，指公民拥有从事经济活动的个人自由。依照这两条标准就可以把不同国家的现代化进程分为三种，即平等自由型现代化、中间类型和非平等自由型现代化。所有的发达国家/地区都属于平等自由型现代化，在整个现代化进程中，财富、收入分配都比较平等，虽有波动但幅度不大，并从经济平等逐步走向政治平等。这种类型的现代化都符合"好事一块儿来"理论，经济发展、政治稳定和社会进步齐头并进。大多数发展中国家都属于第三种类型，即非平等自由型现代化，其特征是上层集团掌控一切，财富、收入分配的高度不平等，政治权力也很集中。虽然不少国家移植了西式民主制度，但上层集团仍然可以通过经济、社会途径控制政府政策。在这些国家，经济增长即意味着不平等程度的加深和下层民众的边缘化，也就意味着更加激烈的反抗和混乱。它们都符合"现代化引发政治危机"的理论。墨西哥之所以成为一个"特例"，是因为它属于中间类型。1910年革命和土地改革提高了墨西哥的平等程度，但没有彻底改变这个国家的权力结构①，所以只取得了部分成功，即长期的政治稳定。但随着不平等程度的加深，这个成果也逐渐消失。墨西哥再次成为"非平等自由型现代化"集团中的一员。

通过对墨西哥现代村社制度的研究，我们还可以对发展模式问题作出初步探讨，作为本书的余绪。历史总是走向自己的反面。在本书探讨的这段历史中，开篇便是轰轰烈烈的1910年革命，随后便是长期、罕见的政治稳定，然后又渐渐走向动荡。要参破其中的奥秘，就必须把宽阔的理论视野与丰富的历史细节结合起来。

18世纪早期，英国实现了人类经济史上的一次巨变，开启了工业革命。随后，工业革命向西欧和北美扩散。这次革命的影响越来越强地影响到了世界其他地区。不幸的是，拉美国家并没能接受工业化的扩散，反而以初级产品供应者的角色加入了工业时代的国际经济体系。拉美国家普遍感受到了这种拉力，但由于各自国家的经济、政治和社会结构差异，产生的后果也各不相同。墨西哥因为临近美国，感受到的吸引力更强。在外力的拉动下，它的确实现了快速的经济增长。但这种增长是在一种不平等的社会结构中实现的，而且增长本身又加剧了不平等。它带给农民阶级的就是大规模的土地剥夺。而墨西哥农民的组织能力、反抗能力都远远超过其他拉美国家的农民，结果

---

① 权力结构指一个社会中各利益集团的权力分配格局。权力是影响他人行为的能力，这里不仅指制度赋予的正式权力，也包括财富、知识、社会地位等因素带来的影响力。

就是 1910 年革命的爆发。通过革命的洗礼，农民不仅夺回了一部分土地，而且帮助国家驯服了军队、消灭了地方军阀，实现了政治稳定。但农民的结局并不圆满，因为他们处在一种不利的权力结构之中。从宏观上看，随着工业化的展开，企业界的力量越来越强，其中便包括了那些从事出口农业的大农场主。他们对国家政策的操控能力日渐增长，使政策完全向他们倾斜。农民则被贫瘠的小块土地和卡西克机制禁锢在村社之内，不但失去了反抗能力，还用选票维持了上层集团的统治。但受害者不仅仅是农民，国家发展也深受其害。小农经济的失败对工业化和城市化产生了严重的负面影响，贫困的农民限制了工业品的市场规模，破产、无地农民向城市的迁移形成了"贫民窟扩张型"的城市化模式，也不能拉动经济增长，造成进口替代工业化的快速"枯竭"和转型升级的困难。墨西哥之所以陷入 80 年代的债务危机，深层根源即在于此。伴随着村社农民的贫困化、无地农民的增多，曾经牢不可破的卡西克机制也漏洞百出，越来越失去对农村的掌控。后果就是一党独大 70 年的官方党失去执政地位，农民的政治力量分散化，政治稳定失去重要支撑，动荡慢慢加剧。"革命红利"消弭殆尽，墨西哥正在变成一个"正常"的拉美国家。墨西哥其实是一个"半截子革命"的范例。革命取得了成果，收获了政治稳定。但由于没有打破既有的权力结构，已有的成果逐步丧失，最终未能走上良性发展的坦途。

所有的现代社会都是农业社会的"儿子"。在现代化进程中，如何解决农民问题有着极其重要的意义。那些视农民为敝屣而弃之不顾的社会，总会选错发展方向，走上一条艰难曲折的现代化之路。而那些把"父老乡亲"放在心头的社会，却总能避开现代化道路上的"激流险滩"，施施然拾级而上，进入繁花似锦的新境界。

土地问题是农民问题的核心，但不是全部。实现"耕者有其田"是解决农民问题的前提。有了土地，农民就有了立身之本，社会才能安定，犹如船之有锚。解决土地问题的同时，还要解决农民与国家的关系。把农民视为奴仆还是当作大家庭中平等的一员，对发展进程有着重大影响。小农经济有"先天之不足"，需要国家的扶持和帮助才能兴旺发达。农民富了，社会才能有机器和厂房，才能有工程师和技术工人，才能有技术创新，企业家才有用武之地。小农经济的繁荣是工业化和城市化的起点与依托。富裕的农民还是政治稳定和政治发展的基石。在现代化进程中，农民在相当长的时期内都占社会的大多数。农民稳定了，政治稳定就有了保障。小农的富裕还会导致权力结构的平等化，有利于出现平等性的农民组织和政治组织，对于政治发展和政治多元化进程也大有裨益。如果农村凋敝，就会有经济乏力、对外依赖、大量失业、城市贫民窟、留守大军和两极分化，凡此种种。政治上也会出现动荡不宁、民主化中断等问题，政治凝聚力将逐步削弱，最终的结果往往是政变或革命，社会将为此付出巨大的代价。

参考文献

英文文献：

1. E. N. Simpson，*The Ejido*，*Mexico's Way Out*，The Univ. of Carolina Press，1937.

2. S. Chase and Marian Tyler，*Mexico*，*A Study of Two Americas*，Macmillian Co. ，1930.

3. E. Wolf，*Peasant Wars of Twentieth Century*，Haper & Row Publishers，1969.

4. C. Gibson，*The Aztecs under Spanish Rule*，Standford Univ. Press，1964.

5. J. Purnell，"With All Due Respect"，in *LARR*，Vol. 34，No. 1，1999.

6. J. Womark，*Jr. Zapata and Mexican Revolution*，Aired A. Knoph，1971.

7. D. A. Brading，"Liberal Patriatism and Mexican Reforma"，in *JLAS*，Vol. 20，1987.

8. D. A. Brading，*Caudillo and Peasant in the Mexican Revolution*，Cambridge Univ. Press，1980.

9. M. S. Werner，*Encyclopedia of Mexico*，Fitzroy Dearborn

Publishers，1997.

10. C. C. Cumberland，*Mexican Revolution*，Uinv. of Texas Press，1972.

11. F. Tannenbaum，*Peace by Revolution*，Columbia Univ. Press，1935.

12. F. Tannenbaum，*The Mexican Agrarian Revolution*，Columbia Univ. Press，1928.

13. M. Gates，*In Default*，Westview Press，1996.

14. E. Lieuwen，*Mexican Militarism*，The Univ. of New Mexico Press，1968.

15. J. W. Sloan，"United States Policy Responses to the Mexican Revolution"，in *JLAS*，Vol. 10，No. 2，1978.

16. R. Quirk，*An Affair of Honor*，McGraw Hill，1964.

17. R. F. Smith，*The United States and Revolutionary Nationalism in Mexico*，*1916-1952*，Univ. of Chicago Press.

18. A. Knight，"Cardenismo：Juggernaut or Jalopy?"，in *Journals of Latin America Studies*，Vol. 20，No. 1，1994.

19. P. Lamartine Yates，*Mexico's Agricultural Dilemma*，The Univ. of Arizona Press，1981.

20. John Heath，*An Overview of the Mexican Agriculture Crisis*，Stanford Univ. Press，1990.

21. Dana Markiewicz，*Ejido Organization in Mexico：1934-1976*，Univ. of California Press，1989.

22. Marilyn Gates，"Coditying Marginality"，in *Journal of Latin American Studies*，Vol. 20，1994.

23. Delbert T. Myren，"The Com and Wheat Programs of the Rockfeller Foundation in Mexico"，in Clifton Wharton eds.，*Subsistence Agriculure and Economic Development*，

Aldine，1969.

24. Susan R. Walsh Sanderson，*Land Reform of Mexico*，*1910-1980*，Academic Press，1984.

25. Alain de Janvry，"Ejido Sector Reforms: From Land Reform to Rural Development"，in Laura Randall，*Reforming Mexico's Agrarian Reform*，M. E. Sharpe Inc. ，1996.

26. Alain de Janvry，*The Agrarian Question and Reformism in Latin America*，The Johns Hopkins University Press，1981.

27. Jeffry Weldon，"The Political Sources of Presidencialismo in Mexico"，in *Presidencialism and Democracy in Latin America*，Edited by Scott Mainwarry and Matthew Sobery Shugart，Cambridge University Press，1997.

28. Dale Story，*The Mexican Ruling Party: Stability and Authority*，Praeger，1986.

29. El Nacional，Septembers，1935，in Lyle Brown，Cardenas: Creating a Campesino Power Base for Presidential Policy，in George Wolfskill and Douglas W. Richard，Essays on the Mexican Revolution: Revisionist View of the Leaders，1979.

30. El Universal，Febrary 28，1936，in Lyle Brown，Cardenas.

31. Paul Friedrich，"The Legitimacy of A Cacique "，in Marc J. Swartz，ed. ，*Local Level Politics*，Chicago，1968.

32. Gilbert M. Joseph，"The Fragile Revolution: Cacique Politics and Revolutionary Process in Yucatan"，in *Latin American Research Review*，Vol. 20，1994.

33. Luis Roniger，"Caciquismo and Coronelismo: Contextual Dimensions of Patron Brokerage in Mexico and Brazil"，in *Latin American Research Review*，Vol. 14，1988.

34. Luisa Pare，"The Challenge of Rural Democratisation in

Mexico，in Jonathan Fox"，*The Challenge of Rural Democ-ratisation：Perspectives From Latin America and the Philippines*，Frank Cass & Co. Ltd，1990.

35. Thomas Benjamin，*A Rich Land，a Poor People：Politics and Society in Modern Chiapas*，The University of New Mexico Press，1989.

36. Keith Brewster，"Caciquismo in Rural Mexico During the 1920s：the Case of Gabriel Barrios"，in *Journal of Latin America Studies*，Vol. 28，1996.

37. Frans Schryer，*Ethnicity and Class Conflict in Rural Mexico*，Princeton Univ. Press，1990.

38. Susan Kaufman Purcell，"Mexico：Clientelism，Corporatism and Political Stability"，in *S. N. Eisenstadt，Political Clientelism，Patronage and Development*，SAGE Publications Ltd，1981.

39. Joseph L. Klesner，" The Evolving Party System：PRI，PAN，and PRD"，in Laura Randall eds. *Changing Structure of Mexico：Political，Social，and Economic Prospects*，M. E. Sharpe Inc. ，1996.

40. Jose Luis Reyna，*An Empirical Analysis of Political Mobilization：the Case of Mexico*，Cornell U. ，1971.

41. Barry Ames，*Bases of Support for Mexico's Dominant Party*，Univ. of California，1970.

42. Ann L. Craig and Wayne A. Cornelius，*Houses Divided：Parties and Political Reform in Mexico*，Yale Univ. ，1997.

43. Henry A. Landsberg，"The Limits and Conditions of Peasant Participation in Mexico：a Case Study"，in *Criticas Constructivas del Sistema Politico Mexicano*，Willianm P. Glade

and Stanley R. Ross, eds. , University of Texas, 1973.

44. Manuel L. Carlos, *Politics and Development in Rural Mexico*, Praeger Special Studies, 1974.

45. Richard R. Fagen and William S. Tuohy, *Politics and Privilege in a Mexican city*, Prentice-Hall, 1970.

46. Lynn Stephen, "Pro-Zapatista and Pro-Pri", in *Latin American Research Review*, Vol. 32, No. 2, 1997.

47. Gabriel A. Almond and Sidney Verba, *The Civic Culture: Political Attitude and Democracy in Five Nations*, Princeton Univ. Press, 1963.

48. Wayne A. Cornelius, *Politics and the Migrant Poor in Mexico City*, Stanford Univ. Press, 1975.

49. Ann A. Craig and Wayne A. Cornelius, "Political Culture in Mexico: Continuities and Revisionist Interpretations", in *The Civic Culture: Revisited*, Gabriel A. Almond and Sidney Verba, eds. , Sage Publications, 1989.

50. John R. Mathiason and John D. Powell, *Participation and Efficacy*, Univ. of Arizona, 1972.

51. Octavio Paz, *The Labyrinth of Solitude: Life and Thought in Mexico*, New York, 1961.

52. L. Vincent Padgett, *The Mexican Political System*, Houghton Mifflin, Co. , 1976.

53. Gary Gereffi, "Rethinking Development Theory: Insights from East Asia and Latin America", in *Sociological Forum*, Vol. 4, No. 4, 1989, pp. 505-533.

54. Robert E. Scott, *Mexican Government in Transition*, Univ. of Illinois Press, 1959.

55. Peter Ranis, *Five Latin American Nations: A Comparative*

Political Study，The Macmillan Company，1971.

56. Paul Friedrich，"The Legitimacy of a Cacique"，in *Local Level Politics：Social and Culture Perspectives*，Marc J. Swartz，eds，Aldine，1968.

57. Hellman，*Mexico in Crisis*，Holmes & Meier Publishers，Inc，1988.

58. Paul W. Drake，"Mexican Regionalism Reconsidered"，in *J. Inter-Amer.* Stud. ，12（3），1970.

59. Jacques Lambert，*Latin America：Social Structures and Political Institutions*，Univ. of California Press，1967.

60. Pablo Gonzalez Casanova，*Democracy in Mexico*，Oxford Univ. Press，1970.

61. Rene Villarreal，"The Policy of Import-Substituting Industialization：1925-1975"，in James M. Malloy，*Authoritarianism in Mexico*，1980.

62. Nora Hamilton，*The Limits of State Autonomy*，Princeton Univ. Press，1989.

63. Roger Hansen，*The Politics of Mexican Development*，The Johns Hopkins Univ. Press，1974.

64. Blanca Heredia，*Profits，Politics and Size：the Political Transformation of Mexican Business*，Preager，1994.

65. S. E. Sanderson，*The Transformation of Mexican Agriculture*，Princeton Univ. Press，1986.

66. B. F. Johnston，*Agriculture and Rural Development*，Stanford Univ. Press，1987.

67. M. L. Coniff，*Latin American Populism in Comparative Perspective*，Univ. of New Mexico Press，1982.

68. Ann Lucas de Rouffignac，*The Contemporary Peasantry in*

Mexico，Praeger，1985.

69. Roger Bartra，*Agrarian Structure and Political Power in Mexico*，The Johns Hopkins Univ. Press，1993.

70. Steven E. Sanderson，*Populism and The Mexican State*，Univ. of California Press，1981.

71. Whetten，*Rural Mexico*，The Univ. of Chicago Press，1948.

西班牙文文献：

1. Jorge Luis Ibarra Mendivil，*Propiedad Agraria Y Sistema Político En México*，El Colegio de Sonora，1989.

2. El Colegio de México，*Diccionario del Español Usual en México*，El Colegio de México.

3. Jesus Silva Herzog，*El Agrarismo Mexicano y la Reforma Agraria：Exposición y Crítica*，Fondo de Cultura Económica，1959.

4. Enrique Montalvo，*Historia de la Cuestión Agraria Mexicana：Modernización，Lucha Agraria y Poder Político，1920-1934*，Siglo Veintiuno，1988.

5. Hilda Muñoz，*Lázaro Cardenos：Síndesis Ideológica de Su Campaña Presidencial*，Fondo de Cultura Económica，1972.

6. Lazaro Cardenas，*Seis Años de Gobierno al Servicio de México，1934-1940*，México，1940.

7. Salomón Eckstein，*El Ejido Colectivo en México*，México，Fondo de Cultura Económic，1966.

8. Cynthia Hewwit de Alcantara，*La Modernización de la Agricultura Mexicana，1940-1970*，Siglo Veintiuno，1978.

9. Sergio Reyes Osorio y Salomón Eckstein，"El Desarrollo Polarizado de la Agricultura Mexicana"，en Wionczek，Crecimiento o Desarrollo Económico? México，1971.

10. Guillermo de la Peña, "Poder Political, Poder Regional" In, *Poder Regional en México*, edited by Jorge Zepada Patterson. El Colegio de México, 1986.

11. José E. Iturriaga, *La Estructura Social y Cultural de México*, México, Fondo de cultura económica, 1951.

12. Mario Contreras-Jesus Tamayo, *México en el Siglo XX*, Univ. Nacional Autónoma de México, 1983.

13. F. A. Gomez jara, *El Movimiento Campesino en México*, Editorial campesina, 1970.

14. M. Gonzalez Ramirez, *La Revolución Social de México*, Fondo de cultura económica, 1960.

15. Alicia Hernández Chavez, *Historia de la Revolución Mexicana* (16), El colegio de México, 1979.

16. Victoria Lemer, *Historia de la Revolución Mexicana* (17), El colegio de México, 1982.

17. Olga Pellicer de Brody y Esteban L. Mancilla, *Historia de la Revolución Mexicana* (23), El colegio de México, 1978.

18. Roger Bartra, *Caciquismo y Poder Político en el México Rural*, Siglo Veintiuno, 1982.

中文及中译本文献：

1. ［俄］马·科瓦列夫斯基：《公社土地占有制，其解体的原因、进程和结果》，李毅夫等译，社会科学文献出版社 1993 年版。

2. 《马克思恩格斯全集》（第 35 卷），人民出版社 1971 年版。

3. 金雁、卞悟：《农村公社、改革与革命：村社传统与俄国现代化之路》，中央编译出版社 1996 年版。

4. 《列宁全集》（第 16 卷），人民出版社 1988 年版。

5. ［美］塞缪尔·亨廷顿：《变化社会中的政治秩序》，王冠华等译，上海人民出版社 2015 年版。

6. 曾昭耀：《政治稳定与现代化》，东方出版社 1996 年版。

7. 韩琦：《拉丁美洲经济制度史论》，中国社会科学出版社 1996 年版。

8. ［英］莱斯利·贝瑟尔编：《剑桥拉丁美洲史》（第一卷），中国社会科学院拉丁美洲研究所译，经济管理出版社 1995 年版。

9. ［英］莱斯利·贝瑟尔编：《剑桥拉丁美洲史》（第二卷），中国社会科学院拉丁美洲研究所译，经济管理出版社 1997 年版。

10. ［英］莱斯利·贝瑟尔编：《剑桥拉丁美洲史》（第三卷），中国社会科学院拉丁美洲研究所译，社会科学文献出版社 1994 年版。

11. ［英］莱斯利·贝瑟尔编：《剑桥拉丁美洲史》（第四卷），涂光楠等译，社会科学文献出版社 1991 年版。

12. ［英］莱斯利·贝瑟尔编：《剑桥拉丁美洲史》（第五卷），胡毓鼎等译，社会科学文献出版社 1992 年版。

13. ［英］莱斯利·贝瑟尔编：《剑桥拉丁美洲史》（第六卷）（上），中国社会科学院拉丁美洲研究所译，当代世界出版社 2000 年版。

14. ［英］莱斯利·贝瑟尔编：《剑桥拉丁美洲史》（第六卷）（下），中国社会科学院拉丁美洲研究所译，当代世界出版社 2001 年版。

15. ［英］莱斯利·贝瑟尔编：《剑桥拉丁美洲史》（第七卷），江时学等译，经济管理出版社 1996 年版。

16. ［英］莱斯利·贝瑟尔编：《剑桥拉丁美洲史》（第八卷），中国社会科学院拉丁美洲研究所译，当代世界出版社 1998 年版。

17. ［英］莱斯利·贝瑟尔编：《剑桥拉丁美洲史》（第九卷），吴洪英等译，当代中国出版社 2013 年版。

18. ［印度］苏布拉塔·加塔克、肯·英各森特：《农业与经济发展》，吴伟东译，华夏出版社 1987 年版。

19. 邓正来：《布莱克维尔政治学百科全书》，中国政法大学出版社 1992 年版。

20. ［美］乔治·麦克布赖德：《墨西哥的土地制度》，杨志信译，商务印书馆 1965 年版。

21. 罗荣渠主编：《各国现代化比较研究》，陕西人民出版社 1993 年版。

22. ［美］戴维·伊斯顿：《政治生活的系统分析》，王浦劬译，华夏出版社 1999 年版。

23. ［俄］A. 恰亚诺夫：《农民经济组织》，萧正洪译，中央编译出版社 1996 年版。

24. ［巴西］特奥托尼奥·多斯桑托斯：《帝国主义与依附》，毛金里等译，社会科学文献出版社 1992 年版。

25. 陈广汉：《增长与分配》，武汉大学出版社 1995 年版。

26. 郭熙保：《农业发展论》，武汉大学出版社 1995 年版。

27. 中国拉丁美洲史研究会：《拉丁美洲史论文集》，东方出版社 1986 年版。

28. 陆学艺：《中国农村现代化道路研究》，广西人民出版社 1998 年版。

29. ［美］克里斯蒂娜·胡恩菲尔特：《秘鲁史》，左晓园译，中国出版集团东方出版中心 2011 年版。

30. ［美］迈克尔·迈耶、威廉·毕兹利：《墨西哥史》（上，下），复旦人译，中国出版集团东方出版中心 2012 年版。

31. ［美］布拉德福德·伯恩斯：《巴西史》，王龙晓译，中国出版集团东方出版中心 2013 年版。

32. ［美］杰拉尔德·梅尔、詹姆斯·劳赫主编：《经济发展的前沿问题》（第七版），黄仁伟等译，上海人民出版社 2004

年版。

33. ［阿根廷］劳尔·普雷维什：《外围资本主义：危机与改造》，苏振兴、袁兴昌译，商务印书馆 1990 年版。

34. ［美］迈克尔·托达罗：《发展经济学》（第六版），黄卫平、彭刚译，中国经济出版社 1999 年版。

35. ［美］西奥多·舒尔茨：《经济增长与农业》，郭熙保译，中国人民大学出版社 2015 年版。

36. ［美］巴林顿·摩尔：《民主和专制的社会起源》，拓夫译，华夏出版社 1987 年版。

37. ［美］塞缪尔·亨廷顿：《第三波：20 世纪后期的民主化浪潮》，欧阳景根译，上海三联书店 1998 年版。

38. ［美］道格拉斯·诺斯、罗伯斯·托马斯：《西方世界的兴起》，厉以平等译，华夏出版社 1999 年版。

39. ［美］道格拉斯·诺斯：《经济史中的结构与变迁》，陈郁、罗华平译，上海人民出版社 1995 年版。

40. ［美］道格拉斯·诺斯：《制度、制度变迁与经济绩效》，杭行译，格致出版社、上海三联书店、上海人民出版社 2014 年版。

41. ［澳］海因茨·沃尔夫冈·阿恩特：《经济发展思想史》，唐宇华译，商务印书馆 1999 年版。

42. ［美］盖尔·约翰逊：《经济发展中的农业、农村与农民问题》，林毅夫译，商务印书馆 2013 年版。

43. ［巴西］费尔南多·恩里克·卡多佐、恩佐·法勒托：《拉美的依附性及发展》，单楚译，世界知识出版社 2002 年版。

44. ［巴西］特奥托尼奥·多斯桑托斯：《帝国主义与依附》，杨衍永、齐海燕、毛金里、白凤森等译，社会科学文献出版社 1999 年版。

45. 林毅夫：《经济发展与转型：思潮、战略与自生能力》，北京大学出版社 2008 年版。

46. 〔美〕弗朗西斯·福山编著：《落后之源：诠释拉美和美国的发展鸿沟》，刘伟译，中信出版社 2015 年版。

47. 〔日〕速水佑次郎、〔美〕弗农·拉坦：《农业发展：国际前景》，吴伟东等译，商务印书馆 2014 年版。